DIE ÜBERAUS FANTASTISCHE REISE MIT EINSTEIN UND GALILEI

ASTRONOMIE UND PHYSIK GENIAL ERKLÄRT

JÜRGEN TEICHMANN
KATJA WEHNER · THILO KRAPP

DIE ÜBERAUS FANTASTISCHE REISE MIT EINSTEIN UND GALILEI

ASTRONOMIE UND PHYSIK GENIAL ERKLÄRT

impian

Jürgen Teichmann,
geboren 1941, hat mehr als 30 Jahre lang den Bereich Bildung im Deutschen Museum in München – insbesondere zum Thema Physik und Astronomie – betreut. Auch die große Ausstellung Astronomie/Astrophysik ist unter seiner Federführung entstanden. Jetzt widmet er sich vor allem historischen und fachphysikalischen Sachbüchern; außerdem ist er Professor an der Ludwig-Maximilians-Universität in München. Sein Sachbuch *Das unendliche Reich der Sterne* (Arena) stand auf der Auswahlliste des Deutschen Jugendliteraturpreises. *Mit Einstein im Fahrstuhl – Physik genial erklärt* (Arena) wurde von der Deutschen Akademie für Kinder- und Jugendliteratur im Dezember 2008 zum Buch des Monats gewählt.

Katja Wehner,
geboren 1976 in Dessau, studierte nach dem Abitur Illustration und Buchkunst in Halle, Leipzig und Prag. 2002 erwarb sie ihr Diplom und war im Anschluss Meisterschülerin an der Hochschule für Grafik und Buchkunst Leipzig. Seit 2004 ist sie selbstständige Illustratorin und arbeitet für verschiedene Verlage zu den unterschiedlichsten Themen.

Fotos: Seiten 8, 23, 24, 25, 31, 32, 36, 40, 41, 43, 46, 47, 50, 62, 64, 73, 75, 82, 87, 97, 99, 111, 116, 139, 224 © Deutsches Museum, München; Seiten 97, 105, 114, 117 © picture-alliance/dpa, Frankfurt; Seiten 69, 125, 131 © www.astrofoto.de; Seite 148 © Schott AG, Mainz; Seiten 9, 30, 71, 104, 124, 133, 134, 147 © ESO, Garching bei München; Seiten 96, 103 © Robert Gendler, www.robgendlerastropics.com; Seiten 118, 119 © The Royal Astronomical Society, London; Seite 150 © Ute Kraus, Universität Hildesheim, www.tempolimitlichtgeschwindigkeit.de; Seite 34 © NASA, ESA, and M. Showalter (SETI Institute); Seite 107 © NASA/JPLCaltech; Seite 68 © Harvard College Observatory; Seite 72 © akg-images, Berlin; Seite 89 © A. Bolton (UH/IfA) for SLACS and NASA/ESA

Umschlaggestaltung: Nele Schütz Design, München
unter Verwendung von Illustrationen von Thilo Krapp und Katja Wehner
Druck: UAB BALTO print
Printed in Lithuania
ISBN 978-3-96269-137-0

www.impian.de

Jürgen Teichmann

Die überaus fantastische Reise zum Urknall

Astronomie von Galilei bis zur
Entdeckung der Schwarzen Löcher

In Zusammenarbeit mit dem
Deutschen Museum

impian

Inhalt

Über 400 Jahre Entdeckungsreise

Im Jahr 1609 wurde ein ganz neuer Himmel entdeckt – einer, von dem niemand etwas geahnt hatte! Der berühmte italienische Physiker Galileo Galilei sah mit dem gerade erfundenen Fernrohr Berge auf unserem Mond und um den Planeten Jupiter vier kleine Monde. Die Milchstraße war kein milchiger Nebel, sondern ein riesiges Sternenmeer. Und das Fernrohr zeigte noch andere unglaubliche Dinge. Es war der Beginn einer unendlich spannenden Entdeckungsreise in die Weiten des Weltraums, die bis heute andauert! Das Jahr 2009 wurde zur Feier von Galileis Entdeckungen von der UNESCO (der Organisation der Vereinten Nationen für Erziehung, Wissenschaft und Kultur) sogar zum Internationalen Jahr der Astronomie ausgerufen.

In den gut 400 Jahren seit Galilei ist noch viel Aufregendes gefunden worden: neue Planeten, veränderliche Sterne, Pulsare, Schwarze Löcher ... Dieses Buch erzählt die spannendsten Geschichten dazu bis in unsere Gegenwart. Auch Fragen sind dabei und Tipps, wie man die eine oder andere Entdeckung mit dem eigenen Fernglas oder Fernrohr nachmachen oder

kleine Experimente dazu durchführen kann. Am Ende gibt es eine ganze Menge Zusatzinfos, die vielleicht noch schlauer machen, als es die großen Entdecker selbst waren.
Und wer noch mehr sehen und wissen will, sollte einmal die große Ausstellung „Astronomie" im Deutschen Museum in München besuchen. Es ist so in etwa die größte Ausstellung der Welt zu diesem Thema, mit einer Sternwarte, einem Planetarium und vielen Demonstrationen. Ihr könnt dort durch kleine Teleskope blicken, Doppelsterne untersuchen, Neutronensterne kreiseln sehen und euch sogar auf allen unseren Planeten wiegen. Das ganze Weltall seit Galilei steht in dieser Ausstellung offen – für alle und jeden!

München, im Juli 2017
Prof. Dr. Jürgen Teichmann

1. Der erste Topstar der modernen Astronomie: Galileo Galilei

Galileo Galilei, 1564–1642

Galileo Galilei war der erste Star der modernen Astronomie – mit ihm fängt unsere Entdeckungsreise an. Eigentlich interessierte er sich mehr für Physik. Er entdeckte z. B. das mathematische Gesetz, nach dem Steine zur Erde fallen oder Kanonenkugeln fliegen. Im Jahr 1609 jedoch hängte er alle Physik für eine Weile an den Nagel und fand mit seinem neuen Fernrohr sensationelle Dinge am Himmel, die noch niemand vor ihm gesehen hatte; sogar welche, die erst viel später richtig entdeckt wurden, zum Beispiel den Planeten Neptun. Den hielt Galilei nur für einen der irrsinnig vielen Sternpunkte, die seine Teleskope am Himmel zeigten. Er hat ihn überhaupt nicht beachtet. Erst mehr als 200 Jahre später wurde er als Planet identifiziert und beschrieben.

Das Fernrohr zeigte einfach zu viel für die ersten Beobachter: statt der rund 5.000 Sterne, die wir mit bloßen Augen von der Erde aus sehen, 100- bis 1.000-mal mehr, ein unüberschaubares, verwirrendes Meer von Sternen. Da kann man nicht gleich feststellen, ob sich ein Pünktchen zwischen vielen Tausenden anderer Pünktchen bewegt. Und nur daran ist ein so ferner Planet mit einem Fernrohr von den übrigen Sternen zu unterscheiden: dass er sich zwischen all den Lichtpunkten am Himmel Tag für Tag, oder vielmehr Nacht für Nacht, langsam fortbewegt.

Wusstest du …

Was sind Planeten und was unterscheidet sie von Sternen?

Das Wort „Planet“ kommt aus dem Griechischen und heißt „Wanderer“ oder „Wandelstern“. Planeten sind nicht immer an der gleichen Stelle zwischen den übrigen Sternen zu sehen. Als Planeten bezeichnet man heute die acht Himmelskörper, die um unsere Sonne kreisen: Merkur, Venus, Erde, Mars, Jupiter, Saturn, Uranus und Neptun.

Viele Kleinplaneten im Weltall sind nur einige Kilometer groß.

Außerdem bewegen sich viele Kleinplaneten, auch Planetoiden genannt, um die Sonne. Es gibt Unmengen davon zwischen Mars und Jupiter. Jenseits von Neptun kreisen auch deutlich größere – zum Beispiel Pluto, der bis vor einigen Jahren noch als Planet galt. All das konnte Galilei mit seinen einfachen Fernrohren noch nicht sehen.

Die übrigen Sterne, auch „Fixsterne“ genannt (*fix* ist lateinisch und bedeutet „fest“), heißen so, weil sie – nach einer Erddrehung – immer an der gleichen Stelle am Himmel zu stehen scheinen. Da sie so weit von uns entfernt sind, sehen wir ihre Bewegung kaum oder gar nicht. Sie sind Sonnen, leuchten also aus sich selbst heraus, während unsere Planeten nur von der Sonne angestrahlt werden. Um solche fernen Sonnen kreisen auch Planeten. Das wissen wir aber erst seit dem Ende des 20. Jahrhunderts (siehe Kapitel 5).

10 Der erste Topstar der modernen Astronomie: Galileo Galilei

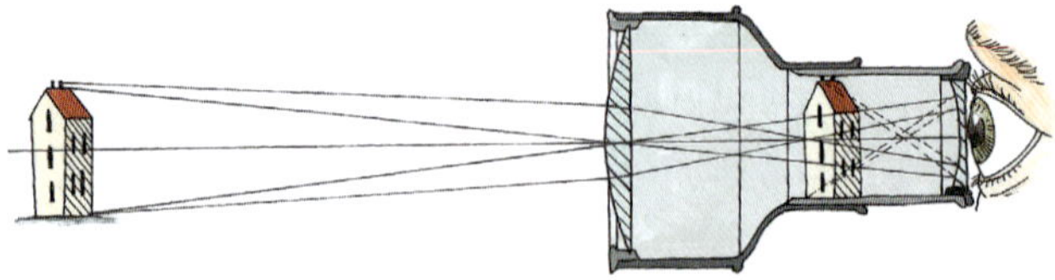

So ähnlich sah Galileis Fernrohr aus. Ein heutiges Opernglas (unten) funktioniert genauso.

Im Sommer 1609 war Galilei schon lange Jahre Professor an der Universität Padua, die zum reichen Kaufmannsstaat Venedig gehörte. Von holländischen Matrosen hörte er eines Tages, dass in ihrem Heimatland ein Zauberrohr erfunden worden war, mit dem man weit entfernte Dinge vergrößern konnte. Sofort ahnte Galilei, dass damit Geld zu verdienen war. Und Geld war für Pfeffersäcke – so hießen reiche Kaufleute, weil sie an Pfeffer aus Asien viel Geld verdienten – immer das Wichtigste. Innerhalb von ein paar Tagen fand Galilei selbst den Trick heraus: ein Rohr aus Holz oder Metall, vorne eine schwach nach außen gekrümmte Glaslinse, hinten, am Auge, eine stärker nach innen gekrümmte. Eigentlich ganz simpel, aber die Wirkung war umso erstaunlicher! Sofort wollte er dieses wundersame Gerät der Regierung von Venedig vorführen.

Alle, auch die ältesten Staatsräte, kletterten eines schönen Tages mit Galilei zusammen auf den Markusturm mitten in der Stadt und blickten durch sein Fernrohr auf das Meer hinaus. Sie sahen nahe und ferne Schiffe in dem schwankenden Rohr auf und ab tanzen. Setzten sie aber das Fernrohr ab, war von den allerfernsten Schiffen gar nichts zu sehen. Bis zu zwei Stunden mussten sie warten, bis die Schiffe so nahe gekommen waren, dass die schärfsten Augen sie gerade als ferne Pünktchen sehen konnten. So lange harrte man auf dem Turm aus. Denn richtig glauben wollte zunächst niemand, dass das, was man in diesem Zauberglas erblickte, wirklich vorhanden war. Doch, es war vorhanden! Das hieß: zwei Stunden mehr Vorwarnung vor einem feindlichen Angriff! Was für eine Erfindung!

Galilei erhielt eine großartige Belohnung – sein Gehalt wurde verdoppelt und er bekam eine Professur auf Lebenszeit versprochen. Das Geheimnis seines exzellenten Rohres sollte er aber auf keinen Fall verraten, Venedig wollte es für sich behalten. So gute Fernrohre wie die von Galilei gab es sicher nirgendwo anders.

Seine Fernrohre waren in der Tat viel besser als die holländischen, die schon überall in Europa verkauft wurden. In Venedig hatte man eben eine lange Tradition und große Erfahrung im Glasschleifen. Außerdem war Galilei ein exzellenter Instrumentenbauer. Aber er hatte noch viel Mühe, besonders klares Glas für die Linsen zu bekommen.

Galileis Vorführung sprach sich schnell herum. Bald wollten Fürsten und reiche Gönner solch ein Zauberrohr haben. Allerdings nicht, um Sterne zu beobachten – von Astronomie noch keine Spur! Es war schon zauberhaft genug – und noch dazu nützlich –, alles auf der Erde nahe heranzuholen.

Auch Galilei kam die nächsten Monate nicht auf die

Idee, in den Himmel zu blicken. Erstens hatte er alle Hände voll mit Fernrohraufträgen zu tun und zweitens: Was sollte man am Himmel schon sehen? Gestirne am Himmel schienen so weit weg, dass die zehn- oder 30-fache Vergrößerung solch eines Linsenrohres nicht viel mehr als die gleichen Lichtpunkte zeigen konnte. Das galt auch für die Planeten Merkur, Venus, Mars, Jupiter und Saturn. Die Milchstraße bestand aus milchigem Nebel, mehr nicht. Die Sonne andererseits erschien so vollkommen gleichmäßig hell – da konnte ein Fernglas wohl kein i-Tüpfelchen zusätzlich entdecken. Nur der Mond, das sah man ja ganz klar, der hat ein Gesicht – hell und dunkel. Da hätte doch Galilei ...! Hier kamen ihm in der Tat andere zuvor und versuchten, das Gesicht zu vergrößern. Aber keiner erregte mit seinen Beobachtungen so großes Aufsehen wie Galilei. Er richtete sein Fernrohr erst im Spätherbst 1609 auf den Himmel. Und vielleicht ärgerte er sich jetzt über die vertane Zeit: Was gab es da Unglaubliches zu sehen! Davon hatte ihn der ganze Fernrohrtrubel jedoch monatelang abgehalten!

Zunächst der Mond: Statt einer scharfen Schattengrenze zwischen der hellen Mondsichel und dem dunklen Bereich sah er nun viele Zacken in dieser Grenze, wild nach links und rechts ausschlagend. Auch gab es gleißend helle Spitzen im dunklen Teil, nahe dem hellen. Er vertiefte sich tagelang in dieses Schauspiel und schnell war ihm klar: Da musste es hohe Berge auf dem Mond geben, die zackige Schatten warfen. Und helle Bergspitzen tauchten aus dem Dunkel heraus, wenn dort in allen Tälern die Sonne schon untergegangen war – so ähnlich wie in unseren Alpen die Bergspitzen noch glühen, obwohl in den Tälern schon Dunkelheit herrscht.

Die Mondberge, wie sie Galilei durch sein Fernrohr sah

Unglaublich! Hielt doch alle Wissenschaft seit der Zeit der Griechen den Mond, und überhaupt jeden leuchtenden Himmelskörper, für vollkommen glatt, aus einer besonderen Himmelsmaterie, die anders als irdisches Gestein, Wasser, Luft und Feuer war. Jetzt sollte diese Himmelsmaterie Berge haben! Gab es vielleicht gar keine eigene Himmelsmaterie? Bestand der Mond einfach nur aus Dreck – wie die Erde? Und die großen Flecken auf der Mondoberfläche waren das vielleicht Meere?

Wusstest du ...

Bei den Meeren irrte sich Galilei. Soweit wir wissen, gibt es auf unserem Erdsatelliten kein Tröpfchen Flüssigkeit. Allerdings haben die Weltraumeroberer des 21. Jahrhunderts gerade etwas Eis auf Mond und Mars entdeckt.

Galilei glaubte, auch Meere auf dem Mond zu sehen.

Vielleicht wollte Galilei nun untersuchen, ob auch Jupiter, Venus und die anderen Planeten solche Berge zeigten, und richtete sein Fernrohr zunächst auf den Göttervater Jupiter, der Anfang Januar 1610 prächtig leuchtend am Himmel stand. Nur die Venus strahlt noch heller am Nachthimmel. Berge gab es leider nicht zu entdecken, dazu war Galileis Fernrohr zu schwach. Mit größeren Fernrohren fand man viel später heraus, dass wir gar nicht auf Jupiters Oberfläche schauen können. Dicke Wolkenstrudel mit riesigen Sturmwirbeln verdecken sie vollständig. Außerdem hat er gar keine feste Oberfläche, er ist ein Gasplanet. Davon wusste Galilei natürlich nichts.
Aber er fand etwas anderes – vier Lichtpünktchen um den Planeten Jupiter, aufgereiht wie an einer leicht im Zickzack

Der Jupiter hat vier Monde!

verlaufenden Perlenschnur. Sie tauchten jeden Tag an einer anderen Stelle dieser Perlenschnur auf, aber es blieben immer vier. Beobachtete er jeden einzeln, kam er nach einer Weile wieder an seinen Ausgangspunkt zurück. Galilei war sofort klar: Die Pünktchen kreisen um den Jupiter, so wie unser Mond um die Erde. Und weil es genau vier waren, bot er sie untertänigst dem Herzog Cosimo von Florenz an, in einem schmalen Büchlein, seiner *Sternenbotschaft*. Äußerst raffiniert tat er so, als wäre das Buch nur für den Herzog Cosimo aus der berühmten Familie Medici und seine drei Brüder geschrieben worden. Die vier Lichtpunkte nannte er Mediceische Gestirne. Alle vier Brüder Medici durften also am Himmel um den höchsten der griechischen Götter, um Jupiter, kreisen.

Das war eine tolle Schmeichelei – mit Hintergedanken! Galilei wollte nach Florenz, weg von der Universität Padua, weg von der Republik Venedig mit ihren Pfeffersäcken. Tatsächlich holte Herzog Cosimo Galilei im Herbst 1610 als Hofgelehrten nach Florenz. Hier musste er nicht mehr mühselig Studenten unterrichten, sondern durfte nach Herzenslust forschen, genau wie er es sich gewünscht hatte.

Wusstest du …

Heute heißen die vier Mediceischen Gestirne, die größten unter den vielen Monden des Jupiter, nach ihrem Entdecker „Galileische Monde“. Du kannst sie mit einem Feldstecher gut beobachten.

Das war aber noch nicht alles, was Galilei entdeckte. Die Milchstraße in Sterne aufzulösen, war einfach. Nur das Fernrohr darauf richten, schon sieht man statt Milch ein Sternenmeer. Im wunderschönen Sternbild Orion fand Galilei 100-mal mehr Sterne, als man mit bloßem Auge sehen konnte. Allerdings blieben auch die hellsten schon bekannten Sterne Lichtpünktchen und wurden kein bisschen größer, im Gegensatz etwa zu Jupiter, den man im Fernrohr als Scheibchen sehen konnte. Die Lichtpünktchen mussten also ungeheuer weit weg sein.

Schließlich untersuchte Galilei auch die Sonne. Direktes Hineinschauen in das gleißend helle Licht ist allerdings brandgefährlich. Da kann man sofort blind werden!

Galilei fand dunkle Flecken auf diesem so schönen Gestirn. Das schockierte die Welt! Dunkle Flecken auf der so voll-

Galilei projizierte das Sonnenlicht auf ein Blatt Papier.

kommenen leuchtenden Sonne? Das durfte nicht sein. Andere übrigens hatten das schon vor ihm entdeckt. Galilei war aber der Erste, der diese Flecken richtig erklärte: Sie gehören wirklich zur Sonne, es sind keine dunklen Kleinplaneten, die um sie kreisen, wie manche anderen Entdecker meinten.

Wusstest du ...

Sonnenflecken sind Bereiche auf der Sonne, die statt etwa 5.500°C, wie die gleißende Sonnenoberfläche, nur etwa 3.500°C heiß sind. Sie erscheinen uns deshalb dunkler. In Wirklichkeit sind sie immer noch ungeheuer hell.

Am liebsten hätte Galilei einen Beweis am Himmel gefunden, dass sich die Erde selbst bewegt: einmal pro Tag um ihre Achse und einmal im Jahr um die Sonne. Das hatte sein bewundertes Vorbild, der Astronom Nikolaus Kopernikus, etwa 60 Jahre früher behauptet. Galilei glaubte daran, wagte es aber noch nicht laut zu sagen, denn die katholische Kirche war strikt gegen diese Idee. Stand doch in der Bibel, im Alten Testament, Gott hätte im Tal Gibeon die Sonne stillstehen lassen. Und wenn Gott die Sonne wunderbarerweise anhalten konnte, musste sie sich normalerweise bewegen – und nicht die Erde. Auch gab es wissenschaftliche Einwände, zum Beispiel: Wenn sich die Erde und alle anderen Planeten um die Sonne bewegen, warum kreist dann der Mond um die Erde, ganz alleine? Eine unverständliche Ausnahme! Fein, da konnte Galilei schon triumphierend auf seine Jupitermonde zeigen. Eine so große Ausnahme ist unser irdischer Mond nicht.

Aber er hatte noch einen weiteren Trumpf im Fernrohr. Die Venus sah man durch das Teleskop manchmal als Si-

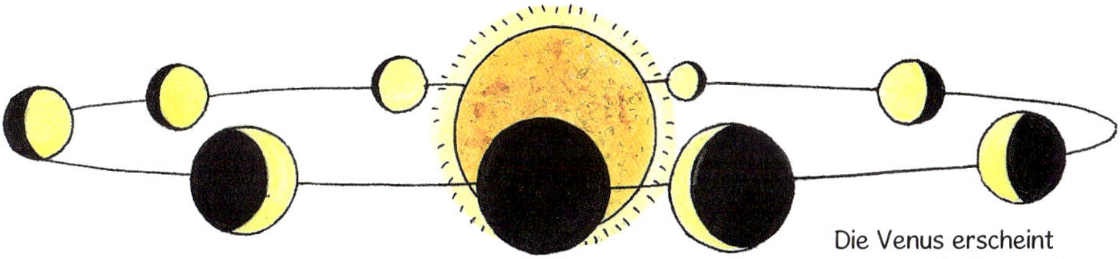

Die Venus erscheint manchmal näher und groß, als Sichel, manchmal fern und klein, als Vollvenus. Sie muss also um die Sonne kreisen.

chel, manchmal als Halbvenus, manchmal sogar, ziemlich klein geworden, als fast runde Vollvenus. Sie bleibt immer in der Nähe der Sonne: Als Abendstern geht sie bald nach ihr unter, als Morgenstern geht sie kurz vor der Sonne auf. Vor Galilei glaubte man, sie würde mit der Sonne um die Erde wandern, dabei manchmal links, manchmal rechts von ihr stehen. Aber immer blieb sie zwischen der Sonne und uns. Sie konnte also nie hinter der Sonne verschwinden. Warum erschien sie dann im Fernrohr Galileis mitunter fast als Vollvenus? Das konnte die alte Theorie nicht erklären. Die Venus musste um die Sonne herumkreisen, nur dann sieht man sie manchmal voll beschienen. Das bewies das Fernrohr eindeutig. Ja, und wenn die Venus als Planet um die Sonne kreist, warum nicht auch die Erde?

Versuch

Wann können wir einen dunklen Körper überhaupt sehen?

1. Er muss von einer Lichtquelle bestrahlt werden.

2. Das Licht wird von seiner Oberfläche nicht verschluckt, sondern in unsere Augen zurückgestrahlt.

○ Nimm einen Tischtennisball und halte ihn vor eine helle Lampe. Dann erscheint er dunkel. Die Lampe bestrahlt ihn zwar, aber nur seine Rückseite. Das Licht, das er von dort zurückstrahlt, kommt nicht in unsere Augen.

○ **Jetzt kreise mit ihm langsam um die Lampe, bis er hinter ihr verschwindet. Du siehst deutlich, wie der Teil des Balls, der der Lampe zugewandt ist, anfängt, heller zu werden. Erst siehst du eine schmale Sichel, dann ist er schon zur Hälfte hell und schließlich siehst du ihn fast voll leuchten – kurz bevor er hinter der Lampe verschwindet. Genau das beobachtete Galilei bei der Venus.**

Frage 1 **Beim Mond gibt es ja auch Vollmond. Doch stehen Erde, Sonne und Mond dann anders als Erde, Venus, Sonne. Wie?**

Natürlich war das kein sicherer Beweis für die Erdbewegung. Und als sich Galilei 20 Jahre später traute, laut zu sagen „Kopernikus hat recht", da stopfte man ihm schnell den Mund, und gar nicht mal zu Unrecht. Er führte nämlich ziemlich faule Gründe an: Ebbe und Flut sollten beweisen, dass die Erde sich täglich um sich selbst und jährlich um die Sonne bewegt. Man könne so etwas Ähnliches wie Ebbe und Flut in Booten beobachten, sagte er – die ja in den

Kanälen von Venedig allgemeines Transportmittel waren. Trinkwasser, das in Gefäßen in die Stadt gebracht wurde, schwappte hin und her, je nachdem, wie die Boote sich bewegten. So ähnlich sollte das Drehen und Kreisen der Erde das Wasser der Meere anstoßen. Das ist aber nicht wahr. Ebbe und Flut verursacht vor allem der Mond, der das Meerwasser anzieht.

Doch eine vernünftige Pro-und-Kontra-Diskussion erlaubte man Galilei sowieso nicht. Die Bewegung der Erde war gegen Gottes Wort gerichtet, eine Ketzerei. Basta! Ihm gleich die Folter anzudrohen, ihn zu zwingen, seine Ansichten zu widerrufen, sein Buch zu verbieten und ihn lebenslang in sein Haus einzusperren, war also ziemlich folgerichtig – aus der Sicht der Kirche zumindest. Galilei hat eigentlich sogar Glück gehabt. Andere, die der Kirche unliebsame Ideen verbreiteten, wie der Mönch Giordano Bruno, wurden öffentlich verbrannt.

Wusstest du ...

Angeblich hat Galilei, als er den Gerichtssaal verließ, in dem er seine Theorie von der Bewegung der Erde widerrufen musste, trotzig gemurmelt: „Und sie bewegt sich doch!“ Wir wissen nicht, ob es so war, aber gedacht hat er das sicher!

So großartig im Übrigen die Entdeckungen Galileis sind – nicht nur mit seiner Ebbe-und-Flut-Theorie hat er Unsinn verzapft. Kometen hielt er, wie die alten Griechen, für Dünste aus der Erde. Und das Schlimmste

vielleicht: Die tolle Theorie der Planetenbahnen als Ellipsen sah er als Hirngespinst eines weltfremden deutschen Mathematikers, Johannes Kepler, an. Kepler hatte im gleichen Jahr, in dem Galilei die ersten Himmelsbeobachtungen machte, ein dickes Buch über Planetenbahnen geschrieben, das für die Theorie der Schwerkraft bald ungeheuer wichtig wurde (siehe Kapitel 2).
Immerhin, Galilei stieß mit seinem Fernrohr das Tor zum Himmel weit auf. Vor ihm war es nur einen Spalt offen, durch den wir mit unseren bloßen Augen blinzeln konnten.

Wusstest du ...

Solch einen Riesensprung in den Entdeckungen am Himmel, wie ihn Galilei vollbracht hat, hat es vor nicht allzu langer Zeit wieder gegeben: Seit 1990 fand das erste große Röntgenteleskop, ROSAT, von einer Satellitenbahn um die Erde aus, bis zu 200.000 Himmelskörper, die Röntgenstrahlen aussenden. Vorher hatte man nur 5.000 gekannt. Auch andere unsichtbare Strahlen aus dem Weltall können wir heute untersuchen, das Infrarot, das Ultraviolett, die Radiostrahlung und sogar das gefährliche Gammalicht.

2. Warum fallen Planeten nicht in die Sonne?

Warum fallen alle schweren Gegenstände auf die Erde zurück, wenn man sie hochwirft? Vor dem berühmten Buch Isaac Newtons von 1687, *Mathematische Prinzipien der Naturlehre,* hieß es fast 2.000 Jahre lang: Weil alles, was schwer ist, natürlicherweise zurück zur Erde will, zum Weltzentrum. Schwere Dinge wollen sich wenig bewegen und können im Weltzentrum völlig in Ruhe bleiben – dort ist ihr „natürlicher" Ort, ihre Heimat, so wie für uns Menschen unser Zuhause der natürliche Ort ist. So als hätte jeder Stein, genau wie ein Hund oder eine Katze oder wir selbst, sein Zuhause „im Kopf", zu dem es ihn zurückzieht.

Leichte Dinge dagegen, wie Gase und Feuer, wollen ausschließlich nach oben steigen, vom Weltzentrum weg. Dort ist ihr natürlicher Ort. Himmelskörper wie Sterne und Planeten waren nach dieser Theorie etwas völlig anderes, ihr natürlicher Ort sollte der ferne Himmel sein. Sie durften sogar ungeheuer schnell um die Erde rasen, weil sie überhaupt nicht aus irdischer Materie bestehen sollten, weder aus Erde, Wasser noch den Gasen in der Luft oder aus Feuer. Himmelskörper sollten aus superleichter Himmelsmaterie bestehen.

Nun gut, inzwischen hatten schon Kopernikus, Galilei, Kepler und andere die Sonne ins Zentrum der Welt gesetzt und die Erde um die Sonne kreisen lassen. Wie erklärten sie, dass Steine, Holz und Eisen auf die Erde zurückfallen? Sie war ja nun nicht mehr das Weltzentrum. Die Herren hatten noch nicht viel Neues auf Lager: Weil alles Schwere auf der Erde sich an seinem heimatlichen Ort vereinen will.

Wollen auch Steine zurück nach Hause auf die Erde?

Das Weltbild vor Kopernikus und Newton: in der Mitte das schwerste Element Erde, darauf das Wasser, darüber die Luft- und Wettersphäre. Dann kam eine Feuersphäre und schließlich der Himmel mit Sonne, Mond und Sternen.

Da Venus oder Mars nun Planeten sind, die wie die Erde um die Sonne kreisen – so hatte das ja Kopernikus behauptet –, müssen sie auch schwer sein. Das war das Ende der „Himmelsmaterie". Und alles Schwere zum Beispiel auf der Venus und dem Mars? Das vereinigt sich mit der Venus oder dem Mars. Wenn aber alle Planeten schwer sind, warum kreisen sie dann überhaupt um die Sonne und fallen nicht auf sie herunter, um sich mit ihr zu vereinen? Die Sonne sitzt doch, ungeheuer schwer, im Zentrum der Welt. Planeten um die Sonne sind so etwas wie Steine auf der Erde, nur viel schwerer – allerdings auch weiter entfernt von der Sonne.

Kopernikus und Galilei machten sich noch keine Gedanken darüber. Galilei glaubte, die Kreisbewegung sei nun mal die einfachste Bewegung, die es am Himmel gibt. Planeten laufen ganz von alleine um die Sonne. Es braucht keine Kraft, die sie dazu zwingt. Der Deutsche Johannes Kepler war der Erste, der anfing, sich wirklich den Kopf über diese Frage zu zerbrechen.

Zunächst bewies er 1609 mit zwei Gesetzen, dass der Mars nicht einfach kreist, sondern sich elliptisch um die Sonne bewegt – wenn er ihr nahe ist, schneller, weiter weg, langsamer. Und so gelte das wohl auch für die übrigen Planeten. Das konnte er allerdings noch nicht direkt beweisen. Mit diesen keplerschen Gesetzen kann man heute haargenau ausrechnen, wo jeder Planet zu x-beliebiger Zeit am Himmel steht.

Zehn Jahre später fügte Kepler noch ein drittes Gesetz hinzu. Mit ihm kann man berechnen, um wie viel länger ein Planet für seine Runde um die Sonne braucht, der weiter von ihr entfernt ist als ein anderer. Bis heute braucht man in der Astronomie die keplerschen Gesetze – zusammen mit Newtons Schwerkraftgesetz –, zum Beispiel um auszurechnen, wie groß die Masse des Schwarzen Lochs in unserer Milchstraße ist (siehe Kapitel 12, Erklärungen S. 140/141).
In der Sonne nun sollte laut Kepler eine Kraft sitzen, ähnlich der in einem Magneten.

Johannes Kepler, 1571–1630

Versuch

Kleine, aber starke Magnete kannst du heute billig im Internet kaufen. Kreise mit solch einem Magneten unter einer Tischplatte oder einem Buchdeckel. Kleine Schrauben oder andere Eisenteile, die obenauf liegen, werden dann brav mit herumgezogen.

So ähnlich wie ein Magnet kleine Eisenteile sollte die Sonne durch eine Drehung um ihre eigene Achse – die es tatsächlich gibt, das entdeckte Galilei! – die Planeten mit sich herumreißen. Aber die Sonne konnte kein normaler Magnet sein, denn der zieht ja Nägel schwuppdiwupp geradeaus zu sich heran, wenn keine Tischplatte dazwischen ist. Das tut die Sonne mit den Planeten nicht. Die bleiben schön auf Ellipsenbahnen. Unsere Schwerkraft auf der Erde dagegen zieht schwere Dinge geradewegs nach unten und nicht um die Erde herum.

So zeichnet man eine Ellipse. Der Faden sollte länger sein als der Abstand der Befestigungspunkte und muss immer straff bleiben.

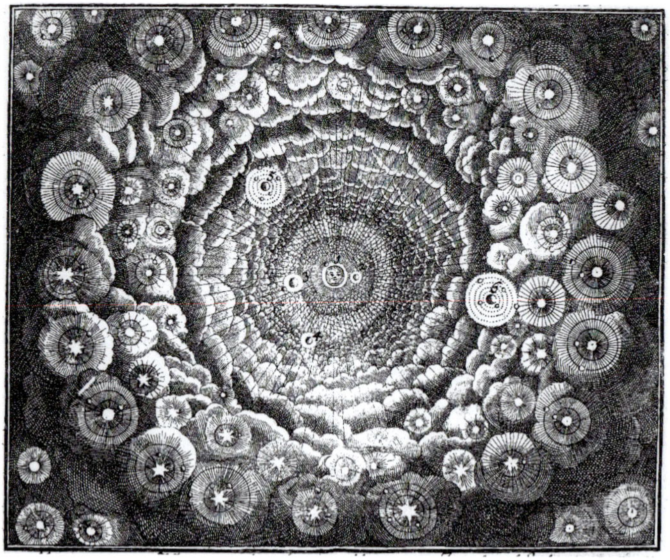

Das Weltall in der Vorstellung von Descartes – Wirbel reißen die Planeten herum.

Kepler nahm daher an, diese Schwerkraft, die alles so gerade herunterzieht, müsse etwas anderes sein als die Kraft in der Sonne, die Planeten nur in Bögen herumreißt. Der Philosoph und Naturforscher René Descartes wiederum glaubte, dass rund um jede Sonne unsichtbare Wirbel im Weltall existieren, so wie es sichtbare Wasserstrudel auf der Erde gibt, die alles herumwirbeln können.

Wusstest du ...

Schwerkraft oder Gravitation nennen wir die Kraft, die alle Dinge auf unserer Erde zum Erdboden zieht. Vielleicht sollten wir die Schwerkraft deshalb so nennen, weil sie unser tägliches Leben so schwer macht. Andererseits: Gäbe es sie nicht, würde alles ständig um uns herumschweben, wie in einer Raumstation: schwere Balken, unsere Spucke, unser

Essen, wir natürlich auch. Wir müssten uns wie Astronauten ständig irgendwo festhalten oder anschnallen, um etwas Vernünftiges tun zu können. Das Leben würde also auch ohne Schwerkraft nicht leichter werden.

Der Erste, der fest daran glaubte, dass die Kraft der uns so fernen riesigen Sonne auf die Planeten und die der 100-mal kleineren Erde auf Steine und Balken und Menschen ein und dieselbe ist, war der geniale englische Mathematiker und Physiker Isaac Newton (1643–1727).

Isaac Newton, 1643–1727

Nach seiner Theorie ziehen sich alle Gegenstände, egal, ob es nun Steine oder Planeten sind, gegenseitig an. Umso stärker, je schwerer sie sind und je näher sie einander kommen. Sehr schwere Dinge haben also eine viel größere Anziehungskraft als kleinere, leichtere. Sie ziehen alle kleineren Dinge zu sich, wie eben die Erde die leichteren Steine.

Eine Idee haben, ist eines, aber wie bewies er das? Newton sagte sich: Wenn ich herausfinde, dass die Kraft der Erde auf einen Stein genauso groß ist wie die Kraft der Erde auf den Mond, dann gilt das wohl für alle Himmelskörper, also auch für die Kraft zwischen Sonne und Planeten.

Die Anziehungskraft musste nach seiner Theorie mit der Schwere der Körper zunehmen. Sie musste bei doppelt so großer Masse doppelt so groß sein. Mit dem Abstand dagegen sollte sie quadratisch kleiner werden, also bei doppeltem Abstand 2 x 2 = viermal kleiner sein, bei dreifachem schon 3 x 3 = neunmal kleiner. Das ist Newtons berühmtes Gravitationsgesetz.

Wusstest du ...

Die Fläche eines Quadrates berechnet man Seitenlänge mal Seitenlänge und schreibt dafür Seitenlänge^2, gesprochen: Seitenlänge hoch 2 oder Seitenlänge Quadrat. Zum Quadrat nehmen bedeutet also, eine Zahl mit sich selbst zu multiplizieren.

Dass die Kraft umso stärker ist, je schwerer ein Körper ist, kann man schnell einsehen. Die Sache mit dem Quadrat des Abstandes ist schon komplizierter. Warum sollte die Kraft mit dem Quadrat abnehmen? Das hat Newton aus dem dritten Gesetz von Johannes Kepler gefolgert.

Und jetzt kommt seine raffinierte Lösung zu Steinfall und Mondbahn. Der Mond ist rund 60-mal weiter vom Mittelpunkt der Erde entfernt als jeder Stein auf der Erdoberfläche. Das wussten schon die alten Griechen. Nun musste Newton nachweisen, dass die Anziehungskraft zwischen Erde und Mond genau 60 x 60 = 3.600-mal kleiner ist als zwischen Erde und Stein (diese kannte man aus dem Fallgesetz von Galilei). Dann war es sicher die gleiche Art Kraft, die unsere Steine zur Erdoberfläche zurückholt.

Der Stein könnte ewig kreisen, wenn er schnell genug geworfen wird und es keine Luft gäbe.

Der Mond fällt aber nicht! Doch, widersprach Newton, der Mond fällt, aber eben um die Erde herum. Wenn ich einen Stein waagrecht von einem Turm wegwerfe, segelt er zunächst ein Stück vom Turm weg, zugegeben ein sehr kleines Stück, bis er dann – fast – senkrecht zu Boden fällt. Wenn ich ihn schneller waagrecht wegschleudere, segelt er weiter über die Erdoberfläche, bis er schließlich doch noch herunterfällt. Wenn ich ihn nun mit einer riesigen Geschwindigkeit von knapp über 40.000 km/h wegschleudern könnte, würde er wie der Mond um unsere Erde herumkreisen; natürlich nur, wenn keine Luft und auch sonst keine Türme oder Berge da wären, die ihn abbremsen. Auf der Erde gibt es natürlich Luft, aber im Weltall gibt es keine, die einen Stein oder eben den Mond bremsen könnte.

Wusstest du …

Was würde mit dir im leeren Weltall passieren?

○ Du könntest nicht mehr atmen, da es keine Luft mehr gibt – überhaupt sehr wenig Materie, vielleicht noch ein Atom pro einen Fingerhut „Weltall".

○ Nach einigen Sekunden würde dein Blut anfangen zu kochen, da kein Luftdruck da ist, der sonst jede Flüssigkeit in ihr Gefäß drückt.

○ Du würdest in null Komma nichts erfrieren, weil es superkalt ist, -273 °C (falls keine Sonne zum Erwärmen in der Nähe ist). Kälter geht es nicht mehr.

○ Du würdest zwar scheinbar schwerelos herumschweben, aber doch langsam, ganz langsam irgendwohin gezogen werden, durch irgendwelche schwachen Schwerkräfte von fernen Sonnen oder Planeten, die dich anziehen.

Gäbe es die Erde allerdings nicht, würde der Stein ewig geradeaus fliegen. Das täte dann auch der Mond, so wie wir das bei Funken an einem Schleifstein sehen, die so leicht sind, dass die Erdanziehung sie kaum zurückzieht. Dieses Geradeaus-fliegen wollen erscheint uns, wenn wir dabei mitbewegt werden, etwa in einem Kettenkarussell oder in einem Auto in einer Kurve, wie ein Zug nach außen. Wir nennen es dann Fliehkraft. Das Auto (und wir darin) möchte eigentlich geradeaus weiterfahren. Nur die Reifen, die auf der Straße haften, halten es in der Kurve fest.

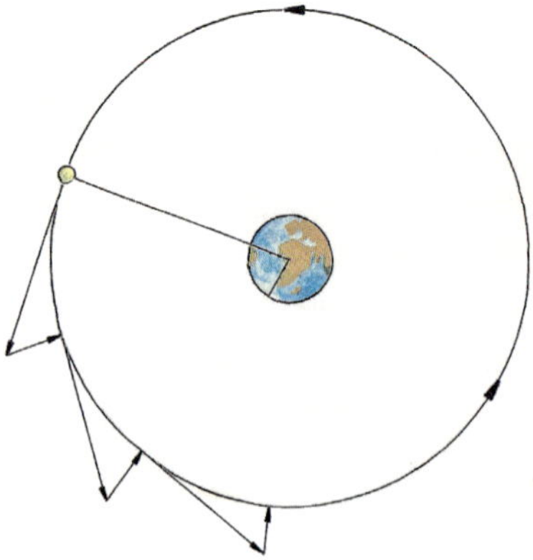

Der Mond will geradeaus fliegen, doch die Schwerkraft zieht ihn immer wieder ein Stück zur Erde.

Beim Mond ist es die Erde, die ihn festhält. Auch er möchte eigentlich geradeaus fliegen, aber die Erde zieht ihn immer wieder ein Stück zurück. Dieses Stück fällt er sozusagen auf die Erde zu, so wie der Stein. Die Kraft, die ihn dieses Stück zurück zieht, ist die Anziehungskraft der Erde. So fällt der Mond weder auf die Erde, noch rast er auf Nimmerwiedersehen ins Weltall davon, sondern segelt immer wieder um unsere Erde herum.

Aus der Entfernung des Mondes von der Erde und seiner Geschwindigkeit kann man einfach berechnen, wie stark ihn die Erde so weit weg von uns noch anzieht. Ihre Anziehungskraft ist tatsächlich genau 3600-mal kleiner als die auf einen Stein aus unserer Hand. Schwerkraft, die auf einen Stein wirkt, und die Anziehungskraft aller Himmelskörper untereinander, so konnte Newton mit seiner Rechnung beweisen, ist also ein und dasselbe. In jeder Masse im Weltall sitzt so eine Schwerkraft, wie ein Krake, und zieht alle übrigen Massen an. Und doch ist dieser

Krake relativ schwach, sonst könnten wir keinen Apfel von der Erde aufheben. Wir schaffen das aber spielend, obwohl der Apfel von der riesigen Erde zurückgezogen wird. Gleichzeitig hält diese Kraft aber unsere Erde und die anderen Planeten auf ihren Umlaufbahnen um die Sonne, so wie den Mond auf seiner Bahn um die Erde.

Mithilfe dieser allgemeinen Gravitationskraft konnte Newton auch die Ellipsenbahnen der Planeten berechnen. Sein Freund Edmond Halley (1656–1742) kalkulierte sogar die Ellipsenbahn eines Kometen. Das war eine ganz neue aufregende Entdeckung, dass Kometen ständig wiederkehren können. Etwa 76 Jahre braucht sein Komet, um einmal um die Sonne herumzuschwingen. Jahrhundertelang hatte man ihn immer wieder gesehen, aber nicht erkannt, dass es derselbe Komet war. Er heißt noch heute Halleyscher Komet.

Die Bahn des Halleyschen Kometen um die Sonne

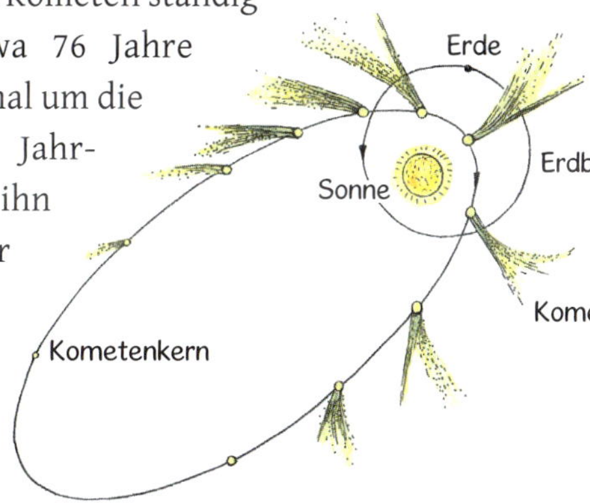

Was ist ein Komet?

Kometen, in ihrem Kern schmutzige große Schneebälle oder eisige Staubbälle, kommen von weit außerhalb der Planetenbahnen in die Nähe der Sonne und zeigen dann oft einen Kometenschweif. Sie stürzen mitunter in die Sonne (manchmal auch auf den Jupiter) oder verschwinden wieder in der Weite des Alls, manchmal auf ewig oder auch, um nach vielen Jahren zurückzukommen.

Wusstest du …

Der Komet McNaught konnte Anfang 2007 sogar am Taghimmel gesehen werden.

Man konnte und kann überhaupt alle Bewegungen im Weltall mit diesem Gravitationsgesetz von Newton und mit Keplers Gesetzen genau voraus- und zurückberechnen. Zum Beispiel, ob am 22. Juni des Jahres 10140 v. Chr. Sonne, Mond und Erde in einer Linie standen, sodass es eine Sonnenfinsternis gab – falls das jemanden interessiert! Jede Bahn einer Rakete oder Weltraumsonde muss sich genauso Newtons Gesetzen beugen.

Frage 2

Auf einem hohen Berg bist du schon etwas weiter von der Erde weg als im Tal. Bist du dann auch leichter als im Tal?

3. Riesenteleskope, ein neuer Planet und unsichtbare Strahlung

Friedrich Wilhelm Herschel, 1738–1822

Wer hätte gedacht, dass ein Violinen- und Oboenspieler die besten Fernrohre seiner Zeit bauen kann und damit sofort einen neuen Planeten entdeckt! Noch mit 61 Jahren, wenn andere nur noch Blumen pflanzen oder vor dem Fernseher sitzen, entdeckte dieser ehemalige Musiker die erste unsichtbare Strahlung aus dem Weltall: die Infrarotstrahlung der Sonne.

Friedrich Wilhelm Herschel hieß er. Ganz wesentlich bei all seinen Entdeckungen hat ihm seine jüngere Schwester Caroline geholfen, die ebenfalls musikalisch sehr begabt war. 1756, da war Friedrich Wilhelm gerade 18 Jahre alt, begann der Preußenkönig Friedrich der Große den Siebenjährigen Krieg. Auch Friedrich Wilhelm, sein Bruder Jakob und sein Vater mussten als Regimentsmusiker in Dreck und Gefahr gegen die Preußen marschieren. Die beiden Söhne flohen schließlich nach England.

Jakob kehrte bald wieder in das vertrautere Deutschland zurück, aber Friedrich Wilhelm blieb, lernte, gutes Englisch zu sprechen, und nannte sich schließlich nur noch William. Innerhalb von zehn Jahren legte er eine atemberaubende Karriere als Musiker hin, schrieb Sinfonien, Konzerte und natürlich Militärmärsche. Er verdiente in Bath, dem vor-

Die Brüder Herschel begehen Fahnenflucht.

nehmsten Kurort Englands, schließlich so viel Geld, dass er nach und nach seine Geschwister Jakob, Dietrich, Alexander und 1772 auch Caroline nach England holen konnte.

William las viel, meist philosophische und naturwissenschaftliche Bücher. Besonders beeindruckten ihn die großen Entdeckungen am Himmel mit dem Fernrohr seit Galileis Zeiten. Was da beschrieben wurde, wollte er selbst sehen! Als Musiker spielte er seine Instrumente ja auch selbst und komponierte sogar, anstatt einfach nur zuzuhören oder Musiknoten zu lesen. Zunächst kaufte sich William ein kleines Fernrohr und beobachtete und diskutierte den Nachthimmel zusammen mit Caroline. Dann fingen sie an, Metallspiegel zu schleifen und aus gutem Glas kleine Linsen für das Beobachtungsokular des Spiegelteleskops. Tagsüber blieb William Musiker und Caroline Sängerin – abends verwandelten sie sich

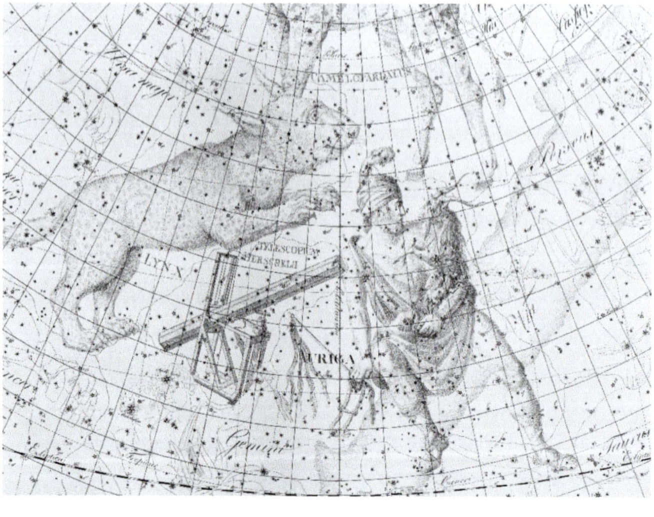

Zu Ehren Herschels erfand man ein neues Sternbild am Südhimmel: sein Fernrohr, mit dem er den Uranus entdeckt hatte.

in Astronomen. Sobald es klaren Himmel gab, selbst bei eisigem Frost, wurde beobachtet.
Am 13. März 1781 stand William wieder einmal hinter seinem Fernrohr. Zwischen 22 und 23 Uhr sah er im Sternbild Zwillinge einen etwas größeren Stern. Er wurde noch größer und verschwommener, wenn er statt 200-facher Vergrößerung – das war damals schon ziemlich toll – eine 400-fache nahm. Die Sterne darum herum vergrößerten sich nicht, blieben weiterhin nur leuchtende Punkte. Sie waren ja so ungeheuer weit weg.
War dieser verschwommene Stern also der Erde viel, viel näher? In den folgenden Tagen stellte Herschel fest: Er bewegte sich langsam. Das war es! Es konnte kein Stern sein. Nur ein sich nähernder Komet kam infrage. Aber wo blieb der Schweif des Kometen?
Die meisten Astronomen in Europa glaubten deshalb nicht so recht daran. Nach ein paar Monaten ließ sich aus der Bewegung des seltsamen Kometen ausrechnen, welche Bahn er zog: natürlich um die Sonne, aber nicht in einer lang gestreckten Ellipse wie ein Komet, sondern eher kreisähnlich, 19-mal so groß wie die Bahn der Erde. Eine Sensation! Das konnte nur ein Planet sein! 82 Jahre würde er brauchen, um einmal die Sonne zu umrunden.
Seit Tausenden von Jahren hatten alle Astronomen nur fünf Planeten gekannt, die als kleine Lichtpünktchen unter den Fixsternen wanderten: Merkur, Venus, Mars, Jupiter, Saturn. Gut, Kopernikus hatte die Erde mit in den Topf der Planeten geworfen, also sechs. Jetzt plötzlich sollten es sieben sein! Man kannte nicht einmal den Namen des englischen Musikers genau. Hieß er nun Hertschl, Herthel, Herschel oder Hermstel? Viele Astronomen schüttelten den Kopf, bis sie doch akzeptieren mussten, dass ein unbekann-

Uranus, aufgenommen vom Hubble-Teleskop, 2003

ter Amateur mit einem selbst gebauten Fernrohr die größte Entdeckung am Himmel seit grauer Vorzeit gemacht hatte. Der Planet wurde Uranus getauft – in der griechischen Sage der Vater von Saturn.

Schon vor William Herschel hatten einige Astronomen ihn gesehen; er ist mit einem kleinen Amateurfernrohr gut zu finden. Warum hat niemand vor Herschel die Sensation erkannt? Für alle Fast-Entdecker zuvor war Uranus ein Stern wie jeder andere. Sie wunderten sich höchstens, dass sie ihn nach ein paar Monaten nicht mehr wiederfanden – ohne zu merken, dass er inzwischen weitergewandert war. Ihre Fernrohre waren auch nicht so gut und stark gewesen wie Herschels Teleskope, die bei 200-facher Vergrößerung und mehr eben zeigten: Der Stern ist ein verschwommenes, ruhig leuchtendes Scheibchen, kein einfacher funkelnder Lichtpunkt.

Wusstest du ...

Warum funkeln und flimmern Sterne, Planeten aber nicht?

Die Luft um unsere Erdoberfläche zittert immer etwas hin und her, getrieben durch Wind oder Wärme. Dieses Zittern wirft auch einen fernen winzigen Lichtpunkt, wie ein Stern es ist, hin und her. Er scheint zu flackern. Fixsterne sind Sonnen, die so weit entfernt sind, dass sie auch in den größten Fernrohren Lichtpünktchen bleiben. Ein Planet dagegen ist uns viel näher. Er wirkt wie ein kleines Scheibchen, auch wenn wir das mit bloßen Augen nicht sehen können. Während ein kleiner Teilpunkt dieses Scheibchens gerade durch die Luftschwan-

kung von seinem Platz „wegzittert", werden andere Teilpunkte genau dorthin „gezittert". Das gleicht sich insgesamt aus. So erscheint es unserem Auge, als würde der Planet ruhig leuchten.
Wo kann man auch tagsüber manchmal das Flimmern der Luft sehen?

Frage 3

Herschel war mit einem Schlag weltberühmt. Der König von England ernannte ihn zum Hofastronomen und seine Schwester zur Assistentin. Nun konnte er seinen Musikerberuf an den Nagel hängen – so genial wie Händel oder Mozart fühlte er sich in der Musik sowieso nicht. Auch Herschels Teleskope wurden weltberühmt. Er verkaufte viele für gutes Geld an Kaiser, Könige und wohlhabende Astronomen. Bald stand er als – mindestens – mehrfacher Millionär da, wenn wir seine Einnahmen in Euro umrechnen. Heute ist es wohl nicht mehr der beste Tipp, Astronom zu werden, wenn man Millionen scheffeln will!
Eigentlich hätte sich William zur Ruhe setzen können. Aber das passte nicht zu ihm. Er verbiss sich weiter in den dunklen Nachthimmel. Der musste noch viele Geheimnisse preisgeben. Zum Beispiel, dass Doppelsterne wirklich zwei Sterne sein können, die einander umkreisen und nicht einfach zufällig aus der Sicht unserer Erde – scheinbar – nebeneinanderstehen. Auch, dass unsere Milchstraße wie eine riesige Linse aussehen muss, fand er heraus.

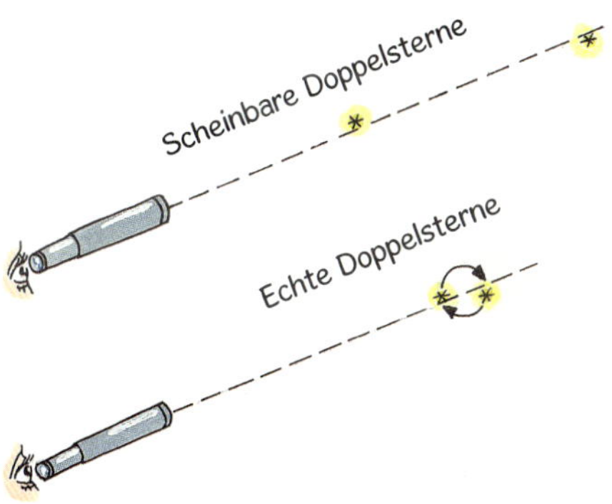

Ein einziges Mal, im Jahr 1788, beeindruckte William auch ein irdischer Stern. Da war er schon 50 Jahre alt. Der Stern war eine reiche junge Witwe, Mary Pitt, die er auch bald heiratete. Ein einziger Sohn wurde geboren, John, der ein fast so berühmter Astronom wie sein Vater werden sollte. Herschels Schwester Caroline blieb weiter seine astronomische Assistentin. Sie entdeckte auch selbstständig neue Kometen, verfasste Sternkataloge und war schließlich als Astronomin weithin angesehen. Sie bauten zusammen auch das damals größte Teleskop der Welt, mit einem Spiegel von mehr als 1,2 m Durchmesser. Aber so richtig praktisch war es nicht. Das Gerüst, in dem es stand, war etwa sechs Stockwerke hoch. Herschel musste weit hinaufklettern, um in das Teleskop schauen zu können. Auch war es mühselig zu bewegen. Doch es beeindruckte die Welt. Be-

Herschels Teleskop, das damals größte der Welt

„Kommen Sie, Lord Bischof, ich will Ihnen den Weg zum Himmel zeigen!"

vor es auf seinem Gerüst montiert wurde und noch am Boden lag, besichtigte es sogar der englische König, zusammen mit dem Erzbischof von Canterbury, dem Oberhaupt der englischen Kirche. Beide krochen tatsächlich durch das 1,2 Meter niedrige Rohr.

Herschels kleinere Fernrohre blieben seine „Arbeitspferde“: Mit ihnen machte er fast alle seine Entdeckungen. Und wie schon gesagt, noch mit 61 Jahren entdeckte er Neues. Er untersuchte, mit welchen dunklen Farbgläsern man am besten in die gleißende Sonne schauen konnte. Das ist allerdings brandgefährlich! Durch die heiße Sonnenstrahlung kann so ein Glas zerspringen und man erblindet! Heute gibt es dunkle Spezialgläser für Teleskope. Seltsam, fand Herschel: Hinter einigen ganz dunklen Gläsern, durch die die Sonne nur noch sehr schwach schien, blieb es trotzdem warm. Andere, hellere, ließen zwar mehr Sonnenlicht hindurch, aber erstaunlicherweise kaum Wärme. Wahrscheinlich hätte das viele Astronomen nicht weiter interessiert. Aber Wissenschaft heißt, auch unerwartete Dinge weiter zu untersuchen. Besonders ungewöhnlich damals: Ein Astronom, der auf physikalische Fragen stieß, überließ es nicht seinen Physikerkollegen, sie zu beantworten.

Könnte es sein, fragte sich William, dass die besonderen Lichtstrahlen, die durch die dunklen Gläser hindurchge-

Wie viel Wärme lässt welches Farbglas durch?

hen, besser wärmen als die andersfarbigen bei den hellen Gläsern? Er ersann verschiedene raffinierte Experimente mit Thermometern. Tatsächlich, bei roten Strahlen, die durch ein Rotglas aus dem Sonnenlicht gefiltert auf sein Thermometer fielen, stieg es in zehn Minuten um mehr als 6 °C, bei grünen Strahlen durch ein Grünglas nur um etwa 3 °C, bei violetten sogar nur um 2 °C. Zwei Thermometer, die er unmittelbar neben die Farbgläser legte, auf die aber keine Sonnenstrahlen fielen, blieben kalt.

Wusstest du ...

Ein rotes Glas sieht deshalb rot aus, weil es aus dem weißen Sonnenlicht alle Strahlen bis auf Rot verschluckt, also nur diese durchlässt. Eine blaue Blume verschluckt alle Farben außer Blau. Nur diese Farbe wird in unsere Augen zurückgestrahlt.

Frage 4

An einem schönen Abend, kurz vor Sonnenuntergang, sehen wir von der Sonne bestrahlte rote oder gelbe Blumen viel kräftiger leuchten als blaue. Warum?

Klar, dachte er, rote Strahlen wärmen besser, vielleicht wie bei einem rot glühenden Ofen! Dann aber kam eine unerwartete Entdeckung. Herschel zerlegte das weiße Sonnenlicht durch ein Glasprisma in ein Farbenband, von Rot bis Violett. Er wollte die farbigen

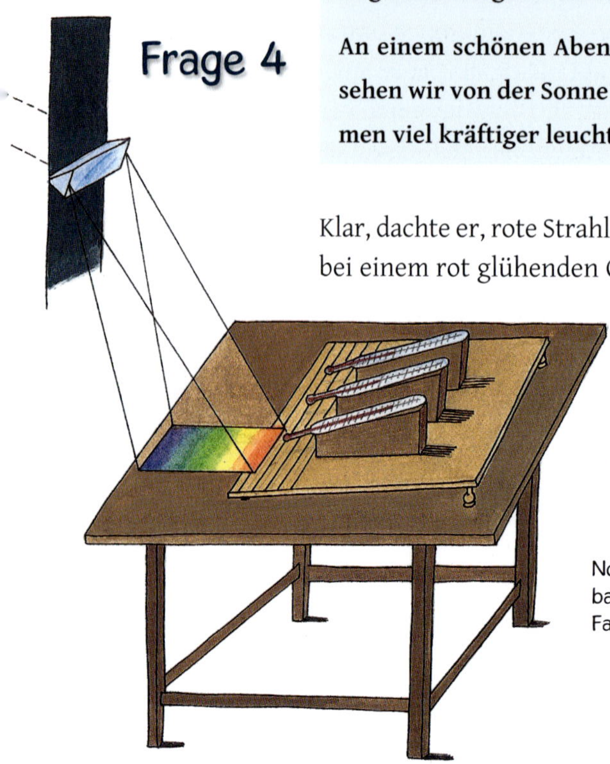

Noch eine große Entdeckung: unsichtbare Strahlung der Sonne außerhalb der Farbe Rot

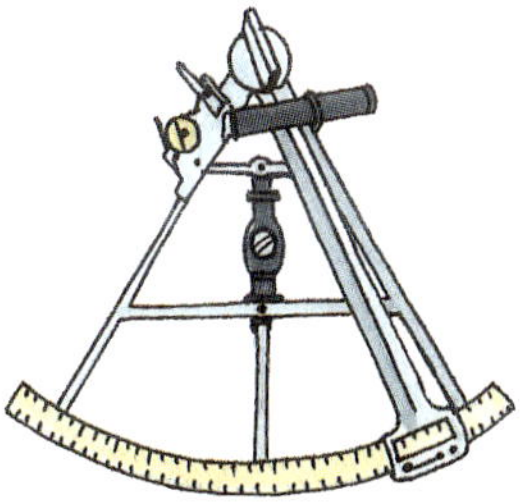

Strahlen der Sonne auch ohne verdunkelnde Gläser direkt testen. Langsam schob er das Farbenband immer näher an das Thermometer heran. Da, er traute seinen Augen nicht: Schon bevor die Farbe Rot das Thermometer erreichte, begann es zu steigen. Verwundert hielt er inne. Der Anfang des Farbenbands war noch etwas mehr als 1 cm vom Thermometer entfernt! Aber das stieg und stieg: in zehn Minuten um mehr als 6 °C, genauso stark wie vorher bei den roten Strahlen. Sorgfältig beobachtete er die anderen beiden Thermometer, die seitlich davon lagen. Keine Spur von Wärme bei ihnen! Konnte das sein?

Da gab es keine andere Antwort: Es musste Geisterstrahlen geben, die wir nicht sehen können, Wärmestrahlen, außerhalb des Farbenbands von Violett bis Rot. Sie liegen vor der Farbe Rot oder auch unterhalb von Rot – auf lateinisch *infra* rot. Infrarot – so heißen sie heute noch. Nicht nur die Sonne, jeder Ofen und jede elektrische Höhensonne sendet solche Strahlen aus, auch jeder Stern als Sonne, auch jeder Nebel und jede Staubwolke im Weltall. Ohne diese Strahlen wüssten wir heute noch nicht, dass ein riesiges Schwarzes Loch, etwas mehr als 4 Millionen Mal schwerer als unsere Sonne, im Herzen unserer Milchstraße versteckt ist (siehe Kapitel 12).

Wusstest du …

Jedes Ding im Universum, das nicht –273 °C kalt ist, so kalt wie der absolute Nullpunkt der Temperatur, sendet Infrarotstrahlen aus. Das tut auch jeder Mensch mit seinen etwa 37 °C. Infrarotkameras in Nachtsichtgeräten können deshalb in der dunkelsten Nacht zum Beispiel Diebe, aber auch Tiere, deutlich erkennen.

4. Der Geheimcode der Sterne

Joseph Fraunhofer, 1787–1826

Im Jahr 1801 stürzte mitten in München, zwischen Frauenkirche und Marienplatz, das Haus des Glasermeisters Weichselberger zusammen. Es begrub die Meisterin und den Lehrjungen des Glasers, den 14-jährigen Joseph Fraunhofer, unter seinen Trümmern. Das Geräusch schreckte alle Bürger der Umgebung auf, und als sich Staub und Lärm gelegt hatten, liefen zahlreiche hilfsbereite Passanten, Polizisten und natürlich Neugierige zusammen. Gab es noch etwas zu retten? Tatsächlich, einige hörten aus einer Ecke des Trümmerfeldes Klopfzeichen. Dort war offenbar ein Rest des Hauses stehen geblieben.

„Da lebt jemand!“ – Die Nachricht machte in Windeseile die Runde. Sie wurde auch dem bayerischen Herzog Max Joseph in sein Schloss gemeldet. Er sah vielleicht die Chance, sich bei seinem Volk besonders beliebt zu machen, und kam an den schaurigen Unglücksort. Natürlich wurde von allen Helfern nun noch fester angepackt. Steine wurden beiseitegeräumt, Balken gehoben – allerdings vorsichtig, damit die Mauerecke nicht doch noch zusammenstürzte. Es dauerte mehrere Stunden, dann war es geschafft: Fast unverletzt zogen Helfer den jungen Lehrling Joseph aus den Trümmern – während die Meisterin in der Tat von den Steinen erschlagen worden war. Joseph hatte unglaubliches Glück gehabt. Heute kündet eine Bronzetafel an der

Die große Rettungsaktion in München

Stelle des Glaserhauses – nur 20 Meter vom Marienplatz im Zentrum entfernt – von dem Ereignis, das damals alle Münchner bewegte. Da sieht man den Landesvater, fast als rettender Gott erscheinend, wie er Joseph entgegennimmt. Keiner ahnte damals, dass dieser Lehrjunge, der noch nicht einmal eine Schule besucht hatte, einer der berühmtesten Fernrohrbauer und Wissenschaftler des 19. Jahrhunderts werden sollte. Er entdeckte ganz und gar Neues. Daraus entstand bald eine neue Wissenschaft, die Astrophysik. Die Atomphysik und auch die Industrie waren dafür dankbar (Erklärungen S. 145).

Fast 13 Jahre nach diesem für ihn so glücklich verlaufenen Unglück fand Joseph Fraunhofer, jetzt in Benediktbeuern bei München, geheimnisvolle schwarze Linien im Regenbogenband der Sonne – obwohl dieses Farbband eigentlich, für alle Welt damals und auch für uns heute, doch wunderbar *gleichmäßig*

bunt aussieht, von Rot über Gelb, Grün und Blau bis zum Violett. Solche Regenbogenfarben sehen wir auch, wenn Licht sich in glitzernden Kristallen, z. B. Diamanten, bricht. Das weiße Sonnenlicht wird dabei in alle Regenbogenfarben zerlegt.

Frage 5

Wo kannst du heute ganz einfach solche schönen Farbspiele sehen? Tipp: Es hat etwas mit Musikhören zu tun.

Als Erster hatte Isaac Newton (siehe Kapitel 2) mit dem eigentlich ganz schwerelosen Licht experimentiert. Vielleicht war das ein Ausgleich für die anstrengende Mathematik über Erde-, Mond- und Sonnenanziehung. Jedenfalls fand er heraus, dass sich weißes Sonnenlicht durch ein Glasprisma in die geheimnisvollen, schönen Farben des Regenbogens zerlegen lässt. Farbspektrum nannte er das, von *spectrum* (lateinisch) = Geistererscheinung.

So zerlegte schon Newton das Sonnenlicht in seine Regenbogenfarben.

Joseph Fraunhofer nun hatte etwa 150 Jahre später viel bessere Glasprismen und auch praktischere Fernrohre zur Beobachtung der Farben. Er war ein Meister der Glas- und Linsenherstellung. In Benediktbeuern bei München leitete er um 1813 eine Glasschmelze mit großen Schmelzöfen, Kränen und Kühlöfen. Kühlofen ist kein Schreibfehler! Das glühend geschmolzene und ganz gleichmäßig durchgerührte Glas musste sehr, sehr langsam abgekühlt werden, in Öfen, die ganz langsam ausbrannten, damit sich keine inneren Spannungen bildeten oder das Glas sogar zersprang. Fraunhofer zerschmolz damals Glasblöcke von etwa 250 kg Gewicht. Trotz aller Vorsicht konnte er höchstens ein Drittel des

Fraunhofers Glashütte mit dem großen Schmelzofen

ganzen Glasblocks brauchen, für die wirklich besten Glaslinsen der damaligen Zeit. Den Rest musste er wegwerfen. Aber vor seiner Zeit hatte man noch neun Zehntel wegwerfen müssen! Die größte Linse, die er damals aus so einem Glasblockrest schlug, schliff und polierte, hatte etwa 25 cm Durchmesser. Das erscheint uns mickrig – gibt es doch Spiegel in den größten modernen Teleskopen der Welt, die sogar mehr als 8 m Durchmesser haben! Linsen verwendet man heute bei großen Teleskopen nicht mehr. Glas wäre viel zu schwer, wenn man daraus Linsen von mehreren Metern Durchmesser machen wollte.

Fraunhofers Fernrohre waren damals die besten der Welt. Aber er hatte ein Problem: Ein Linsenfernrohr besteht ja aus mindestens zwei Linsen, dem Objektiv vorn und dem

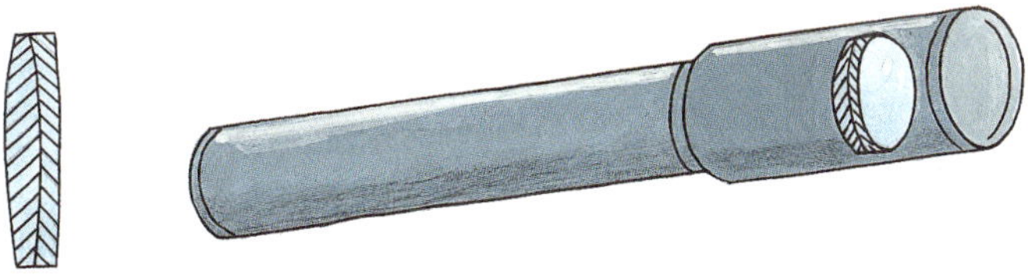

Aus zwei Linsen zusammengesetztes Objektiv

Okular am hinteren Ende, das wir an unser Auge halten. Damals bestand das Objektiv schon aus zwei Linsen. Warum? Leider entwirft eine einzige Linse kein besonders scharfes Bild von einem Stern, weil sie dessen Licht, ein wenig wie ein Prisma, in seine Regenbogenfarben zerlegt. Das tun nicht nur schöne Kristalle, sondern überhaupt alle Glasstücke, wenn sie nicht gleichmäßig dick sind.

Nun hatten schlaue englische Glashandwerker schon ein paar Jahrzehnte vor Fraunhofer herausgefunden: Statt einer Linse im Objektiv musste man eben zwei Linsen nehmen, die aus unterschiedlichem Glas bestanden und auch unterschiedlich geschliffen wurden. Das Glas der einen Linse enthielt Blei. Das machte das Glas schwerer und das Licht wurde ganz anders, viel stärker, gebrochen als bei dem leichteren Glas. Wenn man diese beiden Linsen geschickt kombinierte, entstand ein Sternbild, wie es sein sollte, strahlend weiß und scharf – vorausgesetzt, der Stern strahlte so weiß wie etwa unsere Sonne. Es gibt natürlich auch andere Sternfarben: zum Beispiel die rötliche Beteigeuze im Sternbild Orion. Auch deren Bild wird durch so eine Linsenkombination schärfer.

Aber wie stark sollte das eine Glas brechen und um wie viel schwächer das andere? Und wie krumm musste die Linse geschliffen werden? Dazu misst man, um wie viel jedes Glas das Licht von seinem geraden Weg ablenkt oder wegbricht, wenn man es durch diese Gläser schickt. Das muss für jede Farbe aus dem Weiß des Sonnenlichts einzeln gemessen werden, denn jede Farbe wird unterschiedlich abgelenkt. Deshalb spaltet sich das schöne Weiß des Sonnenlichts in einzelne Farben auf. Die Physiker nennen das Brechungsindex und Farbaufspaltung. Wenn man diese zwei Zahlen genau kennt, kann man berechnen, wie die Linsen des Ob-

In 200 m Entfernung war das Licht kaum noch zu sehen.

jektivs beschaffen sein müssen. Doch nun kommt der Kern des Problems: Weil sich die Farben im Regenbogen so sachte und gleichmäßig von Rot bis Violett verändern, gibt es keine scharfe Grenze zwischen ihnen. Wie kann ich messen, wie stark die Farbe Grün von einer Glaslinse gebrochen wird, wenn sie keinen ordentlichen Anfang und kein genaues Ende hat? Gut, könnte man dann nicht genau die Mitte von Grün nehmen? Aber wie findet man die Mitte, wenn Anfang und Ende der Farbe unklar sind? Ungefähr geht das schon. So machte man das vor Fraunhofer. Aber er wollte genauer messen. Zunächst hatte er versucht, Lampenlicht, zum Beispiel Gelb, durch Glasprismen weiter aufzufächern. Nach 200 Metern Weg schimmerte dieses breit aufgefächerte Gelb schon unheimlich schwach. Aus diesem breiten Fächer wählte er sich nochmals einen ganz schmalen Teil heraus, so etwa aus dem Anfang der Farbe Gelb. Das alles ging natürlich nur bei absoluter Dunkelheit, damit der schwache schmale Lichtschein überhaupt noch zu sehen war. Dieser ganz schmale Lichtstrahl war sozusagen seine Messmarke „Gelb“. Konnte man das nicht mit dem strahlend hellen Sonnenlicht probieren? Vielleicht gab es da hellere Messmarken? Das versuchte Fraunhofer gegen 1813/1814. Er ließ das weiße Licht durch eines seiner Glasprismen fallen, so wie Newton und Herschel und viele andere das vor ihm gemacht hatten. Doch Fraunhofers Glasprismen waren erheblich besser als alle vor ihm, reiner und

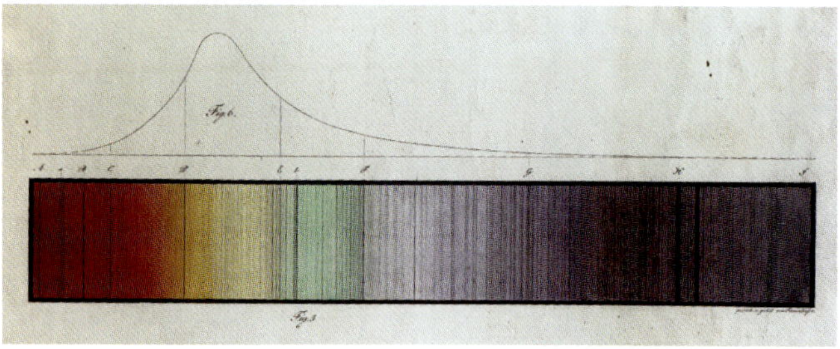

Die Sensation – schwarze Linien im Sonnenspektrum. D ist eine Doppellinie.

auch besser geschliffen. Und mit seinem Instrument aus Prisma und Fernrohr konnte er viel feiner direkt beobachten als Newton. Newton hatte das zerlegte Sonnenlicht einfach prall auf eine Wand geworfen und mit bloßem Auge betrachtet.

Deshalb sah Fraunhofer plötzlich, völlig überrascht, überall im Farbenband schwarze Linien. Das ganze Sonnenlicht war „durchstrichelt", wie es bald darauf der Dichter Goethe empört nannte und ganz und gar unschön fand. Fraunhofer aber war entzückt. Er zählte über 500 Linien. Heute kennen wir sogar Zehntausende! Niemand vor Fraunhofer hatte so etwas gesehen. Diese Strichelei musste von der Sonne kommen. Schmutz in der Apparatur oder eine andere Störung konnte es nicht sein, das fand er schnell heraus.

Fraunhofer verglich auch wissenschaftlich geschickt das Licht von Planeten, wie Jupiter und Mars, und das von sehr hellen Fixsternen (zum Beispiel Sirius) mit dem Sonnenlicht. Das Licht der Fixsterne war natürlich fürchterlich schwach. Er konnte nur einige wenige schwarze Striche erkennen, aber auch hier waren sie vorhanden. Beim Planetenlicht waren Striche an denselben Stellen zwischen Rot und Violett wie bei der Sonne – was recht logisch ist, denn Planeten strahlen ja nur das Sonnenlicht zu uns zurück, sie leuchten nicht selbst. Aber bei den Fixsternen schienen die

Jeder Stern sendet andere Linien aus.

zwei oder drei schwarzen Linien, die er sehen konnte, an Stellen im Farbenband zu liegen, an denen er bei der Sonne keinerlei schwarze Linien finden konnte. Diese Linien mussten vielleicht so etwas wie ein Geheimcode jedes Sterns sein. Aber was verbarg sich hinter diesem Geheimcode?

Am Ende seines berühmten Aufsatzes von 1817 über die schwarzen Linien schrieb Fraunhofer sehr bescheiden, er habe keine Zeit, dieses spannende Problem weiter zu untersuchen, weil er für alle Welt Fernrohre konstruieren müsse. Leider gab es keinen Herzog, wie bei Galilei, der ihn zum Forschen freistellte, dafür allerdings auch niemanden, der ihn wegen Gotteslästerung anklagte.

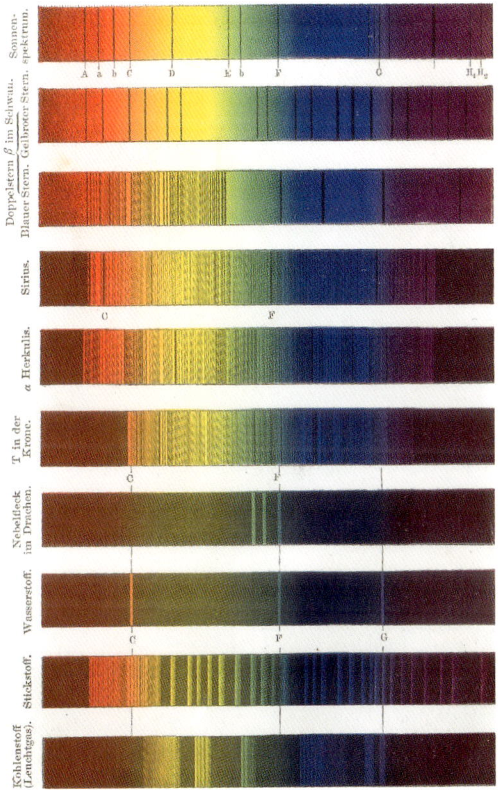

Solche Bilder der Spektren gab es erst lange nach Fraunhofer. Sterne zeigen dunkle Linien. Gasnebel im All oder glühende Stoffe auf der Erde zeigen helle Linien.

Nun gut, die schwarzen Linien hatten auch wenig mit Gotteslästerung zu tun. Was sie überhaupt waren, wusste kein Mensch. Immerhin, Fraunhofer hatte seine Messmarken für exakteste Berechnung von Fernrohrlinsen gefunden – 1.000-mal exakter als alles vor ihm.

Fraunhofer wollte vielleicht ein Weltklasse-Naturforscher werden. Genial genug war er. Doch er musste Objektive berechnen, Glasschmelzen kontrollieren, das Schleifen und Polieren überwachen. Immer mehr der berühmtesten Sternwarten wollten große Fernrohre von Fraunhofer/Utzschneider/Reichenbach haben – so hieß die Firma in

München-Benediktbeuern. Kein Wunder, dass Fraunhofer sich überarbeitete. Er fand keine Zeit zum Heiraten, keine Zeit zur Erholung und achtete nicht auf seine Gesundheit. Auch die giftigen Bleidämpfe in der Glashütte mögen ihm jahrelang zugesetzt haben. Noch vor seinem 39. Geburtstag erkrankte er schwer an einer der gefährlichsten Krankheiten des ganzen 19. Jahrhunderts, der Lungentuberkulose. Heute gibt es sie, Gott sei Dank, bei uns fast gar nicht mehr. Am 7. Juni 1826 starb er, viel zu jung noch – und allen wurde bewusst, dass es keinen Ersatz für den damals besten Fernrohrkonstrukteur der Welt gab.

Niemand in ganz Europa ahnte allerdings, dass die geheimnisvollen schwarzen Linien ihn bald noch viel berühmter machen sollten. Er selbst hätte vielleicht ihr Geheimnis nach einigen Jahren gelüftet, so hartnäckig wie er alle Probleme anging.

Nun dauerte es noch einmal 33 Jahre, bis ein deutscher Physiker, Gustav Robert Kirchhoff, und sein bester Freund, der Chemiker Robert Bunsen in Heidelberg, herausfanden: Dieses hässliche „durchstrichelte" Farbband, dieser Geheimcode der Sonne, verrät uns, aus welchen chemischen

Die helle Doppellinie, die beim Verbrennen von Kochsalz entsteht, liegt genau dort, wo die dunkle Doppellinie D1/D2 im Sonnenspektrum liegt.

Elementen die Sonnenoberfläche besteht, wie viel es von jedem Element gibt und bei welchen Temperaturen. Auf anderen Sternen gibt es nicht die gleiche Verteilung von chemischen Elementen wie auf der Sonne. Deshalb zeigen sie andere dunkle Linien. Die schwarze Doppellinie im Gelb zum Beispiel gehört zu Natrium, das in jedem Kochsalz auf der Erde steckt. Zündet man Kochsalz an und betrachtet die Flamme durch ein Spektroskop – so nannte man bald die Instrumente mit Prisma und Fernrohr –, so sieht man diese Doppellinie wunderbar, allerdings umgekehrt, hellgelb leuchtend auf dunklem Hintergrund. Fraunhofer nannte die beiden eng beieinanderstehenden dunklen Linien in seinem Sonnenspektrum übrigens D1 und D2.

Sehr viele Linien zeigen an, dass es auch Eisen auf der Sonne gibt. Es gibt sogar schwarze Linien im Sonnenlicht, zu denen man kein Element auf der Erde fand, so viele Flammen man auch untersuchte. Sollte es das Element etwa nur auf der Sonne geben? Man nannte es Helium, Sonnenstoff. Erst gegen Ende des 19. Jahrhunderts fand man heraus, dass sehr wenig davon auch auf der Erde existiert. Heute kannst du damit deinen Luftballon in den Himmel steigen lassen. In den Sternen gibt es ungeheuer viel Helium. Es ist so etwas wie die Asche jedes brennenden Sterns, entstanden aus verbranntem Wasserstoff. 99 % der gesamten normalen Materie des Weltalls bestehen aus Wasserstoff und Helium.

Eine neue Wissenschaft war geboren. Man nannte sie Astrophysik. Niemand hatte zuvor geglaubt, dass Fraunhofers Entdeckung tatsächlich erlauben würde, jedenfalls im Prinzip, Sterne auf den Labortisch zu legen und physikalisch und chemisch zu untersuchen.

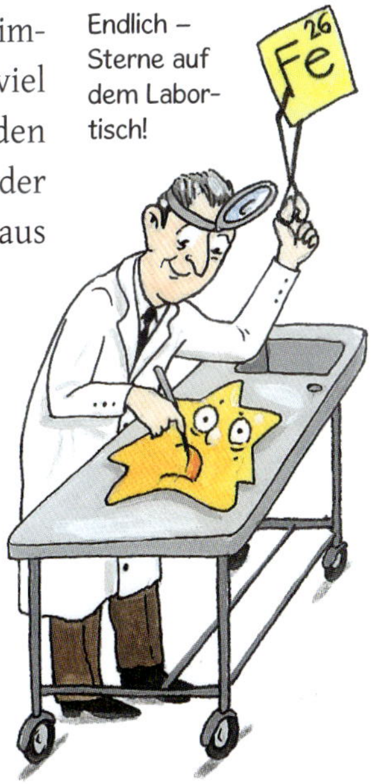

5. Verrät die Farbe, wie schnell ein Stern ist?

Christian Doppler, 1803–1853

Was hat Farbe mit Geschwindigkeit zu tun? Ein Auto bleibt doch rot, ob es steht, langsam fährt oder mit 200 Sachen über die Autobahn braust. Und ein Flugzeug? Es bleibt auch grau oder silbern, wie es ist. Und eine Rakete? Auch die ändert ihre Farbe nicht. Erst in der Nähe der Lichtgeschwindigkeit von 300.000 km/s wird das anders. Doch solche Geschwindigkeiten erreicht keine Rakete, wir katapultieren sie von unserer Erde mit Mühe und Not und vielleicht 20 km/s weg. Aber vielleicht können Sterne, ferne Sonnen also, so schnell werden?

Genau das war im Jahr 1842 die Idee eines Physikprofessors, Christian Doppler, an der Technischen Hochschule Prag. Er schrieb einen Aufsatz: *Über das farbige Licht der Doppelsterne und einiger anderer Gestirne des Himmels.* Darin standen so unglaubliche Dinge, dass viele Astronomen sich weigerten, darüber überhaupt zu diskutieren. Einige nahmen sich wenigstens Zeit, die ungeheuerlichen Behauptungen dieses Physikers, der offenbar keine Ahnung von Astronomie hatte, haarklein zu widerlegen. Nur ganz wenige fingen an, mit kühlem Kopf darüber nachzudenken.

Christians Vater war Steinmetz in Salzburg gewesen. Der Junge schlug also ganz und gar aus der Art. Mathematik war seine besondere Leidenschaft. Und als sein Lehrer an die Technische Hochschule Wien berufen wurde – das war damals noch möglich: vom Gymnasiallehrer zum Universitätsdozenten – nahm er seinen besten Schüler mit. Als Christian mit seinem Mathematikstudium fertig war, fand er keine Stelle. Was blieb ihm übrig? Nach Amerika wollte er auswandern, wie viele andere junge Leute ohne Zukunft damals! Wer weiß, was dort aus ihm geworden wäre. Plötzlich bekam er doch einen Job – als Mathematiklehrer an einer technischen Schule in Prag. Das heutige Tschechien gehörte damals zu Österreich. Erst 1841, da war Doppler schon bald 40 Jahre alt, wurde er Professor an der Universität Prag – nicht gerade eine Schmiede für geniale Wissenschaftler damals, schon gar nicht für astronomische Forschung.

Doch Doppler behauptete von hier aus: Sterne werden rot, wenn sie sich von uns wegbewegen, und blau/violett, wenn sie auf uns zurasen. Vorausgesetzt, sie rasen mit Riesengeschwindigkeit, nahe der Lichtgeschwindigkeit, herum. Bei Doppelsternen, von denen der eine sehr groß und der andere sehr klein ist, sollte das besonders auffallen. Der große bleibt, wie unsere Sonne gegenüber den kleinen Planeten, relativ ruhig stehen, während der kleine ihn umkurvt. Große Sterne bei solchen Doppelsonnen – davon gibt es ungeheuer viele in unserer Milchstraße – sollten also laut Doppler schön weiß bleiben, kleine dagegen müssten röter aussehen, wenn sie auf ihrer Bahn um den großen

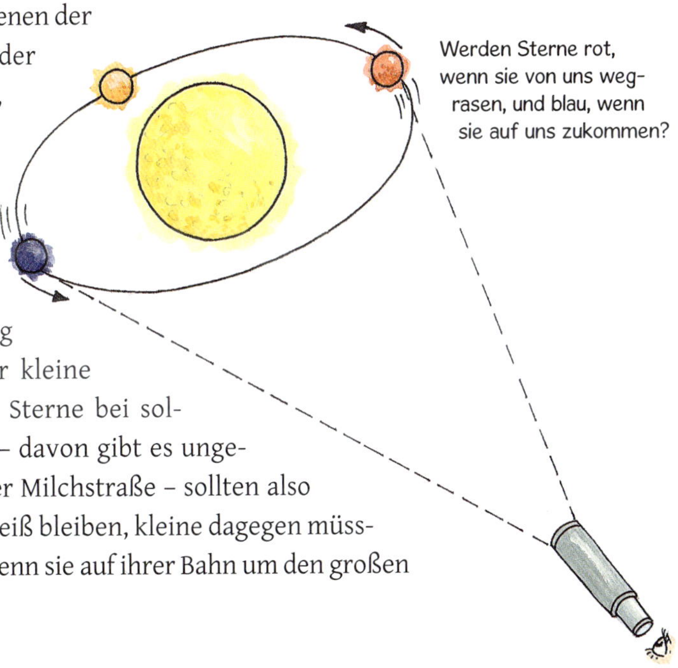

ein Stück von uns wegeilen. Und sie sollten sich blau-violett verfärben, wenn sie nach einem halben Umschwung ein Stück auf uns zukommen.
Tatsächlich beschrieben Astronomen auch farbige Doppelsterne. Doppler glaubte, das würde seine Theorie beweisen. Dann müssten diese Sterne in der Tat mit riesigen Geschwindigkeiten um die größere Sonne rasen. Wenn solch ein Stern 136.000 km/s schnell von uns wegschösse, sollte seine Farbe nicht nur ins Rot, sondern sogar ins Infrarot, das heißt zur Wärmestrahlung, verschoben sein. Er sollte damit für uns unsichtbar werden.
Das alles verteidigte Doppler eisern gegen sämtliche Angriffe seiner astronomischen Gegner. Zwar glaubten manche durchaus, dass Sterne so rasend schnell sein können. Doch schaute man sich das Licht der Doppelsterne genauer an, konnte man keine Farbveränderungen feststellen. Und unsichtbar wurde schon gar keiner. Heute wissen wir: Nur Milliarden Lichtjahre entfernte Galaxien, sichtbar als sogenannte Quasare, schießen tatsächlich mit 10.000 bis weit über 100.000 km/s von uns weg. Die konnte man mit den damaligen Fernrohren noch gar nicht sehen. Einzelne Sterne in unserer Milchstraße sind bei Weitem nicht so schnell.

Kann ein Stern unsichtbar werden?

Andererseits hatte Christian Doppler sehr vernünftig überlegt. Das leuchtete jedem Physiker ein – aber eben nicht den Astronomen. Doppler erklärte das auch ganz anschaulich: Wenn ein Dampfschiff schnell gegen die Wellen auf dem Meer anfährt, kommen scheinbar mehr Wellen dichter nacheinander auf den Bug zu, als wenn es von den Wellen wegfährt. Dann müssen die Wellen dem Schiff mit scheinbar größeren Abständen nacheilen. Wellenberge dichter hintereinander heißt in der Physik „höhere Frequenz". Das heißt: Mehr Wellenberge pro Minute prasseln auf den Schiffsbug. Man kann auch sagen: Der Abstand zwischen zwei Wellenbergen, die sogenannte Wellenlänge, scheint kleiner geworden zu sein. Und höhere Frequenz = kleinere Wellenlänge bei den Lichtwellen entspricht in der Tat einer Verschiebung der Farbe zu Blau-Violett.

Wenn ein Schiff schnell gegen ankommende Wellen fährt, scheinen sie enger aufeinanderzufolgen.

Schall ist doch auch eine Welle.
Gibt es da ebenfalls Verschiebungen? Ja, sagte Doppler. Hohe Frequenzen, zum Beispiel 16.000 Schwingungen der Luft pro Sekunde, ergeben einen ganz hohen Ton. Den können ältere Leute schon gar nicht mehr hören! Niedrigere Frequenzen, wie 20 Schwingungen pro Sekunde, ergeben einen ganz tiefen Ton. Das sind die tiefsten Orgeltöne! Wenn wir auf so eine Orgel zurasen würden, mit ein paar 100 km/h, nicht viel langsamer als die Geschwindigkeit der Schallwellen von rund 1.200 km/h, müsste also der Ton ... höher oder tiefer werden? Höher natürlich, das entspricht ja dem Schiff, das auf die Wellen zufährt. Das Gleiche gilt, wenn wir stehen, aber die Orgel auf uns zurast.
Mit einer Orgel kann man natürlich keine solchen Experimente machen. Und ein paar 100 km/h waren damals auch noch nicht drin, ohne Flugzeuge und Raketen. Aber Doppler rechnete aus,

Eine Orgel, die mit 600 km/h auf uns zurast, würde eine Oktave höher klingen.

dass man schon bei einer geringeren Geschwindigkeit merken müsste, dass sich ein Ton verändert, so um etwas weniger als eine ganze Tonhöhe. Solche Geschwindigkeiten gab es bei der gerade aufkommenden Eisenbahn! Tatsächlich hat ein holländischer Physiker drei Jahre nach dem Erscheinen von Dopplers Aufsatz Experimente dazu gemacht. Ein Trompeter blies aus Leibeskräften einen einzigen Ton, auf einem offenen Eisenbahnwagen stehend, mit dem eine Lokomotive dahinraste. Am Bahndamm stand ein zuhörender Musiker. Ihm schien der Trompetenton tatsächlich höher, als wenn jemand am Bahndamm den gleichen Ton blies. Dieser Ton am Bahndamm dagegen schien einem zuhörenden Musiker im rasenden Eisenbahnwagen höher zu sein.
Das war doch der Beweis! Doppler hatte recht. Heute kannst du das übrigens oft hören, wenn zum Beispiel ein Krankenwagen mit Martinshorn auf dich zufährt. Da geht der Ton hoch. Und wenn der Wagen an dir vorbei ist und sich entfernt, wird der Ton tiefer. Auch bei Übertragungen von Autorennen im Fernsehen oder Rundfunk fällt das mitunter auf. Musiker in offenen Eisenbahnwagen sind heute wohl seltener vor das Ohr zu bekommen.

Der Kammerton a in der Musik hat eine Frequenz von 440 Hertz. Das heißt, die Luft schwingt 440-mal pro Sekunde vor deinem Ohr hin und her. Wie schnell schwingt sie eine Oktave höher?

Frage 6

Also hatte Doppler recht. Und er hatte gleichzeitig unrecht. Die Astronomen fanden keine Farbveränderungen bei Sternen. Warum? Das erklären wir auf Seite 146.
Doch Doppler deshalb ganz für verrückt zu erklären, war auch nicht weise, wie sich bald zeigte. 1853 starb er an der gleichen tückischen Krankheit wie Joseph Fraunhofer vor ihm, an der Lungentuberkulose. Er konnte nicht mehr erleben, wie ein paar Jahre später entdeckt wurde, dass die dunklen Linien in den Farben der Sterne (siehe Kapitel 4) verraten, was es alles auf diesen fernen Himmelskörpern gibt: Wasserstoff, Helium, Natrium, Eisen. Vielleicht hätte er dann selbst die Idee gehabt: Falls die Farbe eines schnellen Sterns sich verschiebt, müssten sich doch auch diese dunklen Linien im Farbenband verschieben.
Warum? Solch eine dunkle Linie hat eine ganz bestimmte Wellenlänge oder Frequenz, wie der Ton einer Trompete beim Schall. Wenn der Stern auf uns zukommt, müssen also laut Doppler alle „Töne“ eines Sterns, das heißt also alle dunklen Linien, ein Stück zu höherer Frequenz, d. h. zu Violett verschoben sein, und wenn er von uns wegeilt zu Rot. Fraunhofers schwarze Doppellinie D1/D2 – die kann man gut von anderen einzelnen Linien unterscheiden –

So verschieben sich dunkle Fraunhoferlinien im Sternenlicht.

müsste also dann von Gelb, wo wir sie in der Sonnenmitte finden, ein Stück ins Rot wandern. Die Sonne liefert mit ihrem Farbenband einen guten Vergleich, denn sie bewegt sich weder zu uns her noch von uns fort. Wir kreisen mit der Erde ungefähr in immer gleichem Abstand um sie herum.

Wenn wir also bei Sternen die D1/D2-Linie im Roten anstatt im Gelben finden, heißt das, aha, der Stern bewegt sich von uns weg, und zwar umso schneller, je weiter sie im Roten liegt. Alle Linien selbst jedoch geben immer die chemischen Elemente auf diesen Sternen an, ganz egal, wohin sie gerade verschoben wurden. Natürlich muss man für die Untersuchung Linien auswählen, die auch nach der Verschiebung noch deutlich von vielen anderen unterscheidbar sind.

Zunächst untersuchte man die sich drehenden Ränder unserer Sonne. Weil die Sonne sich in 25 Tagen um sich selbst dreht, rast der eine Rand mit einer Geschwindigkeit von über 7.000 km/h auf uns zu, der andere ebenso schnell von uns weg. Folglich müssen die dunklen Fraunhoferlinien dieses Randes ein Stückchen nach Rot verschoben sein, die Linien des anderen Randes ein Stückchen nach Violett.

Um 1880 waren Fotoplatten so empfindlich geworden, dass sie nun auch schwache Himmelslichter, wie sie das Spektroskop von den schmalen Farbrändern der Sonne zeigt, „schwarz auf weiß“ festhalten konnten. Man bekam heraus: Die Linien aus diesen Sonnenrändern waren tatsächlich verschoben. Das war der erste astronomische Beweis für Doppler. Dann fand man auch bei echten Nebeln im Weltall, also keinen Galaxien, sondern leuch-

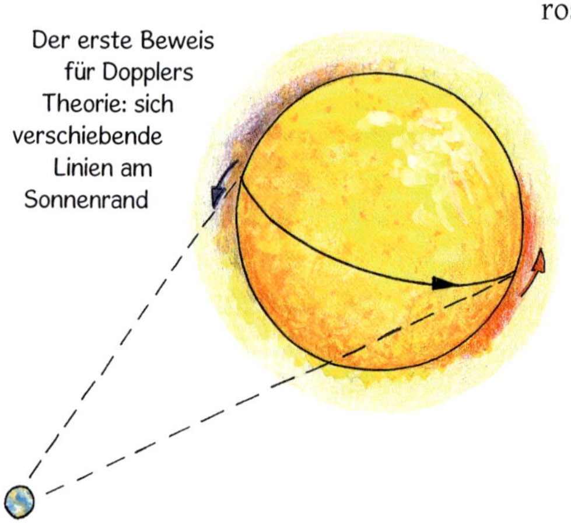

Der erste Beweis für Dopplers Theorie: sich verschiebende Linien am Sonnenrand tenden Gasnebeln, dass Linien im Farbspektrum etwas verschoben waren. Hier sind es keine dunklen, sondern hell leuchtende Linien.

Entscheidend bei alldem ist: Die Linien, die wir von Lichtquellen auf unserer Erde oder von der Sonnenmitte messen, von allem also, was sich nicht von uns weg- oder auf uns zubewegt, nehmen wir als Vergleich.

Man hatte also zum ersten Mal Geschwindigkeitskontrollen im Weltall durchgeführt! Auf unseren irdischen Straßen ist das Alltag geworden. Allerdings benutzt die Polizei Mikrowellen, die sie auf ein Auto schießt. Die Wellen werden vom fahrenden Auto zurückgeworfen und ihre Frequenz verändert sich genauso, wie Doppler das berechnet hatte. Da reichen 80 statt 60 km/h aus und schon gibt es einen Strafzettel.

Geschwindigkeiten von ganz fernen Sternen, Nebeln oder Galaxien einfach durch Verschiebung der dunklen oder hellen Linien in ihren Farbbändern zu ermitteln, war grandios. Wer hätte daran vor Fraunhofer 1814, Doppler 1842 und Kirchhoff/Bunsen 1859 geglaubt! Die alten Astronomen verstanden die Welt nicht mehr. Nun mussten sie auch noch Physik lernen!

Wie gesagt, man kann mit Dopplers Prinzip Geschwindigkeiten im All nur von uns weg oder auf uns zu messen. Aber davon gibt es ja genügend. Man fand sogar bei manchen Sternen doppelte Linien, zum Beispiel beim Stern Mizar. Du kannst ihn leicht am Himmel finden. Es ist der zweite Deichselstern des großen Wagens. Im Fernrohr zeigt er sich als Doppelstern. Doch jeder der beiden Sterne dieses Doppelsternsystems ist selbst wieder ein Doppelstern. Das können wir nicht direkt sehen, nicht einmal mit den besten Fernrohren, so eng stehen diese Sterne zusammen. Doch fanden die Astronomen schon vor mehr als 100 Jahren heraus: Es gibt da dunkle Linien, die regelmäßig doppelt, dann wieder einfach zu sehen sind. Wie ist das zu erklären? Ganz einfach! Diese Linien haben beide Sterne gemeinsam. Wenn nun die eine Sonne auf uns zukommt und die andere gerade wegeilt, ist jede Linie doppelt verhanden, die eine ein Stück nach Rot verschoben, die andere nach Violett. Wenn die zwei Sonnen gerade hintereinanderstehen, bewegen sie sich waagrecht an uns vorbei. Die getrennten Linien fallen wieder zusammen. Denn dann gibt es keine Dopplerverschiebung.

Bei zwei einander umkreisenden Sonnen verschieben sich die Fraunhoferlinien ein Stückchen.

Man konnte also plötzlich Doppelsterne, sogar Mehrfachsterne entdecken, die selbst in den besten Fernrohren wie ein einziger Stern aussehen, weil ihre Sonnen sehr dicht beieinanderstehen oder eine Sonne sehr lichtschwach ist.
Und bald entdeckte man sogar, dass (fast) alle Milchstraßen im Universum auseinanderrasen (siehe Kapitel 9). Das ganze Weltbild der Astronomie wurde noch einmal über den Haufen geworfen. Und eine besonders faszinierende Entdeckung waren die geheimnisvollen Quasare, in denen die schwarzen Fraunhoferlinien so ungeheuer weit verschoben sind, dass die Astronomen zunächst gar nicht

glaubten, dass das irgendwelche bekannten Linien waren (siehe auch S. 107 und 149).
Seit dem Ende des 20. Jh.s entdeckt man mit Dopplers Prinzip auch Planeten um ferne Sonnen. Sonnensysteme stehen nicht einfach still im Weltall. Sie bewegen sich – mit ihren Planeten – um das Zentrum der Milchstraße. Aber gleichzeitig torkelt eine solche Sonne auch ein wenig auf diesem Weg herum. Nicht nur die Sonne treibt nämlich ihre Planeten an, auch diese setzen ihre Sonne ein wenig in Trab. Eigentlich müsste man sagen, Planetensonnen eiern ein wenig um einen Punkt herum, der in ihrem eigenen Inneren liegen kann. Man nennt ihn den Schwerpunkt des gesamten Systems aus Sonne und Planeten. Dieses Herumeiern einer Sonne verschiebt auch ihre dunklen Linien ein wenig und beweist, da jagen Planeten um sie herum, die sie ein bisschen aus ihrem Gleichgewicht bringen. Das lässt sich sogar berechnen.

Planeten bringen ihre Sonne zum „Eiern“.

Bis heute hat man schon über 3000 ferne Planeten entdeckt, ohne sie direkt selbst in den größten Fernrohren sehen zu können. Denn ihre Sonne ist zu hell. Planeten senden ja nur das Licht ihrer eigenen Sonne, das sie schwach zurückwerfen, in das umgebende Weltall. Auch unsere Planeten könnte man aus riesigen Entfernungen neben unserer gleißenden Sonne nicht sehen, so scheinbar dicht und schwach leuchtend laufen sie um sie herum.
Ein paar ganz große Planeten um ferne Sonnen hat man allerdings schon direkt im Fernrohr entdeckt. Viele der über 3000 hat man übrigens mit anderen Tricks gefunden, insbesondere, weil ein vor seiner Sonne vorbei ziehender Planet deren Licht ein klein wenig verdunkelt. Dopplers Prinzip allerdings ist aus der Astronomie nicht mehr wegzudenken. Ohne ihn wüssten wir fast nichts über die allermeisten Geschwindigkeiten im Kosmos.

6. Wie groß ist das Weltall?

Nehmen wir einmal an, der griechische Astronom Ptolemaios, der noch glaubte, dass die Erde im Zentrum der Welt steht, und der deutsch-polnische Astronom Nikolaus Kopernikus, der etwa 1.400 Jahre später lebte und der die Sonne ins Zentrum aller Planetenbahnen rückte, hätten miteinander pro und kontra diskutiert über ihre beiden Weltsysteme und über die Entfernung der Sterne von der Erde.

Lassen wir Ptolemaios beginnen: *„Ihre Behauptung, Herr Kopernikus, dass die Erde um die Sonne kreist, kann auf keinen Fall stimmen. Denn dann müsste sich diese Bewegung in den Fixsternen spiegeln. Sie müssten sich am Himmel Jahr für Jahr hin und her verschieben, im Rhythmus der Erdbewegung. Halten Sie Ihren Finger etwa 10 cm vor Ihr Gesicht und kneifen Sie einmal das linke, dann das rechte Auge zu. Was macht der Finger? Er springt scheinbar hin und her, vor dem Hintergrund etwa einer Bücherwand in Ihrem Zimmer. Das eine Auge ist die Stellung der Erde im Sommer – falls sie sich überhaupt um die Sonne bewegt –, das andere Auge entspricht der Stellung im Winter. So müsste auch ein Stern ‚hin- und herspringen‘, wenn ich ihn einmal im Sommer und dann im Winter beobachte. Das heißt, ich müsste mein Beobachtungsinstrument im Sommer ein wenig anders ausrichten als im Winter, um ein*

Der Finger springt hin und her, wenn man abwechselnd ein Auge zukneift.

und denselben Stern zu finden. Das brauche ich aber nicht. Die Sterne springen überhaupt nicht. Ihre Vorstellung, Herr Kopernikus, ist falsch – die Erde steht unbeweglich im Zentrum der Welt.“

Doch Kopernikus weiß zu antworten:
„Lieber Herr Ptolemaios! Halten Sie doch Ihren Finger möglichst weit weg vom Gesicht, so etwa 50 cm, und kneifen wieder abwechselnd ein Auge zu. Was macht er? Er springt viel weniger stark hin und her. Nun stellen Sie sich vor, Ihr Finger wäre 10 m oder gar 1.000 m entfernt. Dann springt er fast gar nicht mehr. Die Sterne sind eben so ungeheuer weit weg von uns, dass wir das Hin- und Herspringen nicht sehen können, obwohl sich die Erde bewegt.“

Was könnte Ptolemaios noch entgegnen? Oh, schon einiges:
„Lieber Herr Kopernikus, meine, zugegeben einfachen, Instrumente sind immerhin so genau, dass ich Sterne hin- und herspringen sehen könnte, die fast 700-mal weiter von der Son-

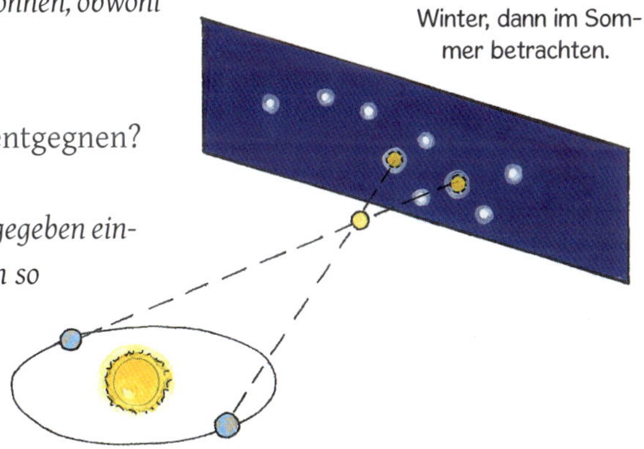

Ein naher Stern springt scheinbar hin und her, wenn wir ihn einmal im Winter, dann im Sommer betrachten.

ne entfernt wären als unsere Erde. Das aber ist unglaublich. Das Weltall ist nur etwa 18-mal größer als die Entfernung Erde – Sonne. Das weiß ich. Schon das ist eine riesige Entfernung. Und wenn wir darin keine Fixsterne springen sehen, heißt das: Die Erde steht still.“

Kopernikus glaubte natürlich, dass das Weltall viel größer sei als 18-mal die Entfernung Erde – Sonne. Doch keiner von beiden konnte wirklich messen, wie weit die Fixsterne entfernt sind. Wenn wir nun Herrn Ptolemaios gesagt hätten, selbst der uns allernächste Fixstern, Proxima Centauri, sei schon fast 300.000-mal weiter von uns weg als die Sonne, hätte er uns für verrückt erklärt. Und auch Kopernikus hätte wohl nicht an eine solch riesige Entfernung geglaubt.

Friedrich Wilhelm Bessel, 1784–1846

Wie kann man die Entfernung zu einem fernen Stern messen? Man müsste viel genauere Instrumente haben als Ptolemaios, so genau, dass man auf mindestens 34 km Entfernung sehen könnte, ob ein Finger hin- und herspringt. Solche Instrumente gab es erst im Jahr 1838, lange nach Kopernikus und Ptolemaios. Der Astronom Friedrich Wilhelm Bessel, der, mit einem Fernrohr von Fraunhofer, so genau messen konnte, sah als erster einen Stern „hin- und herspringen“, in der Winterstellung der Erde also woanders am Himmel stehen als in der Sommerstellung. Jetzt hätte sogar Ptolemaios glauben müssen, dass die Erde sich bewegt.

Um 1838 zweifelte allerdings keiner mehr daran, dass die große schwere Sonne im Zentrum unseres Planetensystems steht und alle Planeten sich um sie bewegen. So wichtig war es also nicht mehr, nun endgültig zu beweisen, dass die Erde sich bewegt. Doch etwas anderes war sensationell. Alle Astronomen seit Kopernikus hatten vergeblich versucht, die Entfernung der Sterne von der Erde herauszubekommen. Aus dem von Bessel entdeckten Hin- und Herspringen eines Fixsterns konnte man nun sofort ausrechnen, wie weit er entfernt war. Wie ging das?

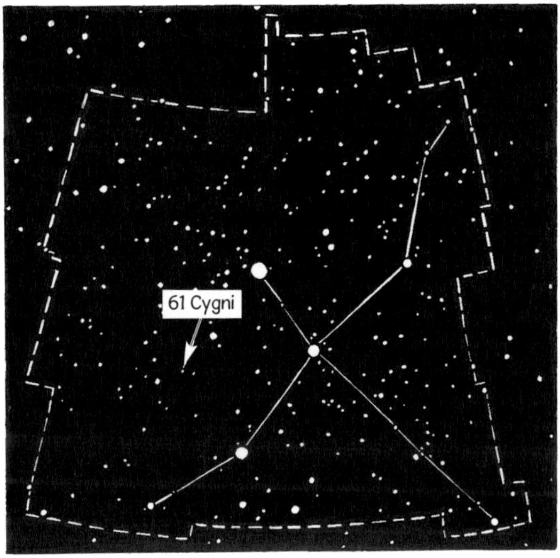

Das Sternbild Schwan und der Stern 61 Cygni

Zunächst hatte Bessel einen Erfolg versprechenden Stern für seine Messungen unter den Abertausenden am Himmel finden müssen. Wie findet man einen Stern, der nicht so fürchterlich weit weg sein darf, wenn man noch gar nicht weiß, wie weit die Sterne überhaupt entfernt sind? Bessel suchte einen Stern, der sich deutlich am Himmel bewegte. Von den etwa 3.000 Sternen, die die Astronomen damals genau beobachtet hatten, bewegten sich nur etwa 70 um mehr als ein siebentausendstel Grad – pro Jahr! Und nur einen einzigen kannte er, der sich sogar um ein siebenhundertstel Grad bewegte – leider ein recht kleiner. Er war nur im Fernrohr sichtbar: 61 Cygni, der Stern Nummer 61 im schönen Sommersternbild Schwan.

Wusstest du …

Der Winkel ein Grad ist ein Dreihundertsechzigstel eines ganzen Kreises. Das kann man schon kaum auf einer Buchseite zeichnen. Ein Siebenhundertstel davon ist nochmals viel kleiner. Auf einem Kreis von mehr als 80 m Durchmesser würde sich der Stern in einem Jahr nur einen Millimeter weiterbewegen.

Natürlich war diese Bewegung nicht die gesuchte gespiegelte Erdbewegung, von der Ptolemaios sprach. Der Stern sprang nicht wie unser Finger im Laufe eines Jahres um ein siebenhundertstel Grad nach links oder rechts. Er bewegte sich nur gleichmäßig in eine Richtung, unabhängig davon, wo die Erde stand. Was war dann diese ein siebenhundertstel Grad Bewegung? Bessel wusste es nicht. Sehr wahrscheinlich war es eine eigene Bewegung dieser fernen Sonne.

Auf jeden Fall, je mehr Bewegung eines Sterns wir am Himmel sehen können, desto näher wird er uns wahrscheinlich sein. Wenn er sehr, sehr weit weg ist, kann er ziemlich ausgiebig in unserer Milchstraße herumkurven, aber wir merken nichts davon. Wenn ein Käfer vor unseren Augen einen Zentimeter weiterkrabbelt, sehen wir das sofort. Wenn er an der 20 m entfernten Hauswand unseres Nachbarn einen Zentimeter herumkriecht, merken wir fast gar nichts. Große Eigenbewegung eines Sterns = sehr nahe, gar keine Eigenbewegung = sehr fern, das gilt natürlich nicht exakt. Vielleicht bewegt sich ein naher Stern einfach zu wenig, als dass wir es sehen könnten. Aber wenn man nichts Genaueres über die Entfernung in der Hand hat, geben diese Eigenbewegungen am Himmel wenigstens einen ungefähren Anhaltspunkt.

So zeichnete Bessel 61 Cygni und die Vergleichssterne a und b.

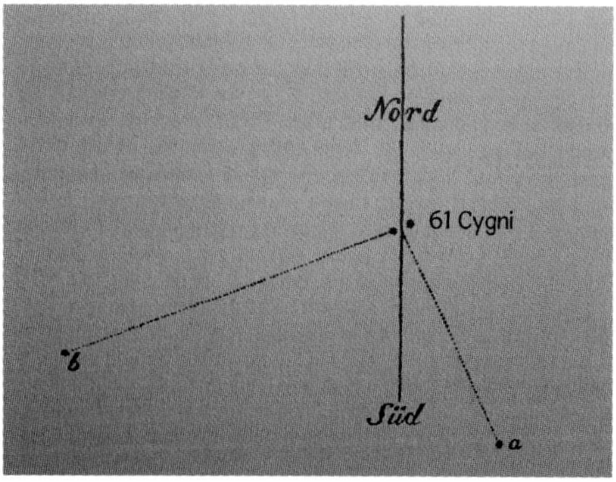

Das also war die erste Idee von Bessel. Die zweite war, zwei Vergleichssterne a und b zu untersuchen, die scheinbar stillstanden, also wahrscheinlich weit entfernt von uns waren. Sie standen links und rechts von 61 Cygni. So ähnlich könnten wir für unsere Finger-Spring-Messung an einer Wand dahinter zwei Nägel wählen, die links und rechts von unserem Finger fest in der Wand stecken. 61 Cygni ist übrigens kein Einzelstern – er besteht aus zwei Sonnen, die einander umkreisen.

So sah Bessels zerschnittenes Objektiv aus.

Und hier wird nun das Fernrohr Fraunhofers wichtig. Joseph Fraunhofer aus Benediktbeuern bei München hatte ja damals die weltbesten Fernrohre hergestellt (siehe Kapitel 4). Erst drei Jahre nach seinem Tod, 1829, wurde bei Bessel in Königsberg im damaligen Ostpreußen ein Fernrohr aufgestellt, das er noch berechnet und konstruiert hatte. Das Objektiv, die Linsenkombination vorne also, durch die das Sternenlicht einfiel, hatte einen Durchmesser von 20 cm. Das Besondere daran war: Diese Kombination aus zwei Linsen war in der Mitte durchgeschnitten. Die zwei Hälften konnte man unabhängig voneinander verschieben. Dann sieht man von einem Stern zwei Bilder, wenn man durch das Okular am anderen Ende des Fernrohres blickt. Nur wenn die zwei Hälften so genau zusammengeschoben werden, dass sie wieder wie eine einzige Glaslinse wirken, sieht man, wie in einem normalen Fernrohr, ein einziges Bild des Sterns.

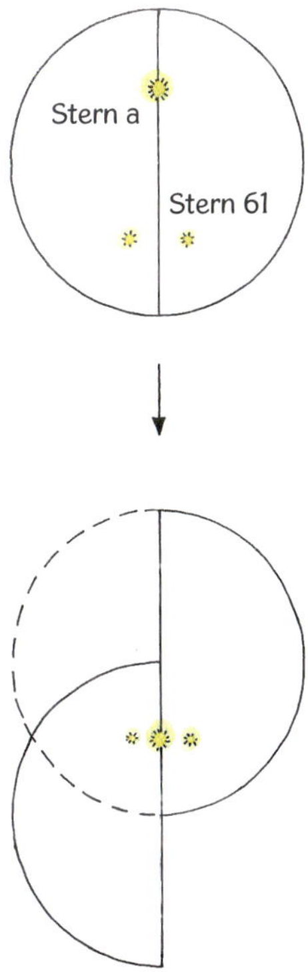

Wenn man die beiden Hälften verschiebt, wandert das Bild von Stern a zum Stern 61.

Wozu brauchte Bessel solch ein zerschnittenes Objektiv? Er richtete sein Fernrohr auf diesen Doppelstern 61 Cygni, genauer, auf den Punkt zwischen den beiden Sternchen. Nun verschob er die eine Hälfte des zerschnittenen Objektivs, bis das Bild vom Vergleichsstern a genau in die Mitte zwischen den beiden Sternchen von 61 Cygni wanderte.

Diese Verschiebung gab ihm den Winkelabstand zwischen Vergleichsstern a und 61 Cygni. Das tat er auch – zur Kontrolle – mit Stern b. Vom 16. August 1837 bis zum 2. Oktober 1838 maß er so 85 Winkelabstände zu Stern a und 98 Winkelabstände zu Stern b.

Wusstest du …

Der Winkelabstand zweier Sterne ist der Winkel, um den man ein Fernrohr – oder ein Messinstrument daran – drehen muss, um von einem Stern zum anderen zu schwenken.

Jeden dieser Winkelabstände maß er 16-mal in einer Nacht, in möglichst allen klaren Nächten, in denen 61 Cygni am Nachthimmel in Königsberg stand. Das war ganz schön anstrengend – und kalt im Winter. Bessel saß im Mantel in der offenen Sternwartenkuppel und fror, stundenlang.
Doch das Ergebnis hat ihn wohl aufgewärmt. Der Stern verschob sich gegenüber seinen Vergleichssternen a und b so, wie er das erhofft hatte. Wenn er die Eigenbewegung von ein siebenhundertstel Grad von seinen Messwerten abzog, blieb in der Tat ein Hin- und Herpendeln des Sterns um sage und schreibe ein sechstausendstel Grad im Rhythmus eines Jahres übrig. Man nennt diesen Pendelwinkel „Parallaxe“, von griechisch: parallage = Veränderung. Da es ja wohl ganz unwahrscheinlich ist, dass sich dieser Stern selbst, so weit weg von der Erde, genau wie die Erde hin und her bewegt, musste dieses Hin- und Herpendeln eine Täuschung sein, eine Täuschung, die uns unsere eigene Erdbewegung vorgaukelt – so wie das Zukneifen des linken und rechten Auges uns vorgaukelt, dass ein Finger davor nach links oder rechts springt.

Damit war also endgültig bewiesen: Die Erde bewegt sich um die Sonne im Lauf eines Jahres. Aber viel wichtiger war: In diesen winzigen ein sechstausendstel Grad steckte die erste gemessene Entfernung eines Sterns. Bessel kalkulierte zunächst seine Fehler genau. Etwas mehr als 6% konnte dieses ein sechstausendstel Grad größer oder kleiner sein. Andere Werte waren sehr unwahrscheinlich. Hut ab, kann man nur sagen, unser moderner Wert ist nahe dran. Das war eine Supermessung für 1838. Ein Schlenker nur noch, die Entfernung zur Erde auszurechnen. Sie musste zwischen zehn und elf Lichtjahren liegen. Das sind etwa 100 Billionen km! Fast unvorstellbar! Wie man diese Entfernung berechnet, erfährst du auf Seite 142.

Wusstest du ...

Ein Lichtjahr ist keine Zeiteinheit, sondern eine Entfernung. Die legt das Licht mit seiner Supergeschwindigkeit von 300.000 km/s in einem Jahr zurück. Das sind ungefähr 9,5 Billionen Kilometer.

Frage 7

Wie groß ist die Entfernung eine Lichtsekunde?

Damals fuhren gerade erste Dampfeisenbahnen über das Land, mit der sagenhaften Geschwindigkeit von knapp 60 km/h. Sie müssten, so rechnete Bessel aus, 200 Millionen Jahre fahren, um 61 Cygni zu erreichen. Wir können hinzufügen: Selbst heutige Weltraumsonden wie Pioneer 10, die seit mehr als 30 Jahren durch das Weltall rast, würden Tausende bis Zehntausende von Jahren brauchen. Und 61 Cygni ist einer

der allernächsten Sterne! Der Stern Proxima Centauri am Südhimmel der Erde ist der uns allerallernächste, knapp 4,5 Lichtjahre entfernt. Das bekam man kurz nach Bessel heraus. Dazwischen gibt es keine näheren Sterne, nur die gähnende Leere des Weltalls.

Mit der Methode dieser „Fixsternparallaxe" kann man heute etwa 300 Lichtjahre weit messen, bald vielleicht noch weiter. Aber schließlich wird das winzige Hin- und Herspringen der Sterne so superwinzig, dass nichts mehr zu sehen ist. Doch von einem Ende unserer Milchstraße zum anderen sind es schon mehr als 100.000 Lichtjahre. Und die nächste Milchstraße, der Andromedanebel, ist sogar mehr als zwei Millionen Lichtjahre entfernt.

Henrietta Swan Leavitt, 1868–1921

Woher wissen wir Menschen das?

Eine amerikanische Astronomin, Henrietta Swan Leavitt, hat 1912 eine weitere raffinierte Methode entdeckt, um riesige Entfernungen zu messen. In ihrer Jugend war sie schwer krank gewesen und deshalb fast taub – vielleicht ein Grund, warum sie ihr ganzes Leben der Astronomie widmete. Das Weltall war still, aber so ungeheuer faszinierend leuchtend. Sie interessierte sich für eine seltsame Art von Sternen. Sie leuchten nicht konstant, sondern werden schnell heller, dann langsam dunkler, dann wieder schnell hell usw., immer im gleichen Rhythmus. Man nennt diese pulsierenden Sterne Cepheiden, nach dem allerersten dieser Art, Delta Cephei, der schon 1784 entdeckt wurde.

Was Leavitt herausfand, war erstaunlich. Der Rhythmus zwischen hell und dunkel ist nicht immer gleich, sondern

Die Sterne der Großen und der Kleinen Magellanschen Wolke sind uns recht nahe, knapp 200.000 Lichtjahre entfernt.

die Sterne, die am hellsten werden, brauchen auch länger dazu – bis zu vielen Tagen. Bei den weniger hellen geht das Auf und Ab schneller, bis herunter zu einem Tag. Aber alle gleich hellen pulsieren auch gleich schnell! Schließlich hatte Leavitt 25 solcher Sterne zusammen, alle aus der „Kleinen Magellanschen Wolke“. Da die Sterne dieser Wolke dicht zusammenstehen, aber die Wolke selbst viel weiter von unseren Milchstraßensternen entfernt sein muss, kann man sagen, dass alle Sterne dieser Wolke etwa die gleiche Entfernung von uns haben müssen. Du kannst dir eine Gruppe deiner Schulfreunde in einer fernen Ecke des Schulhofes vorstellen. Sie sind alle so ungefähr gleich weit von dir am Klassenzimmerfenster entfernt.

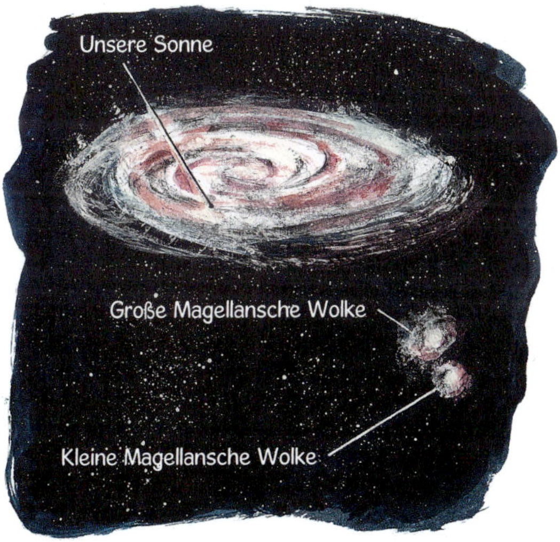

Wusstest du …

Die „Kleine Magellansche Wolke“ ist eine dichte Sternansammlung am Südhimmel der Erde. Wir können sie in Europa und auch in den USA leider nie sehen. Henrietta Leavitt fotografierte sie von Peru in Südamerika aus.

Frage 8

Woher kommt wohl der Name „Magellansche Wolke“?

Wie weit die Wolke allerdings entfernt war, das wusste man nicht. Wenn es nun gelänge, solche Cepheiden irgendwo innerhalb unserer Milchstraße zu finden und ihre Entfernung zu uns zu messen, dann könnte man auch sagen, wie weit die Magellansche Wolke von der Erde entfernt ist. Wie das? Nehmen wir an, ein Cepheid in unserer Milchstraße braucht sechs Tage für sein Hell-dunkel-hell, erscheint uns aber 50-mal heller als ein Sechs-Tage-Stern in der Kleinen Magellanschen Wolke. Dann müsste die Wolke 50 x 50 = 2.500-mal weiter weg sein als unser Milchstraßen-Cepheid. Das Licht ist nämlich in doppelter Entfernung viermal schwächer, in zehnfacher Entfernung 100-mal schwächer usw. Es nimmt also quadratisch mit der Entfernung ab.

Und tatsächlich, schon ein Jahr später fand der Däne Ejnar Hertzsprung heraus, dass die Kleine Magellansche Wolke mindestens 30.000 Lichtjahre entfernt sein müsste. Und

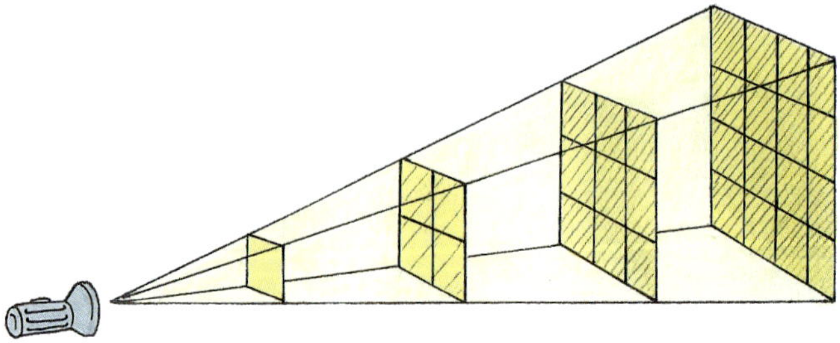

Ein Lichtkegel verteilt sich in doppelter Entfernung schon auf die vierfache Fläche, ist also nur noch ein viertel Mal so hell, in dreifacher Entfernung auf die neunfache Fläche (ein neuntel Mal so hell).

bald bewies Edwin Hubble (1889–1953) mit solchen pulsierenden Sternen in der Andromedagalaxie, dass unsere Nachbarmilchstraße mehr als eine Million Lichtjahre entfernt sein muss (Kapitel 9). Wenn die Kleine Magellansche Wolke und die Andromedagalaxie so weit weg waren, konnten sie nicht klitzekleine Begleiter unserer riesigen Milchstraße sein. Zumindest der Andromeda-„Nebel" musste ähnlich riesig wie unsere eigene Galaxie sein.

Nun erst begann sich das gewaltige Universum zu erschließen. Nicht nur die Sonne war ein Staubkorn unter Milliarden Sonnen unserer Milchstraße, auch die Milchstraße selbst musste ein Staubkorn unter ungeheuer vielen anderen Galaxien sein.

Die meisten Lichtpunkte auf diesem Foto des Hubble-Weltraumteleskops sind Galaxien in den Tiefen des Weltalls.

7. Die Entdeckung der Roten Riesen

Ejnar Hertzsprung, 1873–1967

Braucht man zu astronomischen Entdeckungen ein Fernrohr? Nicht unbedingt. Die Roten Riesen, Sterne, die mehr als 100.000-mal heller strahlen als unsere Sonne und mehr als 1.000-mal größer sein können, wurden nicht mit dem Fernrohr und auch nicht mit einem Raumschiff, sondern am Schreibtisch entdeckt.

Tatsächlich! Entdecker war kurz nach 1900 Ejnar Hertzsprung, ein dänischer Fotochemiker, der durch seinen Beruf genau Bescheid wusste, wie auf Fotofilmen das eingestrahlte Licht in schwarze Silberkörner umgewandelt wird. Solche Aufnahmen wurden dann umkopiert, sodass alles, was schwarz geworden war, nun wieder besonders hell leuchtete. Filme, mit einer lichtempfindlichen Silbersalzschicht bestrichen, gibt es auch heute noch; sie sind aber durch unsere Digitalkameras fast schon ausradiert worden. Zur Zeit von Hertzsprung gab es nur Schwarz-Weiß-Filme, mit denen man seit ein paar Jahrzehnten auch Himmelsaufnahmen machte – ein Riesenfortschritt für die Astronomie. Bevor diese Filme empfindlich genug für schwache Sternenlichter geworden waren, musste man alles, was man sah, zeichnen. Mit dem einen Auge sah man durch das Fernrohr, mit dem anderen kontrollierte man, was die Hand zeichnete.

Bei fotochemischen Aufnahmen gibt es aber ein Problem: Wie stark wirkt welches Licht auf solche Silbersalze? Violettes Licht zum Beispiel schwärzt die Silbersalzkörner viel mehr als rotes Licht. Das heißt, ein mehr violett strahlender Stern leuchtet in den fotochemischen Aufnahmen viel intensiver als ein roter. Solche Fragen untersuchte Hertzsprung.

Sterne interessierten ihn aber auch unabhängig von seiner Fotochemie. Und da fand er 1907 eine „Riesen"-Überraschung, vielleicht gerade, weil er ein Außenseiter war: Es gibt unglaublich große, rot leuchtende Monster im Weltraum. Sie wurden schließlich als die „alten Herren" im Weltall identifiziert, riesengroß aufgebläht, aber fast schon ausgebrannt und ein ganzes Stück kühler als unsere Sonne. Hertzsprung fand diese Sterne aber nicht durch eigene Beobachtungen, sondern in den Aufzeichnungen anderer.
Schon etwa 40 Jahre vorher (siehe Kapitel 4) hatte man den Geheimcode der Sterne geknackt: Dunkle Linien im Farbenband jedes Sternenlichts zeigen an, welche chemischen Elemente in den leuchtend heißen Atmosphären der Sonnen existieren. Kurz vor 1890 begann in Amerika ein Team von klugen Frauen um den Physiker und Astronomen Edward Charles Pickering, solche fotografierten Farbenbänder, genannt „Spektren", verschiedenster Sterne zu sammeln und zu ordnen.

Das Frauenteam von Pickering

Wusstest du ...

Frauen in der Wissenschaft waren damals noch recht ungewöhnlich. Sie sind es eigentlich, leider, heute noch. Und es war auch nicht besonders fortschrittlich, was Herrn Pickering dazu trieb, Frauen zu beschäftigen: Das Ordnen von Tausenden von dunkel durchstrichelten Schwarz-Weiß-Bildern war keine Aufgabe, die männliche Astronomen reizte. Frauen waren außerdem billigere Arbeitskräfte.

Fällt dir ein eigener Merkspruch für die Schubladen ein?

Wie ordnet man am besten solche Farbspektren von Sternen? 1901 waren schon über 1.000 davon gesammelt, 20 Jahre später waren es über 200.000. Die Damen entwickelten „Schubladen", die sie A, B, C, D usw. nannten. In jede Schublade kamen Farbspektren, die ähnlich aussahen. Dabei warf das Frauenteam die schöne Alphabetordnung mehrmals um. Viele Buchstaben verschwanden völlig. Schließlich waren alle Schubladen ziemlich durcheinandergewürfelt. Die Schublade O stand plötzlich an erster Stelle, direkt vor der Schublade B, denn O-Spektren waren näher verwandt mit B-Spektren und überhaupt nicht mit M-Spektren. Die ganze Schubladenfolge lautet noch heute: O, B, A, F, G, K, M. Dazu erfanden amerikanische Astronomen den Merkspruch: Oh Be A Fine Girl, Kiss Me. Nehmen wir lieber den deutschen: Offenbar Benutzen Astronomen Furchtbar Gerne Komische Merksprüche.

Frage 9

In welche der Schubladen O–M (siehe S. 75 oben) gehört das Spektrum von Wega? Warum passt das Spektrum der Sonne nicht in Schublade K?

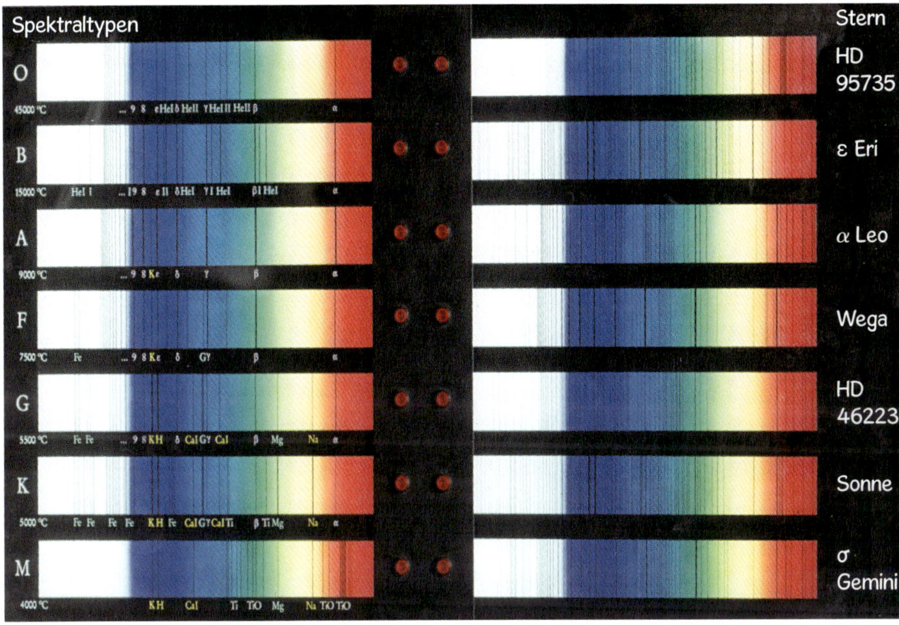

Schnell war klar, dass O-Sterne, auch weil besonders weiß strahlend, am heißesten sind und rote M-Sterne viel kühler. Ein erhitztes Stück Eisen fängt auch dunkelrot zu glühen an und wird umso weißglühender, je heißer es wird. Die raffinierteste Sortiererin unter den Damen war Annie Cannon. Eine andere Dame, Antonia Maury, fand sogar etwas, das schon der erste Schlüssel zu den Roten Riesen war. Aber sie konnte die Tür nicht öffnen – ihr fehlte noch etwas. Sie erkannte, dass die Schubladen ihrer Kollegin Cannon unterteilt werden mussten. So gab es zum Beispiel bei den M-Sternen eine Unterschublade, in der alle Farbbänder mit besonders scharfen Fraunhoferlinien landeten (siehe dazu S. 145/146). Frau Maury glaubte, dass das eine besondere Sternenserie sein musste. Mehr fiel ihr dazu nicht ein, konnte ihr auch nicht einfallen, denn der zweite

Tausende von Sternspektren vergleichen – harte Arbeit!

Schlüssel zur Erklärung, was diese Unterschublade war, lag in der unterschiedlichen Entfernung dieser Sterne von der Erde, und die war noch völlig unbekannt.

Nur von wenigen unter Milliarden Sternen in unserer Milchstraße wusste man seit 1838, wie weit sie entfernt waren (siehe Kapitel 6). Also wusste man auch nicht, wie hell die meisten davon, die in den Schubladen des Damenteams steckten, in Wirklichkeit leuchteten. Denn weit entfernte Sterne erscheinen uns sehr schwach, auch wenn es vielleicht Riesentrümmer sind. Und nahe Sterne erscheinen uns, auch wenn sie klein sind, sehr hell. Da hatte Ejnar Hertzsprung eine blendende Idee. Das heißt, die Idee war nicht neu. Schon andere Astronomen hatten damit die „Schubladen“ (wissenschaftlich heißen sie Spektralklassen) ordnen wollen, aber er setzte sie als erster geschickt um. Diese Idee war der zweite Schlüssel: die eigenen Bewegungen von Sternen als Maß für ihre Entfernung von der Erde. Den Trick hatte schon Friedrich Wilhelm Bessel für seine genauen Messungen 1838 benutzt (siehe Kapitel 6). Hertzsprung suchte etwa 300 Sterne aus, von denen Schublade, sprich Spektralklasse, und Eigenbewegung möglichst gut bekannt waren. Aus ihrer Helligkeit am Himmel und ihrer kleinen oder großen Eigenbewegung schätzte er ab, wie hell sie wirklich leuchten würden, wenn sie alle in gleicher Entfernung von uns stünden, sozusagen auf einem Prä-

Hier hat Herzsprung die Sterne nach ihrer wirklichen Helligkeit (senkrechte Achse) und ihrer Spektralklasse (waagerechte Achse) geordnet. Links oben stehen die heißen und weiß leuchtenden Sterne, rechts die kühleren roten. Alle Sterne oben sind besonders hell, die ganz unten leuchten sehr schwach.

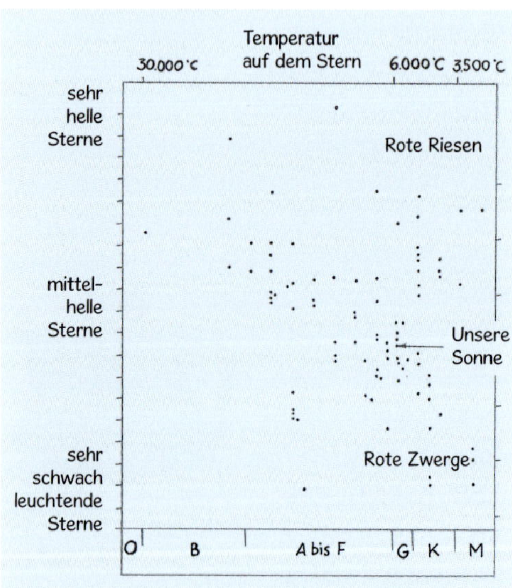

sentierteller direkt vor uns. Er nahm einfach bei einer bestimmten großen Eigenbewegung von Stern 1 an, dass er sehr nahe stand. War nun die Eigenbewegung von Stern 2 viermal kleiner, sollte dieser viermal weiter weg sein. Auf den gleichen Präsentierteller wie Stern 1 herangeholt, musste er dann 4 x 4 = 16-mal heller leuchten, als wir ihn am Himmel beobachten können usw. Dabei stellte Hertzsprung überrascht fest, dass die allermeisten Sterne auf diesem Präsentierteller weniger hell als unsere Sonne waren. Doch selbst in der Schublade M, in der eigentlich rötere kühlere Sterne als unsere Sonne versammelt waren, gab es einige wenige, die sehr viel heller leuchteten. Die fand er genau in der Unterschublade von Antonia Maury. Wie konnten diese doch kühleren M-Sterne heller sein als unsere Sonne?

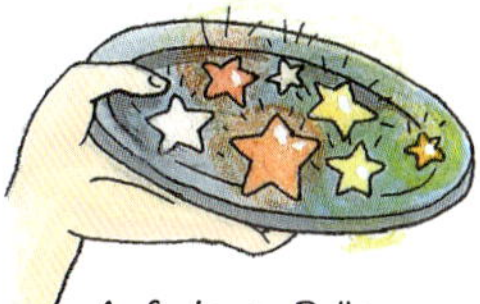

Auf einem Präsentierteller wären die Sterne leichter zu vergleichen.

Alle M-Sterne haben die gleiche rote Farbe, genau deshalb stecken sie in der gleichen Schublade. Wenn die Sterne in Frau Maurys Unterschublade trotzdem sehr viel heller leuchten, 1.000-mal heller zum Beispiel, müssen sie eine sehr viel größere rot leuchtende Fläche haben, 1.000-mal größer als die genauso roten übrigen M-Brüder. Es müssen Riesensterne sein – Rote Riesen. So wie 1.000 rote Lampen, in eine rote Fläche zusammengepackt, natürlich viel heller leuchten als ein einziges Rotlicht.

Aber warum gibt es so wenige ganz helle M-Sterne? Sind sie vielleicht eine seltene Sonderserie, wie Antonia Maury glaubte? Oder gehört diese Form zum normalen Lebenslauf eines Sterns, existiert aber nur eine sehr kurze Zeit im Vergleich zu seinem gesamten Leben? Überzeugt war die Wissenschaft damals schon, dass sich Sterne entwickeln. Sie können ja nicht ewig brennen. Kein Ofen kann das, auch nicht im Weltall. Irgendwann geht der Brenn-

stoff aus, Energie kommt nicht aus dem Nichts und schon gar nicht ewig. Das wusste man seit mehr als 50 Jahren. Also müssten Sterne als äußerst wirksame Brennöfen beginnen, das heißt sehr heiß und deshalb weiß leuchtend sein, und irgendwann kühler und röter werden und schließlich verlöschen. Aber was ist ihr Brennstoff? Das wusste niemand. Und heißt das, dass die weißen O-Sterne die jüngsten sind und die roten M-Sterne die ältesten? Das glaubte man, aber es war nicht ganz richtig.

Stellen wir uns eine forschende Eintagsfliege vor, die im Laufe ihres so unsäglich kurzen Lebens etwas über uns Menschen erfahren will. Sie sieht um sich herum, nur einen Tag lang, ganz kleine Menschen, die sich wenig bewegen (Babys), mittelgroße, die viel herumlaufen (Jugendliche), und große, die sogar weite Strecken zurücklegen (Erwachsene). Als fleißige Forschungsfliege trägt sie alles in ein schönes Diagramm ein.

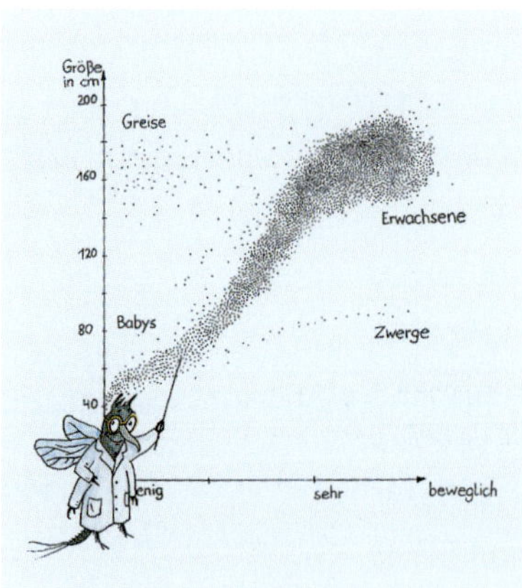

Eine Forscherfliege

Aha, stellt sie fest! Es gibt also viele große Menschen, die sich überallhin bewegen, und sehr wenige kleine, die ständig an einer Stelle bleiben – allerdings auch ein paar große, die sich kaum bewegen (die alten gebrechlichen Leute). Und ihre Frage ist: Warum gibt es so wenige kleine Menschen? Entweder sind grundsätzlich wenige von diesem kleinen Menschenschlag vorhanden, sozusagen eine Sonderserie Babys, oder diese Babys bleiben nur kurze Zeit klein und unbeweglich, werden bald größer und laufen herum. Und das im Gegensatz zum Babyalter viele, viele Jahre lang! Deshalb erscheint die Anzahl der Babys so klein – wenn man sie als Forscherfliege nur einen Tag beobachten kann.

So etwas Ähnliches wie diese Forscherfliegen sind wir und war es Hertzsprung, gegenüber der Lebenszeit der Sterne. Niemand zweifelte 1907 daran, dass unsere Sonne ungeheuer alt sein muss wie wohl auch die anderen Sterne. Und so schloss Hertzsprung: Vielleicht sind die roten Riesensterne nur ein sehr kurzes Lebensstadium eines jeden Sterns. Weil es in so kurzer Zeit durchlaufen wird, sehen wir „Forscherfliegen" von 60 bis 80 Lebensjahren nur so wenige davon am Himmel.

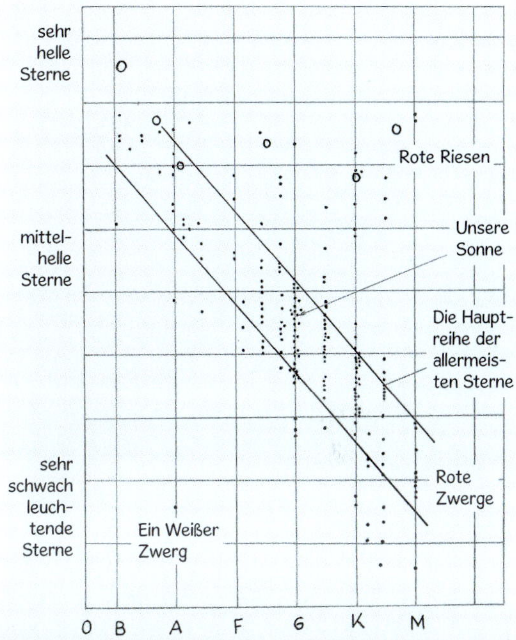

Das Diagramm von Russell war schon genauer als Hertzsprungs Ergebnis. Die meisten Sterne versammeln sich auf einer Reihe von links oben nach rechts unten. Die Roten Riesen sind eine Ausnahme: rot und kühl und doch sehr hell.

Er hatte recht. Die Diagramme, die man heute noch zeichnet, heißen, auch zu seinen Ehren, Hertzsprung-Russell-Diagramme. Henry Norris Russell, ein amerikanischer Astronom, hatte sechs Jahre später schon genaue Entfernungen von vielen Sternen, nicht nur grobe Schätzungen aus der Eigenbewegung. Er konnte die Sterne deshalb viel exakter in sein Diagramm einordnen. Zeichnet man ein solches Diagramm für viele Sterne, so sieht man: Es gibt eine sogenannte Hauptreihe. Da sind die allermeisten Sterne versammelt. Bei den G- bis M-Sternen gibt es zwei Sorten, sehr schwache, die zur Hauptreihe gehören, und sehr helle, die im Diagramm darüber stehen: die Roten Riesen. Russell fand 1913 auch einen Stern, der ganz unten, aber ziemlich weit links, bei den A-Sternen, stand. Das heißt, er musste sehr weiß und heiß sein, leuch-

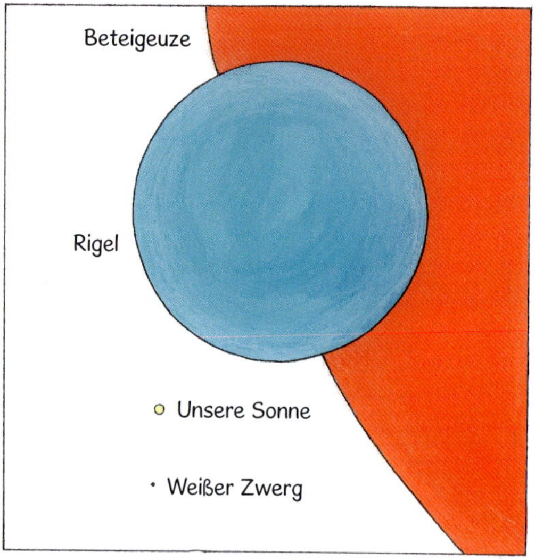

Riesensterne und winzige Weiße Zwerge

tete allerdings schwach. Ein sehr heißer und weiß leuchtender Stern, der trotzdem sehr schwach leuchtet, muss sehr klein sein. Heute kennen wir viele davon. Sie heißen Weiße Zwerge.

Mehr als 50 Jahre nach Hertzsprung konnte man mit den ersten Großcomputern berechnen, wie sich Sterne wirklich entwickeln – nicht so einfach, wie man noch zu Zeiten von Hertzsprung und Russell gedacht hatte. Geboren wird ein Stern aus einem kleinen oder großen langsam immer heißer werdenden Gasball, den wir am Himmel aber noch gar nicht sehen können, weil er nur Wärmestrahlung aussendet. Daraus wird schließlich ein Kernkraftwerk, ein kleines, rot leuchtendes oder ein helles, weiß strahlendes. Erst dann sehen wir den Stern am Himmel und können ihn in das Diagramm eintragen. Er gehört zur „Hauptreihe“. Sowohl ein kleiner, rot leuchtender M-Stern als auch ein heißer, weiß strahlender O-Stern können also recht junge Sterne sein, wenn ihr Kernkraftwerk in der Hauptreihe gerade erst angelaufen ist.

Alle bleiben nun die meiste Zeit ihres Lebens in dieser Hauptreihe – unsere Sonne noch weitere vier bis fünf Milliarden Jahre lang. Fünf hat sie schon auf dem Buckel. Ein ganz heller Stern hält es allerdings nur einige Hunderttausend bis Millionen Jahre aus. Dann ist das Brennmaterial, der Wasserstoff, verbraucht. Er hat also zu schnell alle Energie verpulvert und ist früh alt geworden. Es dauert noch ein paar Hundertausend Jahre, dann bläht sich dieser alternde Stern zu einem Roten Riesen auf.

In vier Milliarden Jahren ist auch die Sonne ein Riesenstern und wird alles Leben auf der Erde ausdörren.

Bei unserer Sonne wird dieses Zwischenstadium viel länger dauern, etwa weitere zwei Milliarden Jahre. Dann erst bläht sie sich zum Riesenstern auf, verschluckt wahrscheinlich, als Riesenball, sogar Merkur und Venus und füllt drohend und alles ausdörrend fast unseren ganzen Erdhimmel aus. Spätestens zu diesem Zeitpunkt ist wohl alle menschliche Wissenschaft am Ende! Unser Sonnengigant hält das allerdings noch eine Milliarde Jahre aus, dann stößt er den größten Teil seiner verbrannten Gase ab. Dabei wird der übrig bleibende Rest stark zusammengepresst und deshalb noch einmal sehr heiß, bis über 50.000 °C. Ein Weißer Zwerg ist entstanden. Das zusammengepresste Gas darin ist auch sehr schwer. Ein Fingerhut davon würde auf der Erde so viel wie ein ganzes Auto wiegen. Dieser heiße Zwerg kann aber kein Kernkraftwerk mehr betreiben – ohne Wasserstoff, ohne Helium. Er wird in weiteren Millionen oder vielleicht Milliarden Jahren immer dunkler und verlischt schließlich als Schlacke im Weltall.

Ganz hell geborene Sterne explodieren nach insgesamt höchstens ein paar lumpigen Millionen Jahren und nach ihrem Riesenstadium in einem unglaublichen Feuerwerk, so hell wie eine ganze Milchstraße – als Supernova. Hoffentlich passiert das nie in unserer Nähe!

Ein ganz hell geborener Stern explodiert am Ende seines Lebens.

8. Das gekrümmte Weltall

Albert Einstein, 1879–1955

Isaac Newton hätte mindestens zwei Nobelpreise verdient: für seine Theorie der Schwerkraft und für seine Zerlegung des Sonnenlichts (siehe Kapitel 2 und 4). Leider gab es zu seiner Zeit noch keinen Nobelpreis. Albert Einstein würde ich drei gönnen:

Einen für seine Spezielle Relativitätstheorie, in der er zeigte, dass Energie = Masse x Lichtgeschwindigkeit x Lichtgeschwindigkeit ist und unglaubliche Dinge geschehen, wenn man fast so schnell wie das Licht wird; schneller geht es übrigens gar nicht.

Einen zweiten für seine ebenfalls geniale Idee, dass Licht in kleinen Energiepaketen geliefert wird – nur dafür hat er tatsächlich den Nobelpreis erhalten.

Einen dritten für seine Allgemeine Relativitätstheorie, die bewies, dass es gar keine Schwerkraft gibt, so wie Newton sich das gedacht hat, als Kraken in jeder Sonne und jedem Planeten, der alles magisch anzieht und herumwirbelt, sondern dass jede Masse den Raum um sie herumkrümmt, so ähnlich, wie du ein Trampolin durchkrümmst, wenn du darauf stehst. Dann rollt alles zu deinen Füßen hin, als ob sie eine Anziehungskraft ausüben. Tun sie aber nicht. Nur der (Trampolin-)Raum um sie herum ist schön gekrümmt. Wenn du also von einem Baum fällst, müsstest du eigentlich sagen, die

Ziehen die Füße die Bälle an oder ist die Krümmung des Trampolins schuld?

Raumkrümmung um die Erde zwingt dich zum Boden zurück und nicht die Schwerkraft der Erde.
Auch ohne Trampolin krümmt laut Einstein jeder Mensch den Raum um sich herum, ganz gleich wo er steht oder schwebt, auf der Erde oder als Astronaut im Weltraum. Aber da wir nicht mehr als 50 bis 100 kg Masse haben, bleibt diese Krümmung um uns herum so furchtbar klein, dass wir das glatt vergessen können. Selbst die riesige Erde krümmt den Raum um sie herum noch recht bescheiden, auch wenn wir die Wirkung davon bei jedem Hinfallen spüren. Licht zum Beispiel müsste sich ein ganz klein wenig um die Erde herumkrümmen. In der Tat hat Einstein das schon 1907 behauptet, obwohl die damalige Wissenschaft seine Spezielle Relativitätstheorie und seine Lichtpakete noch gar nicht richtig verdaut hatte. Die lagen erst zwei Jahre zurück. Nun hatte er also schon neue verrückte Vorstellungen: Alles, was sich bewegen kann, ob Licht oder Materie, soll wie auf unsichtbaren Schienen um eine große Masse, etwa die Erde, herumgebogen werden. Der Mond zum Beispiel!

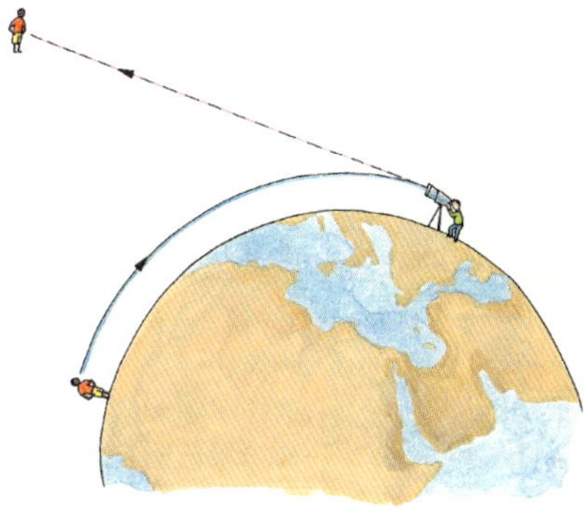

Das wäre toll, wenn die Erde die Lichtstrahlen so stark krümmen könnte – wie etwa ein Schwarzes Loch.

Aber wozu braucht man diese „Schienen"-Theorie von Einstein? Die Sache mit dem Mond zumindest hatte der alte Newton doch hervorragend erklärt. Man konnte alles wunderbar berechnen, wenn man sein berühmtes Gravitationsgesetz benutzte. Jede Planetenbahn, das wissen wir schon, gehorcht brav dieser Formel.
Doch Einstein fand ein Haar in dieser Suppe. Genauer gesagt, das Haar störte die Astronomen schon seit mehreren Jahrzehnten. Alle Planeten kreisen in Ellipsen um die Son-

ne, auch der Merkur, der sonnennächste. Doch diese Ellipsen bleiben nicht an gleicher Stelle im Weltall. Sie drehen sich selbst um die Sonne, ganz langsam allerdings. Nur bei Merkur, der durch die große Masse der Sonne am schnellsten bewegt wird, konnte man diese Drehung genau messen, indem man die Beobachtungen vieler Jahre miteinander verglich. Merkur ist der Sonne am allernächsten, die Drehung seiner Ellipse ist deshalb nicht ganz so winzig. Heraus kam: In 625 Jahren wird sich die Ellipse des Merkur um ein Grad gedreht haben. Das ist ein ganz kleiner Winkel. Erst in mehr als 200.000 Jahren hat die Merkurellipse eine ganze wunderschöne Rosette um die Sonne gedreht.
Aber Astronomen sind nun mal pingelig. Warum tut der Merkur das? Newtons Schwerkraftgesetz konnte das nur zu 90 % erklären, es musste also noch etwas anderes dahinterstecken. Die einfachste Möglichkeit war: Es gibt einen klitzekleinen Planeten – Vulkan sollte er heißen – ganz nah

Die Ellipse des Merkur dreht sich um die Sonne.

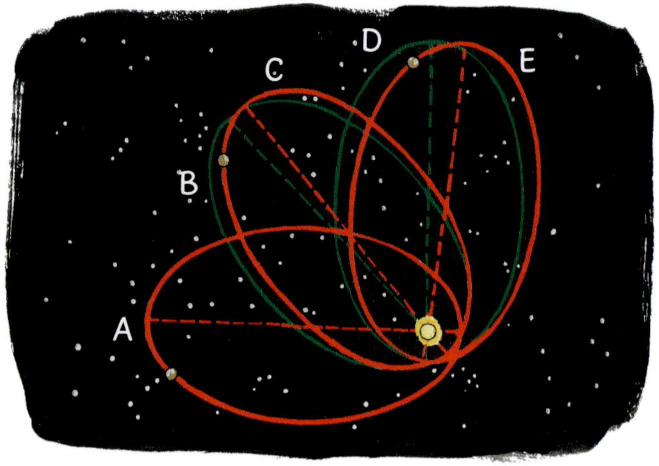

Die Lage der Merkurbahn

klassisch berechnet:	A heute	B in 30.000 Jahren	D in 60.000 Jahren
in Wirklichkeit:	A heute	C in 30.000 Jahren	E in 60.000 Jahren

an der Sonne, der die Bahn des Merkur stört. Aber so raffiniert die Astronomen auch dicht neben dem gleißenden Sonnenlicht suchten, da gab es kein noch so kleines Planetchen.

Dieses Haar in der schönen Schwerkraftsuppe der Astronomen wollte Einstein mit seiner neuen Theorie herausholen. Als es ihm schließlich 1915 gelingen sollte, die Drehung der Merkurellipse mit seiner neuen Theorie der Raumkrümmung um die Sonne zu erklären, war er selbst fassungslos vor Erregung, wie er schrieb. Doch außer Astronomen hätte dieses einzige Haar wohl keinen Hund hinter dem Ofen hervorgelockt. Einstein hatte noch zwei weitere Trümpfe in seiner Theorie, die etwas ganz Neues, Unerwartetes vorhersagten. Die Trümpfe hatten mit Licht zu tun. Licht sollte auch schwer sein. Das war nicht ganz so neu, solche Theorien hatte es schon vor 150 Jahren gegeben. Allerdings glaubte man inzwischen nicht mehr daran, weil man Licht für eine Welle hielt. Und Wellen sind nicht schwer. Für Einstein dagegen hatte Licht auch Masse. Licht war für ihn also beides, sowohl Teilchen als auch Welle. Lichtteilchen, die schwer wären, würden von Planeten oder gar der Sonne angezogen und, ähnlich wie der Mond um die Erde oder die Planeten um die Sonne, um sie herumgebogen. Zwar viel weniger stark, aber immerhin.

Albert Einstein findet das Haar in der Suppe.

Einstein berechnete die Ablenkung genau – aber zunächst, einige Jahre vor 1915, falsch. Diese Ablenkung bei der Sonne musste messbar sein, davon war Einstein überzeugt. Ein Stern, der von uns aus gesehen nahe bei der Sonne steht, kann nicht dort stehen, wo die Astronomen ihn aufgrund seiner Bewegung berechnen, sondern er muss etwas verschoben sein, eben wegen der Krümmung seiner Lichtstrahlen, um ein sagenhaft kleines Zwei-

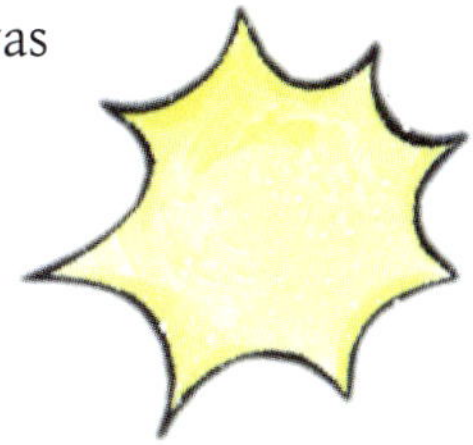

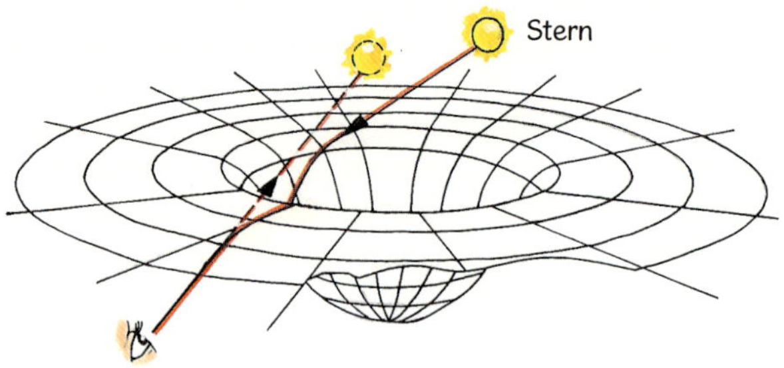

Das Sternenlicht wird um die schwere Sonne herumgebogen. Die Sterne stehen nicht genau da, wo wir sie sehen.

tausendstel von einem Grad. So klein sehen wir eine Heuschrecke – falls wir sie überhaupt sehen können – in mehr als einem Kilometer Entfernung. Aber pingelige Astronomen können so etwas messen.

Wie machen sie das? Wenn die Sonne scheint, sieht man doch überhaupt keine Sterne, schon gar nicht dicht neben ihrem leuchtenden Rand. Man müsste die Sonne zudecken, dann stört ihr Licht nicht. Das geht in der Tat. Doch fiel das dem Nichtastronomen Einstein erst vier Jahre nach seinen ersten Ideen ein: Bei einer Sonnenfinsternis deckt ja der Mond die Sonne zu, da sieht man sogar den Merkur, der sonst sehr schwierig und nur ganz kurz vor Sonnenaufgang oder nach Sonnenuntergang zu finden ist. Bei einer Sonnenfinsternis also müsste man dieses ein zweitausendstel Grad messen können. Die nächste passende gab es 1914. Doch von Einsteins Theorie war erst der Schwanz fertig und augenzwinkernd stöhnte er:

„Ich habe mich wieder bis zur Erschöpfung geplagt mit der Gravitationstheorie … Die Natur zeigt uns von dem Löwen zwar nur den Schwanz. Aber es ist mir unzweifelhaft, dass der Löwe dazugehört … Wir sehen ihn nur wie eine Laus, die auf ihm sitzt."

Einsteins astronomische Freunde planten trotzdem zur Sonnenfinsternis 1914 eine Expedition nach Russland, packten alles zusammen, bauten es auf der Halbinsel Krim im Schwarzen Meer wieder auf und – wurden gefangen genommen. Der blutige Erste Weltkrieg begann und Russland und Deutschland bekämpften sich als Feinde. Zwar waren noch weitere Forschungsteams an der Sache dran, aber der Krieg und das schlechte Wetter verdarben auch ihnen alle Beobachtungen. Einstein musste bis 1919 warten, nach Ende des Krieges, da zeigte eine englische Sonnenfinsternisexpedition, dass er recht hatte: Man fand genau seine vorhergesagte Lichtablenkung. Und wie gut nun, dass die erste Expedition nicht geklappt hatte. Damals hatte er noch den halben Wert vorhergesagt. Das wäre peinlich geworden!
Erst als er 1915 seine Allgemeine Relativitätstheorie fertig hatte, kam der richtige Wert heraus, doppelt so groß wie der ursprünglich berechnete. Jetzt war er mit einem Schlag berühmt. Alle rissen sich um ihn, den neuen Newton, der unsere Vorstellungen vom Weltall umstürzte.
Da machte es nichts aus, dass der dritte Trumpf aus seiner Theorie noch gar nicht stach: Rotes Licht schwingt sehr langsam, wenn man es als Welle versteht – das durfte man immer noch, trotz Einsteins Lichtpaketen –, blauviolettes Licht schwingt viel schneller. Seine „Frequenz" ist größer. Lichtwellen sollten nun laut Einstein auf der Sonnenoberfläche, auf der die Schwerkraft wegen der großen Masse der Sonne sehr viel größer ist als auf der Erde, um zwei Millionstel langsamer schwingen. Wieder solch ein winziger Betrag: Wenn deine Uhr plötzlich um zwei Millionstel pro Sekunde langsamer geht, kann dir das ziemlich egal sein. Du kommst erst in knapp einem Jahr eine Minute zu spät in die Schule.

Sonnenfinsternis

Um zwei Millionstel also müsste die Farbe des Lichts, das aus der Sonne kommt, verschoben sein. Genauer gesagt: Es sind wieder die dunklen Fraunhoferlinien, die uns das zeigen können. Sie müssen um diesen klitzekleinen Betrag, im Vergleich zu Lichtquellen auf der Erde, verschoben sein. Das konnte man erst 40 Jahre später nachweisen – an einem Weißen Zwerg. An seiner Oberfläche ist die Schwerkraft nochmals viel größer als auf unserer Sonne. Heute würde kein Navigationsgerät im Auto richtig funktionieren, wenn man solche winzigen Verschiebungen nicht einkalkulieren würde. Satelliten hoch über der Erde senden Funkwellen zu uns und das Navigationsgerät berechnet daraus, wo wir gerade sind. Doch 30.000 km über der Erdoberfläche ist die Schwerkraft der Erde geringer. Da schwingen die Funkwellen nach Einstein etwas schneller als dicht über der massigen Erde. Das müssen die Ingenieure berücksichtigen.

Frage 10

Bei der GPS-Navigation im Auto muss auch die Spezielle Relativitätstheorie von Einstein berücksichtigt werden. Warum wohl?

Viel mehr als die Ingenieure haben natürlich Astronomen die einsteinsche Theorie zu berücksichtigen. Ohne ihn geht heute gar nichts mehr – sei es bei Massemonstern wie Schwarzen Löchern, die den Raum um sich gewaltig krümmen, oder bei ganzen Milchstraßen, die Licht, das aus der Ferne an ihnen vorbeistreicht (wie das Sternenlicht an un-

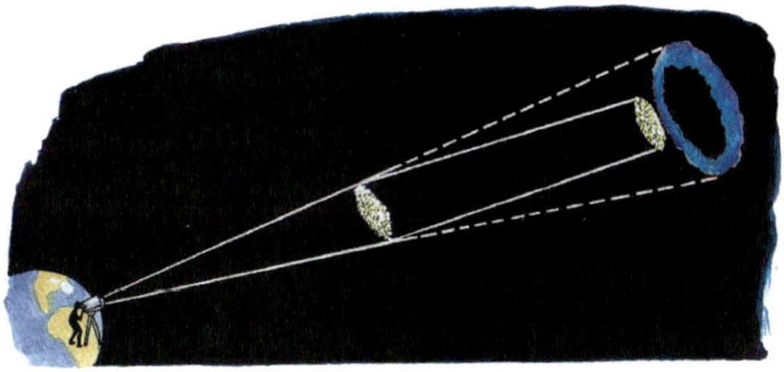

Ein Einsteinring entsteht durch die Krümmung des Lichts einer fernen Milchstraße um eine nähere und große Galaxie.

serer Sonne), ablenken. Diese Ablenkung kann so stark sein, dass wir eine ganz ferne Galaxie, die dieses Licht aussendet, doppelt oder vierfach um die Milchstraße im Vordergrund herum sehen oder sogar als Ring. Einsteinring nennt man diese Traumbilder, die uns unsere modernen riesigen Teleskope zeigen.

Wir müssen nochmals zum Anfang von Einsteins Ideen, ins Jahr 1907, zurückkehren. Er fing gar nicht wirklich mit dem Merkur an. Es plagte ihn ein anderes großes Problem: Seine Spezielle Relativitätstheorie von 1905 hatte alles erklärt, was mit konstanter Geschwindigkeit dahinfliegt – bis hin zur Supergeschwindigkeit des Lichtes. Aber wenn sich die Geschwindigkeit ändert, gibt diese Theorie von 1905 keine Antwort. Und genau das passiert ja auf Himmelskörpern. Da fällt ein Stein von einem Berg herunter und wird immer schneller oder du springst vom Zehn-Meter-Brett ins Schwimmbecken und rauschst mit immer größerer Geschwindigkeit ins Wasser. Auch Himmelskörper selbst, Planeten etwa, ändern dauernd ihre Geschwindigkeit. Im Winter zum Beispiel ist unsere Erde schneller, weil sie etwas näher an der Sonne ist als im Sommer (kein Denkfehler! Das hat nichts damit zu tun, dass es bei uns im Winter kälter ist).

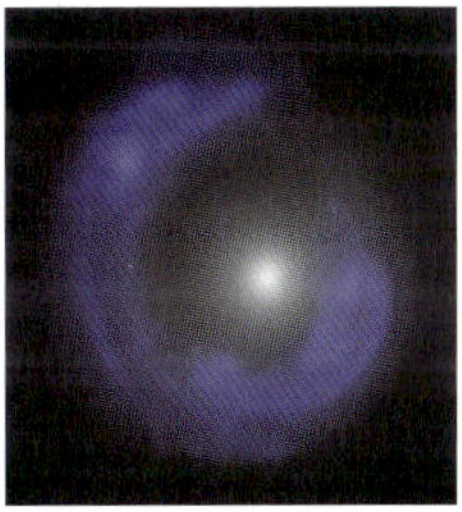

Ein fotografierter Einsteinring

Irgendwie, sagte sich Einstein, muss ich meine Spezielle Relativitätstheorie erweitern. Sie soll auch für Geschwindigkeiten gelten, die sich verändern. Das also war sein Ausgangspunkt. Damit wollte und musste er auch die Schwerkraft einbeziehen, die 1905 keinen Platz bei ihm gefunden hatte. Einen Ausgangspunkt haben, ist eines, aber wie findet man den weiteren Weg? Einstein erzählte später, was der zün-

Ein fallender Dachdecker und alles, was mit ihm fällt, ist schwerelos.

dende Funke für ihn war: Wenn jemand vom Dach herunterfällt, vielleicht ein schrecklich unvorsichtiger Dachdecker, mit Werkzeugen und einem Ziegel in der Hand, spürt er während des Fallens kein Gewicht mehr, weder sein eigenes noch das seiner Werkzeuge oder des Ziegels. Er fühlt sich schwerelos. Genießen wird der Dachdecker solch einen Unfall nicht – aber Einstein tat es. Und wir können es heute auf der Kirmes, auf einem Fallturm. Auch uns erscheint, während wir fallen, alles schwerelos.
Eigentlich, meinte Einstein, ist dieses Gefühl falsch. Denn ein Freund, der unten steht und schaut, wie wir herunterfallen, sieht doch eindeutig, dass wir von der Erde nach unten gezogen werden und immer schneller werden. Was ist nun richtig: Das, was wir fühlen, oder das, was unser Freund sieht?
Noch deutlicher: Stellen wir uns vor, wir würden in einem Kasten ohne Fenster eingesperrt fallen, vielleicht sogar dort drinnen auf einer Waage stehen: Sie zeigt plötzlich nichts mehr an. Wir könnten glauben, irgendwo mit unserem Kas-

Seltsam – die Waage zeigt das Gleiche an!

ten im Weltall zu schweben. Ein Freund aber, der diesen Kasten fallen sieht und (vielleicht über eine Fernsehkamera) hineinschauen kann, sieht uns und die Waage tatsächlich fallen und immer schneller werden, wir sind also keinesfalls schwerelos. Was gilt denn nun?

Einstein veränderte sein Beispiel in Gedanken: Stellen wir uns Physiker vor, die plötzlich in einen fensterlosen Kasten hineingezaubert werden. Dort messen sie: Alles normal! Wir stehen ruhig auf der Erde. Doch könnte es nicht sein, vermutet nun einer der Forscher, dass der Kasten, frei im Weltraum, von Raketenmotoren gerade weggeschossen wird, genau mit der Kraft, die sonst die Erde auf uns ausübt? Auch dann würden wir alle normal schwer sein. Die Physiker im Kasten können einfach nicht entscheiden, was richtig ist – solange sie nicht hinausschauen.

Der Widerstand, mit dem sich alle Körper dagegen wehren, immer schneller zu werden, erklärt alles, was im hochgeschossenen Kasten passiert. Dieser Widerstand heißt träge Masse. Die schwere Masse dagegen erklärt alles im ruhenden Kasten. Sie zieht uns zur Erde hin. Träge Masse und schwere Masse sind immer und überall hypergenau gleich. Deshalb können die Kastenphysiker nicht entscheiden, was mit ihnen passiert.

Erst Einstein fing an, darüber zu staunen. Wenn das immer und überall so gilt, dann ist es ein vielleicht wichtiges Naturgesetz! Dann ist auch Schwerkraft vielleicht dasselbe wie beschleunigte Bewegungen auf unsichtbaren Schienen um jeden schweren Körper herum. Kein Krake Schwerkraft sitzt in der Erde, der uns oder den Mond anzieht. Ein gekrümmter Raum um die Erde herum ist es, der uns bewegt – wie eine Achterbahn. Auch bei einer Achterbahn gibt es keine Kraft, die uns in Kurven zwingt. Es sind einfach die Schienen da, auf denen wir fahren, so wie die unsichtbaren Schienen in Einsteins Raum den Mond herumziehen.

So einfach das alles klingt, Einstein konnte es nur mit superschwerer Mathematik, der sogenannten Tensorrechnung, exakt erklären. Das war Schwerstarbeit. Doch zusammen mit seinem Mathematikerfreund Marcel Grossmann (1878–1936) fand er schließlich die richtigen Gleichungen. Sie beschreiben das ganze Weltall.

Wenn man in diesen Gleichungen nur schwache Schwerkräfte wie die der Erde und selbst fast alle Bewegungen um die Sonne herum betrachtet, kommt sehr genau Newtons Gravitationsgesetz heraus. Wir wissen schon: beim Merkur eben nicht ganz. Das war natürlich auch ein Knüller, der große Newton nur als Sonderfall von Einstein! Doch wenn wir zum Beispiel Pulsare, Neutronensterne also (siehe Kapitel 11), oder Schwarze Löcher betrachten, geht mit Newton gar nichts mehr. Nur Einsteins Formeln können alles erklären.

Heute können wir noch genauer messen als zu Zeiten Einsteins, da wagten sich die Physiker an noch eine seltsame Voraussage seiner Theorie: Weil schwere Massen wie Schwarze Löcher und ganze Galaxien den Raum stark krümmen, muss sich diese Krümmung auch stark verändern, wenn mit diesen Massen etwas Heftiges passiert. Nehmen wir an, zwei Schwarze Löcher stoßen zusammen. Tatsächlich hat man so etwas vor Kurzem beobachtet. Dann verändert sich der Raum um diesen Zusammenstoß gewaltig. Von diesem

Es wäre toll, wenn man das sehen könnte: Zwei Schwarze Löcher stoßen zusammen und Gravitationswellen schießen davon (hier farbig gezeichnet).

Horrorereignis breiten sich Wellen aus, wie in einem See, in den wir einen riesigen Felsbrocken werfen würden. Solche Krümmungswellen, Einsteins „Gravitationswellen“, müssen wir dann bis zur Erde messen können. Das ist in der Tat im Jahr 2015 gelungen. Die Effekte sind noch winziger als winzig. Hätten wir einen langen Messbalken, der von der Erde bis zur Sonne reicht, so würde er durch solche Krümmungswellen nur um einen Atomdurchmesser zusammengestaucht. Mit Überlagerung zweier Laserstrahlen in optischen Tunnels bis zu 4 km Länge fanden zwei Großlabors in den USA heraus, dass in der riesigen Entfernung von 1,3 Milliarden Lichtjahren zwei Schwarze Löcher von je etwa 30 Sonnenmassen in einem gewaltigen Crash zu einem einzigen verschmolzen waren.

Übrigens: Auch wenn die Forscher bis heute noch nicht direkt auf diese Gravitationswellen gestoßen sind, weiß man doch genau, dass es sie geben muss. Zwei Neutronensterne, die sich umkreisen, hat man genau untersucht und festgestellt, dass sie ständig langsamer werden. Wenn etwas langsamer wird, verliert es an Energie. Das ist genau die Energie, die diese Sterne laut Einstein als Gravitationswellen ausstrahlen müssen.

9. Die Flucht der Spiralnebel

Fast alles, was wir am Himmel mit bloßem Auge gut sehen können, alle Sterne, Planeten, kleinen Nebelchen und Dunkelwolken, gehört zu unserer eigenen Milchstraße – eigentlich alles am Nordhimmel unserer Erde, bis auf eine einzige, schwach schimmernde Ausnahme, den Andromedanebel. Heutzutage kannst du ihn nur in dunklen Nächten weit außerhalb der erleuchteten Städte finden. Wo? Natürlich im Sternbild Andromeda, als hauchfeinen, ovalen Lichtschleier.

Wusstest du …

Wie findet man den Andromedanebel?

Am besten suchst du den Himmel zwischen Mitte September und Mitte Dezember nach ihm ab. Er steht dann mit den Sternbildern Andromeda und Pegasus hoch am Himmel. Sofort erkennst du in Richtung Süden, fast über deinem Kopf, ein großes Viereck aus vier Sternen von Pegasus und Andromeda. Alle sind etwa gleich hell. Oben links an diesem Viereck ist eine „Deichsel“ angesetzt, wenn wir uns das Viereck als einen Wagenkasten denken.

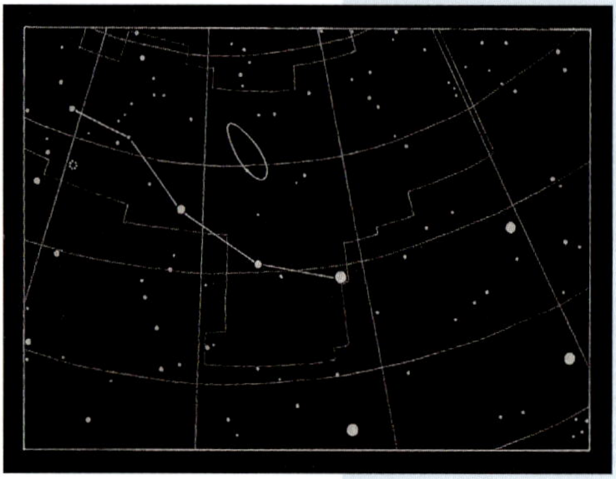

Unsere „Deichsel“ hat mehrere Sterne, einen ersten schwächeren, dann

einen hellen, fast so hell wie unser Viereck-Wagenkasten. Von diesem helleren Stern gehen wir nach rechts oben. Und wenn die Nacht schön dunkel ist (Kein Stadtlicht! Kein Mond!) und der Himmel ganz klar bleibt (Kein Dunst!), haben wir Glück gehabt. Dann kannst du ein längliches Nebelchen da oben schwimmen sehen.
Der Astronom Simon Marius, der den Andromedanebel zur Zeit Galileis als erster durch das Fernrohr beobachtete, war hellauf begeistert: Er leuchte wie eine Kerzenflamme durch transparentes Horn bei Nacht. Statt Horn fiele uns heute wohl, weniger poetisch, eingefettetes Butterbrotpapier ein.

Es ist schon sehr beeindruckend zu wissen, dass das gar kein Nebel ist, sondern eine Ansammlung von mehr als 100 Milliarden – vielleicht sogar 1.000 Milliarden – Sonnen, in mehr als zwei Millionen Lichtjahren Entfernung. Ein größeres Schwestersystem unserer Milchstraße, das übrigens liebevoll auf uns zueilt.
Aber keine Angst! Die ganze Andromedagalaxie wird bei ihrem Crash mit uns alles durchdringen wie ein Gespenst ein anderes, ohne etwas zu treffen. Zumindest keine einzelnen Sterne wie unsere Sonne. Warum? Sterne sind vielleicht ein paar Millionen Kilometer dick, aber mindestens 40 Billionen Kilometer voneinander entfernt. Sie sind also etwa zehn Millionen Mal weiter voneinander entfernt, als sie dick sind. Ein Mensch ist etwa 0,5 m „dick“. Wenn wir Menschen auf unserer Erde so ähnlich weit entfernt voneinander verteilen würden wie Sterne in einer Galaxie, müssten wir sie 0,5 m x 10 Millionen = 5.000 km voneinan-

der entfernt aufstellen. Dann passen gerade mal acht Menschen auf den ganzen Äquator rund um die Erde herum. Nun lass die mal beliebig losmarschieren oder auf Booten losschippern. Sie werden sich wohl nie treffen! Das Geistertreffen Andromedanebel – Milchstraße erwarten die Astronomen übrigens in etwa zwei Milliarden Jahren.

Der erste, der diesen Andromedanebel erwähnte, war, soweit wir wissen, der persische Astronom as-Sûfi vor mehr als 1.000 Jahren. Vor rund 250 Jahren – da gab es das Fernrohr schon einige Zeit – zählte ein Herr Charles Messier (1730–1817) 103 solcher nebelartiger Objekte am Himmel. Erst jetzt fing man an, darüber nachzudenken, ob diese Nebel vielleicht alle aus Sternen bestehen, wie das weiß schimmernde Band unserer Milchstraße, das ja schon Galilei in lauter Sterne aufgelöst hatte. Es waren vielleicht gar keine Dunstwolken, sondern Welteninseln – Inseln, im Universum verstreut, die aus lauter Sternenwelten bestanden – so ähnlich, wie Inseln im riesigen Pazifischen Ozean verstreut liegen: Hawaii, Tahiti, Samoa. Vor etwa 150 Jahren stellte man dann fest, dass einige der Nebel spiralförmig aussahen, wie riesige Feuerwerksräder – und sich vielleicht sogar drehten? War vielleicht auch der Andromedanebel eine solche Welteninsel aus Sternen?

Der Andromedanebel, unsere Nachbargalaxie

In der Tat wurde mit Spektroskopie (siehe Kapitel 4) nachgewiesen: Da gibt es dunkle Fraunhoferlinien in seinem

Licht, wie bei Einzelsternen. Wäre es ein leuchtender, echter Nebel, müssten helle Linien zu sehen sein, wie bei einer leuchtenden Flamme auf der Erde. Doch erst vor weniger als 100 Jahren gelang es mit einem Superspiegelteleskop, das auf dem Mount Wilson in den USA errichtet wurde, die dünneren äußeren Schleier des Andromedanebels wirklich in einzelne Sterne aufzulösen. Der Spiegel dieses Teleskops war 2,5 m groß, ein Weltrekord damals. Heute lächeln die Astronomen mit ihren Acht- bis Elf-Meter-Spiegeln darüber. Aber immerhin, das Hubble-Weltraumteleskop, das heute noch tolle Bilder aus dem Weltall funkt, hat auch nur 2,5 m Durchmesser.

Das Spiegelteleskop auf dem Mount Wilson war 40 Jahre lang das größte der Welt.

Mit dem Rekordteleskop von 1917 beginnt auch die Geschichte unseres Helden: Edwin Powell Hubble (1889–1953), nach dem später das Hubble-Weltraumteleskop benannt wurde. Er nämlich war es, der auf dem Mount Wilson als Erster einzelne Sterne im Schleier des Andromedanebels fand. Aufregend war dieser Beweis nicht mehr, das ahnte man schon von den dunklen Linien der spektroskopischen Aufnahmen.

Edwin Powell Hubble, 1889–1953

Hubble wollte etwas anderes: herausbekommen, wie weit diese Sternenansammlung von uns entfernt ist. Und nicht nur vom Andromedanebel wollte er das wissen, sondern von möglichst vielen anderen sogenannten Nebeln.

Entfernungen zu anderen Sternsystemen waren damals noch völlig unbekannt. Da gab es um 1920 scharfe Diskussionen: Drängen sich diese Nebel alle ganz nah um unsere

Milchstraße? Dann sind diese Sternensysteme viel kleiner als unser eigenes, sozusagen kleine Satelliten unserer majestätisch herrschenden Galaxis. Oder sind sie so weit weg, dass wir sie als gleich groß und gleich mächtig wie unsere eigene Milchstraße ansehen müssen, als gleich große Welteninseln sozusagen?
Die meisten Astronomen glaubten noch, unsere Milchstraße sei etwas Besonderes, eine besonders große Sterneninsel im Weltall, viel größer als alle übrigen – so wie vor Kopernikus die meisten noch daran geglaubt hatten, dass die Erde etwas Besonderes sei, viel größer etwa als Sonne und Planeten. Doch Hubble und wenige andere waren überzeugt: Diese „Nebel" sind Welteninseln, nicht kleiner als unsere eigene.

Frage 11

Nehmen wir an, auf einer Wanderung mit deinem Freund schätzt du, dass ein einzelner Baum in der Landschaft etwa 300 m von euch entfernt ist. Du glaubst, dass er etwa 10 m groß ist. Dein Freund sagt dir aber, er weiß, dass ihr noch 900 m weit weg seid. Ist dann der Baum in Wirklichkeit kleiner oder größer als deine vorige Schätzung von 10 m?

Haben Galaxien Angst voreinander?

Von einer ganzen Anzahl wusste man schon: Sie kommen nicht auf uns zu, wie der Andromedanebel, sondern flüchten vor uns, die schnellsten mit bis zu 600 km/s. In einer Sekunde also von München bis Berlin! Geschwindigkeiten von uns weg oder auf uns zu sind viel leichter zu bestimmen als Entfernungen. Je schneller ein Stern von uns wegeilt, desto röter erscheint er uns oder genauer: Umso weiter sind seine dunklen Linien im Farbspektrum zu Rot verschoben. Das war seit einigen Jahrzehnten klar (siehe Kapitel 5). Bedeutete das vielleicht, dass alle Spiralnebel auseinanderfliegen? Das Problem faszinierte Hubble. Bläht sich vielleicht das ganze Weltall auf?

Tatsächlich begannen um 1925 auch die Theoretiker um Einstein, darüber zu diskutieren. Geht das Weltall vielleicht auseinander wie ein Kuchenteig? Die Rosinen darin wären dann die Galaxien, die sich immer weiter voneinander entfernen, nicht nur von uns, sondern alle voneinander. Stellen wir uns vor, der Kuchenteig bläht sich in zehn Minuten auf doppelte Größe auf, in 20 Minuten auf vierfache, in 30 Minuten auf sechsfache Größe. Dann sind auch zwei Rosinen darin zweimal, viermal, sechsmal so weit voneinander entfernt, sagen wir, statt einem Zentimeter jetzt 2, 4, 6 cm. Eine dritte Rosine aber, die von der ersten 4 cm entfernt war, wird bald 8, 16, 24 cm weggebläht. Es gilt ein einfaches Gesetz: Die Geschwindigkeit nimmt genau wie der Abstand der Rosinen zu. Obwohl sich der Teig gleichmäßig ausdehnt, werden die Rosinen, je weiter sie voneinander weg sind, anscheinend immer schneller, zweimal so schnell, wenn sie doppelt so weit weg sind, dreimal so schnell, wenn sie dreimal so weit weg sind, und so weiter.

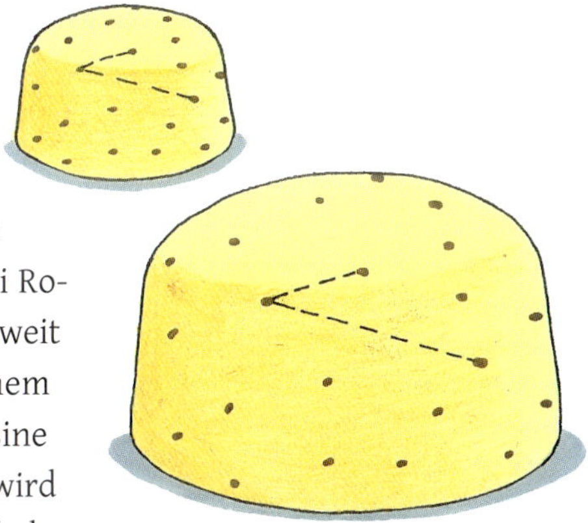

Das Weltall bläht sich auf wie ein Rosinenkuchen.

Können wir das auch bei Galaxien beweisen? Das war die große Frage, die Hubble bewegte. Aber dazu musste er wissen, wie weit die Rosinen, sprich Spiralnebel, wirklich voneinander entfernt waren.

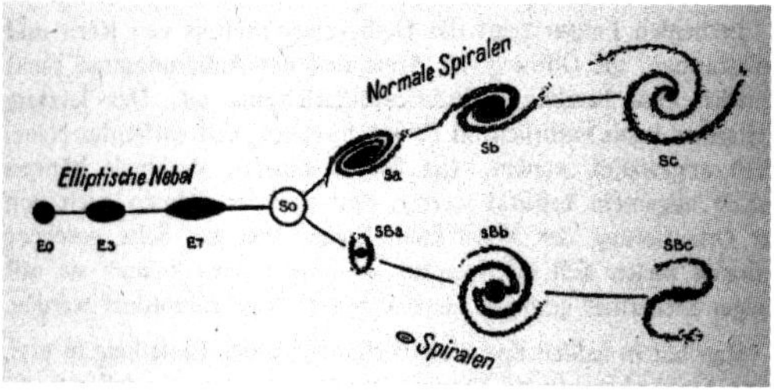

Hubbles Ordnungssystem

Zunächst stellte er fest, dass es sehr unterschiedliche Formen von Milchstraßen geben kann und als ordentlicher Astronom entwickelte er eine wunderschöne Gliederung. In Galaxien kannte er sich bald so gut aus wie wir im Alphabet und in unserer eigenen Milchstraße mit all ihren Sternverklumpungen, echten Nebeln und dunklen Wolken wanderte er mit seinem Riesenspiegel so leicht herum wie wir in unserer Heimatstadt. Schon 1926 zeigten die Rotverschiebungen, die er mit seinem Mitstreiter, Milton Humason, fand, dass Galaxien auch mit 3.000 km/s vor uns flüchten, manche sogar mit fast 20.000 km/s. Wenn seine Theorie stimmte, bewiesen die wahnsinnig schnellen Fluchtgeschwindigkeiten also, dass diese Galaxien viel weiter weg sein mussten als die vorher bekannten schnellsten Nebel mit „nur" 600 km/s. Doch wie weit waren sie denn nun wirklich entfernt?

1929 schließlich konnte er, das war der entscheidende Schritt, mit seinem weltbesten Teleskop den „Nebel" einiger fernerer Galaxien in einzelne Sterne auflösen. Sofort fand er Marker für seine Rechnungen: veränderliche Sterne, die berühmten Cepheiden der Henrietta Swan Leavitt (siehe Kapitel 6). Er verglich sie mit bekannten, natürlich viel helleren Cepheiden in unserer Milchstraße. Das ergab klipp und klar die Entfernungen der Galaxien. Bei einigen Welteninseln fand er allerdings keine veränderlichen Sterne. Da nahm er einfach an: Die hellsten Sterne dort sind vielleicht so hell wie die hellsten in den gerade berechneten Galaxien und wie die hellsten in unserer Milchstraße. Da sie aber unterschiedlich weit weg sind, erscheinen sie

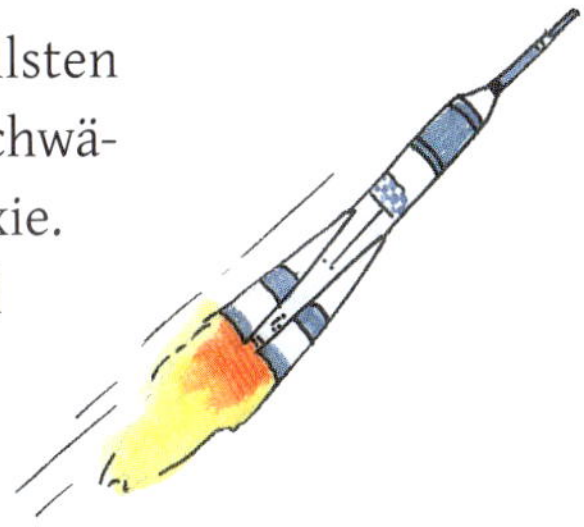

auch unterschiedlich hell. Nehmen wir an, die hellsten Sterne einer fernen Galaxie erscheinen uns 100-mal schwächer als die hellsten einer gerade berechneten Galaxie. Da aber alle diese Sterne laut Hubble etwa gleich hell sein sollten, war also die ferne Galaxie 100 x 100 = 10.000-mal weiter von uns entfernt (weil die Helligkeit quadratisch mit der Entfernung abnimmt).

Na, das war schon sehr ungefähr, aber in etwa stimmte es. Bei ein paar weiteren Galaxien musste er noch gewagter vorgehen. Als er nun die 24 gefundenen Entfernungen und die dazugehörigen Fluchtgeschwindigkeiten in ein Diagramm eintrug, stand plötzlich sein wunderbares Gesetz unmittelbar vor ihm, so wie es unser Kuchenteigmodell erklärt: Die Geschwindigkeiten der Galaxien wachsen tatsächlich genau wie ihre Entfernung. Das ist das Hubblegesetz. Die Hubblekonstante dazu gibt an, um wie viel schneller Galaxien werden, wenn sie weiter weg sind. Pro eine Million Lichtjahre Entfernung sollten sie um 150 km/s schneller werden.

Wie schnell fliegt das Weltall auseinander?

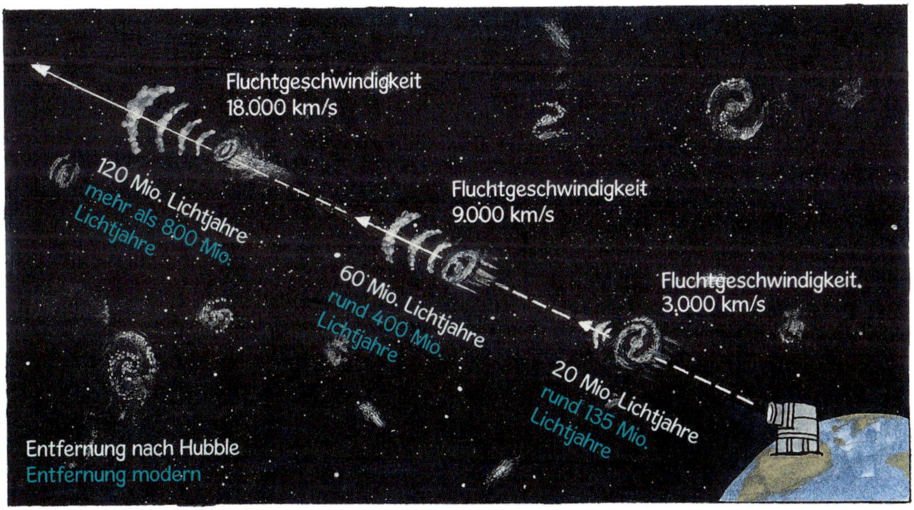

Allerdings, diese Hubblekonstante stimmte noch nicht. Sie zeigt uns umgedreht das Alter des Universums an. Bei Hubbles anfänglichen Werten kamen knapp zwei Milliarden Jahre heraus. Das konnte nicht stimmen, obwohl Einstein und viele Theoretiker ab 1930 Hubble begeistert feierten und selbst an dieser Ausdehnung des Weltalls herumrechneten. Warum? Man hatte damals aus der radioaktiven Strahlung der Erde ein Alter unseres Planeten von mindestens vier Milliarden Jahren ausgerechnet. Ungefähr zehn Jahre später wusste man auch, was der Brennstoff der Sterne ist: Wasserstoff, der zu Helium verbrannt wird. Daraus konnte man berechnen, dass unsere Sonne ebenfalls schon etwa vier bis fünf Milliarden Jahre hinter sich haben musste. Erde und Sonne konnten doch nicht älter als das ganze Weltall sein!

Wusstest du ...

Die Hubblekonstante:	Die umgedrehte Hubblekonstante:
Wie nimmt die Geschwindigkeit der Galaxien zu?	**Wie alt ist das Universum?**
Hubble 1929: pro eine Million Lichtjahre um rund 150 km/s	**Hubble 1929: zwei Milliarden Jahre**
heute: pro eine Million Lichtjahre um rund 25 km/s	**heute: rund 14 Milliarden Jahre**

Nun, das Hubblegesetz war richtig, aber die Hubblekonstante war falsch, rund siebenmal zu groß. Die Sache mit den Cepheiden-Markern klappte eben noch nicht richtig. Auch der Vergleich mit den hellsten Sternen musste korrigiert werden. Aus unserer modernen, etwa siebenmal kleineren Hubblekonstante folgt, dass die Welt umgekehrt, siebenmal älter als bei Hubble ist. Rund 14 Milliarden Jahre alt muss sie sein. Sonne und Planeten mit ihren vier Milliarden Jahren auf dem Buckel haben sich also recht spät in unserem Universum entwickelt. Weil die Konstante bei Hubble falsch war, stimmten auch seine Galaxienentfernungen nicht. Alle Welteninseln müssen viel weiter entfernt sein, als er glaubte.

Trotzdem, Hubbles Leistung ist bewundernswert. Er hat endgültig bewiesen, dass unsere Milchstraße kein Sonderfall ist. Es gibt unzählige andere, die mindestens genauso groß wie unsere Welteninsel sein müssen. Denn je weiter weg etwas ist, desto größer muss es in Wirklichkeit sein, selbst wenn es uns fürchterlich winzig erscheint. So sehen wir von einem hohen Berg herunter Bäume, Autos und Kühe als winzige Figürchen, obwohl sie doch in Wirklichkeit, direkt vor uns, bedrohlich groß sein können.

Der Andromedanebel, der sich uns nähert, ist übrigens wirklich eine Ausnahme. Er gehört zu unserer „lokalen" Gruppe von Galaxien, die sich alle gegenseitig anziehen, weil sie so relativ nah beieinanderstehen, nur ein paar bescheidene Millionen Lichtjahre voneinander entfernt. „Nahe" ist für Astronomen etwas anderes als

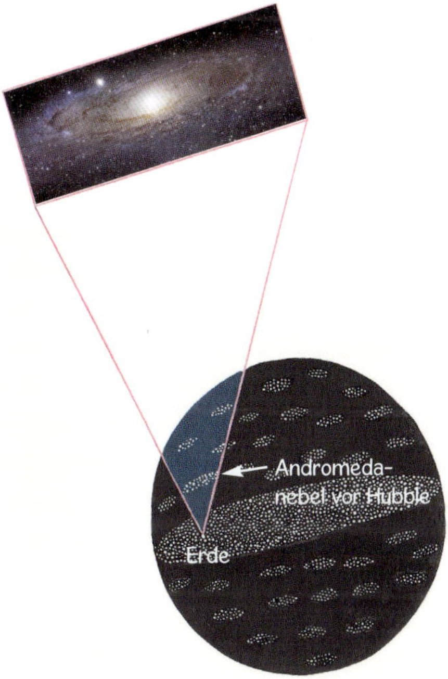

Hubble: Der Andromedanebel ist viel weiter weg und deshalb so groß wie unsere Milchstraße.

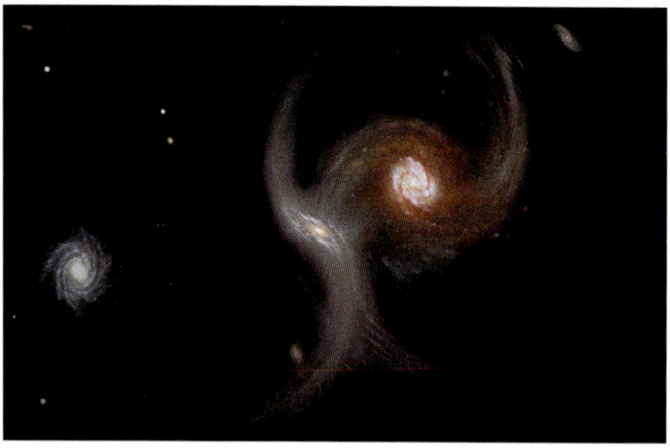

Heute können wir sogar Galaxien sehen, die zwar von uns wegrasen, aber aufeinander zueilen oder sogar schon zusammengestoßen sind.

für uns normale Erdenwürmer. Aber diese Nähe reicht eben für Andromedagalaxie und unsere Milchstraße, um sich stark genug anzuziehen und aufeinander zuzueilen. Die weiter entfernten Galaxien – manche sind Milliarden Lichtjahre entfernt – rasen alle von uns weg, mit 20 % und mehr der Lichtgeschwindigkeit. Korrekt gesagt: Sie rasen nicht von uns weg. Wir haben keinen besonderen Platz im Weltall. Alle Galaxiengruppen oder -haufen entfernen sich voneinander. Denken wir an den Kuchenteig! Der Weltraum selbst bläht sich auf, wie die Oberfläche eines Luftballons, den wir aufblasen.

Experiment

Klebe auf einen nur ganz schlaff aufgeblasenen Luftballon zehn bis 20 Papierscheibchen aus dem Locher, manche eng zusammen, andere etwas weiter voneinander entfernt. Das sollen unsere Galaxien im ganz frühen noch „runzligen" Universum sein. Jetzt blase den Ballon weiter auf. Die Oberfläche des Luftballons, unser Weltall, dehnt sich weiter aus. Die kleinen Galaxien entfernen sich voneinander, umso schneller, je weiter sie schon voneinander weg sind – obwohl du doch ganz konstant bläst.

Und warum bläht der Weltraum sich auf? Gab es vielleicht irgendwann einen Urknall vor diesen 14 Milliarden Jahren? Das wurde nun schon vermutet, aber lange glaubte niemand so richtig daran.

10. Das Echo des Urknalls

Robert Wilson, geb. 1936 und Arno Penzias, geb. 1933

Was wäre gewesen, wenn doch Taubenmist in der großen Radioantenne von Arno Penzias und Robert Wilson das seltsame Rauschen von allen Seiten erzeugt hätte? Dann würden wir heute vielleicht immer noch nicht an den Urknall glauben. Nein, so entscheidend wären ein paar Tauben nicht gewesen ...
1965 entdeckten die beiden jungen Physiker ein seltsames Rauschen von allen Seiten des Himmels. Diese sogenannte kosmische Hintergrundstrahlung half der Urknalltheorie entscheidend auf die Beine, die vorher lange Zeit von den Astronomen sehr skeptisch beäugt worden war. Da das Weltall mit Riesengeschwindigkeiten auseinanderflog (siehe Kapitel 9), konnte man sich zu Beginn eine gewaltige Explosion vorstellen. Von dieser Explosion musste ein Nachglühen bis in unsere Zeit übrig geblieben sein, wie man kurz nach dem Zweiten Weltkrieg ausrechnete. Doch vor der Entdeckung von Penzias und Wilson glaubte höchstens ein Drittel aller Astronomen an solch einen Beginn des Universums. Die meisten anderen waren überzeugt, dass alles schon immer bestanden hatte, sich natürlich ausdehnte, dann aber vielleicht wieder zusammenzog und wieder ausdehnte und so weiter.

Wie sah der Urknall wohl aus?

Können Sterne aus dem Nichts entstehen?

In der Tat, musste das Weltall unbedingt aus einer einzigen großen Explosion entstanden sein? Musste es überhaupt eine Explosion gegeben haben? Einige englische Astronomen, darunter Fred Hoyle, ein berühmter Kosmologe, glaubten, eine neue Lösung für diese Frage zu haben: Das Weltall dehnt sich zwar immer weiter aus und müsste dadurch eigentlich immer leerer werden. Doch gleichzeitig entstehen neue Gaswolken, Sterne und Milchstraßen, praktisch aus dem Nichts, die die entstehende Leere ausfüllen. Es bleibt also letztlich alles so ähnlich, wie es schon immer war.

Drei große Probleme versiebten aber vielen diese schöne Theorie:

1. Wie können ständig neue Gaswolken, Sterne und Milchstraßen aus dem Nichts entstehen? Materie kann nur aus Materie selbst – oder aus Energie – entstehen. So wissen wir, dass neue Sterne aus schon vorher vorhandenen Sternen oder aus Gasnebeln geboren werden. Große alte Sterne explodieren als Supernovae. Die explodierte Materie bildet zusammen mit Gasnebeln und Staubwolken im Weltall wieder weitere Sterne. Aus dem Nichts kann also nichts entstehen. Nun gut, aber ein Urknall am Anfang des Weltalls entsteht ja auch irgendwie aus dem Nichts! Die Frage, was vor dem Urknall war, kann uns noch heute kein Wissenschaftler beantworten.

2. Wenn wir immer weiter mit unseren Teleskopen ins Weltall hinausblicken, schauen wir in die Vergangenheit zurück. Wenn wir zum Beispiel eine Milliarde Lichtjahre tief in das Weltall blicken, sagen wir auf eine ferne Galaxie, hat das Licht von dieser Galaxie eine Milliarde Jahre ge-

braucht, bis wir es sehen können. Das, was wir sehen, ist also vor einer Milliarde Jahre geschehen. Zu dieser Zeit müsste aber, nach der Konstanttheorie des Weltalls, alles genauso ausgesehen haben wie heute. Tut es aber nicht, wie man kurz vor der großen Entdeckung von Penzias und Wilson feststellte. So gab es zum Beispiel weit zurück im Leben unseres Weltalls Radiomonster, die ungeheuer stark strahlten, wie eine ganze Milchstraße auf einmal. Sie wurden 1962 entdeckt. Man nennt sie quasistellare Radioobjekte, kurz Quasare (quasi ist lateinisch und heißt: gewissermaßen) – man konnte sie gewissermaßen als Sterne betrachten, so konzentriert von einem kleinen Fleck im Weltall wurde die Strahlung ausgesandt. Ein Jahr später wurde klar: Das mussten riesige Schwarze Löcher in Zentren von Galaxien sein. Es gab nichts dergleichen in der näheren Umgebung unserer Milchstraße. Diese Quasare waren alle unheimlich weit entfernt, das heißt also auch, Milliarden Jahre zurück im Leben des Weltalls. Das Weltall sah also damals sicher anders aus.

Die Strahlung von Quasaren ist gewaltig. Sie sind von allen Objekten im Weltall am weitesten von uns entfernt – bis zu Milliarden Lichtjahren.

Wusstest du …

Heute kennen wir Quasare, die mehr als 13 Milliarden Lichtjahre von unserer Milchstraße entfernt sind. Ihr Licht, das wir jetzt sehen, begann seine lange Reise nur ein paar Hundert Millionen Jahre nach dem Urknall.

3. Auch das dritte Problem war von dieser Theorie eines konstanten Weltalls nicht zu knacken: Man fand viel zu viel Helium überall. Helium entsteht als „Asche" der leuchtenden Sterne. Wasserstoff wird im Laufe eines Sternenlebens zu Helium verbrannt. Die riesigen Mengen Helium im All konnten nicht nur in Sternen entstanden sein. Wie wurde Helium außerhalb von Sternen produziert?

Superkaltes Weltall aus heißem Urknall

Um 1950 hatte schon ein amerikanischer Physiker, George Gamow, zusammen mit seinen Schülern den Urknall als Lösung für das Helium-Problem vorgeschlagen. Am Beginn unseres Universums sollte es ein superheißes Inferno gegeben haben, in dessen riesigen Temperaturen zunächst nur einfache Atomteile existieren konnten. Daraus entstand schließlich das einfachste Element Wasserstoff und daraus wiederum Helium – bevor es irgendwelche Sterne gab. Ein paar Hunderttausend Jahre nach dem Urknall soll schließlich eine 3.000 °C heiße Strahlung nach allen Seiten weggejagt sein. Durch die Ausdehnung des Weltalls in den Milliarden Jahren bis heute dehnten sich auch alle Wellen aus dieser Zeit aus, also auch die Energiewellen dieser frühen Strahlung. Und wenn Wellen immer länger werden, sinkt nach Einstein ihre Energie, also auch die Temperatur der Strahlung, sodass sie heute nur noch rund 3 °C über dem absoluten Nullpunkt sein dürfte. Das ist eigentlich fast gar nichts mehr! Absoluter Nullpunkt heißt etwa -273 °C. Da ist alles total eingefroren, kein Atom bewegt sich mehr, alles ist absolut superkalt. Kälter geht es nicht mehr. Und die Strahlung, die man vom Urknall erwartete, war gerade mal ein paar Grad darüber.

Die Konstanttheoretiker nannten diese Vorstellung eines Hölleninfernos am Anfang des Weltalls verächtlich einen „Big Bang" – einen „Großen Knall". Vielleicht so, wie wir sagen: „Du hast ja einen Knall." Sie ahnten nicht, dass dieser Knall schon bald in jeder Zeitung stehen sollte.

Wusstest du ...

Allerdings, auch die Urknalltheorie hatte Haken. Zum Beispiel konnte sie nicht erklären, wie schwerere Elemente als Helium – das ist fast alles, was wir auf der Erde kennen – überhaupt ins Weltall kommen konnten. Nun, man war nicht zimperlich und schluckte einfach ein Stück der feindlichen Theorie: Die erklärte, dass schwere Elemente in den zahllosen Hochtemperaturfabriken des Weltalls, den Sternen also, erzeugt werden. Schwere Elemente entstanden also erst im Kosmos, als die ersten Sterne aus Wasserstoff (und seiner Asche Helium) zusammengebacken waren. Das war in der Tat richtig.
Da gab es jedoch ein größeres Problem für die Big-Bang-Theorie: Das Weltall durfte damals höchstens zwei Milliarden Jahre alt sein. So hatten das die Astronomen aus der Flucht der Milchstraßen ausgerechnet. Doch schon Erde und Sonne mussten einige Milliarden Jahre älter sein. Das wissen wir aus Kapitel 9. Auch das wurde geklärt: Die Entfernungen aller Galaxien untereinander waren viel größer, als man bis dahin glaubte. Also musste auch der Big Bang, der Urknall, wenn es ihn gegeben hatte, viel weiter zurück-

Der Urknall vor 14 Milliarden Jahren und die Entwicklung des Weltalls

liegen, viele Milliarden Jahre. Erde und Sonnensystem waren in der Tat erst viel später entstanden.

Niemand jedoch von den sich hitzig bekämpfenden Wissenschaftlern kam zunächst auf die Idee, nach der Strahlung des Physikers Gamow zu suchen, die als Nachglut des Urknalls der direkte Beweis sein konnte. Aber sie hatte ja nur eine Energie von 3 °C über dem absoluten Nullpunkt – sehr schwierig nachzuweisen. Vielleicht setzte deshalb keiner der Wissenschaftler so etwas auf sein Forschungsprogramm.

Penzias und Wilson kannten diesen hitzigen Streit nicht. Sie wollten Radiostrahlung aus unserer Milchstraße untersuchen und kümmerten sich nicht um seltsame kosmologische Ideen über den Anfang des Universums. Und ihre Arbeitgeber hatten noch viel weniger Interesse daran. Das war der größte amerikanische Telefonkonzern, der in den 1960er-Jahren ein ganz großes Geschäft vor Augen hatte: die Übertragung von Fernsehen mit Satelliten am Himmel, quer über alle Erdteile. Der erste Fernsehsatellit überhaupt

wurde damals gestartet und man brauchte sehr empfindliche Antennen, um die schwachen Signale dieser kleinen Burschen aufzufangen und zu verstärken. Den Europäern, die da mitmachen sollten, traute die amerikanische Firma nichts zu; sie baute deshalb eine eigene superempfindliche Antenne in Holmdel/New Jersey, um Fernsehsatellitensignale zu testen, und stellte zwei Physiker, Penzias und Wilson, dafür ein. Aber dann waren die Europäer doch rechtzeitig und gut dabei – die Antenne wurde eigentlich unnötig.

So schlug die große Stunde der beiden Forscher. Nun durften sie ihre Milchstraße beobachten – mit der empfindlichsten Antenne der Welt. Sie konnte in der Tat auch Radiostrahlung im Mikrowellenbereich – die wir heute von unseren Mikrowellenherden kennen – von nur einigen Grad über dem absoluten Nullpunkt messen.

Die Messanlage von Wilson und Penzias im Deutschen Museum – mit ihr wurde der Urknall bewiesen!

Die zwei Physiker mussten zunächst alle möglichen Störquellen finden, denn Radiostrahlung gab es natürlich von allen Seiten – von Radiosendern der Erde, aber auch von Radioquellen weit außerhalb der Milchstraße. Als sie nun Schritt für Schritt jede unerwünschte Störung dingfest machten, um sich endlich auf ihre ersehntes Ziel zu konzentrieren, fanden sie eine Strahlung, die unerklärlich blieb. Sie entsprach einer Temperatur von etwa 3 °C über dem absoluten Nullpunkt und kam ganz gleichmäßig von allen Seiten, nicht etwa von verschiedenen Stellen des Himmels oder verschiedenen Radiosendern der Erde. Gleichgültig, ob man den Tag- oder

den Nachthimmel absuchte und natürlich unabhängig von ihrem gewünschten Forschungsobjekt, der Milchstraße.

Die beiden klapperten alle Bleche und Schrauben in ihren Apparaten ab, ob nicht doch irgendwo ein Fehler vorlag, drehten jeden Hebel um und krochen wieder und wieder in ihr großes Antennen-„Ohr", das an die Messanlage angeschraubt war, ob da nicht irgendein kleiner Taubendreck ärgerlicherweise Strahlung vortäuschte. Sorgfältig mussten sie Taubenmist abreiben und auskratzen. Für Tauben schien die riesige Antenne ein äußerst attraktives Zuhause zu sein. Seltsam eigentlich, beim Drehen der Antenne in alle Himmelsrichtungen muss es den Vögeln doch schwindlig geworden sein – vielleicht gerade deshalb der viele Taubendreck.

Nichts konnte die unerklärliche Strahlung zum Verschwinden bringen. Aber wo kam sie nur her? Eines Tages schließlich telefonierten die Wissenschaftler mit zwei Anhängern der Urknalltheorie, die nur einige Kilometer entfernt gerade dabei waren, selbst eine Antenne zu bauen. Sie wollten die kalkulierte Strahlung aus den Babyjahren des Weltalls finden, den Beweis für ihre Theorie! Vielleicht sogar den Nobelpreis wert! Welch eine Überraschung, vielleicht auch welch eine Enttäuschung, als sie beim Telefonieren mit Penzias und Wilson feststellen mussten, dass da zwei Kollegen, die von all den wunderbaren Diskussionen um

Kosmos und Urknall nicht die geringste Ahnung gehabt hatten, das Echo des Urknalls gerade gefunden hatten! Den Beweis, dass das Weltall vor solch wahnwitziger Zeit von einigen Milliarden Jahren in einem riesigen Feuerball geboren worden war (siehe auch S. 150)!
Und wie das Schicksal so ungerecht weiterspielt: Nur Penzias und Wilson bekamen im Jahr 1978 den Nobelpreis, keiner von den Theoretikern, die das doch schon vorhergesagt hatten. Mit der Nase darauf gestoßen sind in der Tat als Erste die beiden Radiostrahlungsphysiker. Aber hätten sie diesen unerklärlichen „Dreckeffekt" wirklich für voll genommen, wenn ihre theoretischen Kollegen das nicht schon so lange hin- und hergewälzt und nun so begeistert aufgenommen hätten?

Der Urknall – zufällig entdeckt!

11. Pulsare – Leuchtfeuer im All

Jocelyn Bell, geb. 1943

1974 erhielt der englische Wissenschaftler Antony Hewish eine Hälfte des Nobelpreises für Physik. Geehrt wurde er für die Entdeckung der Pulsare. Das Verwunderliche daran: Er war gar nicht der Entdecker. Eigentlich war es die junge Wissenschaftlerin Jocelyn Bell, die den Pulsaren auf die Spur gekommen war. Warum hat Jocelyn Bell nicht ein Stück des Nobelpreises von 1974 bekommen? Erzählen wir der Reihe nach.

Von Sternen kommt nicht nur sichtbares Licht zu uns, sondern auch unsichtbares: zum Beispiel Infrarot, also Wärmestrahlung, oder Ultraviolett. Das UV-Licht der Sonne knallt uns den gefährlichen Sonnenbrand auf die Haut; es hat etwas kürzere Wellen als die Farbe Blauviolett. Infrarotwellen sind länger als die Wellen der Farbe Rot. Daran anschließend gibt es noch längere Wellen, die Mikrowellen, und dann kommen alle Radiowellen. Mikrowellenradar und Radiosender gibt es also nicht nur auf der Erde, sondern auch im Weltall. Aus dem Kosmos kommen sogar Wellen, die noch viel kürzer und gefährlicher als ultraviolettes Licht sind: Röntgenstrahlen und Gammastrahlen. Aber die werden, Gott sei Dank, durch die Lufthülle unserer Erde abgeschirmt. Nur mit Raketen oder Satelliten weit über der Erde kann man sie einfangen.

Viele Radiowellen aus dem All prasseln dagegen ziemlich ungehindert auf unsere Erdoberfläche. Wenn wir sie alle

in unseren Radioempfängern hören könnten, gäbe es ein ziemlich langweiliges Rauschen, das anschwillt und wieder leiser wird, wenn konstante Radiosender am Himmel hochsteigen und wieder untergehen. Dazwischen würden wir knackige Ausbrüche unserer Sonne und anderer geheimnisvoller Himmelssender hören, dazu das regelmäßige Piepsen oder Brummen vieler Pulsare, wie Zeitzeichen von unbekannten Weltraumstationen – leider ohne dass anschließend tolle Musik folgt.

Die ersten Radiowellen aus dem Weltall wurden schon vor dem Zweiten Weltkrieg entdeckt. Aber erst danach begann die Radioastronomie als Wissenschaft. Natürlich sind Fernrohre dafür unbrauchbar. Man nimmt Antennen, möglichst große, damit man exakt messen kann, aus welcher Ecke des Weltalls genau es strahlt. Je genauer man das weiß, umso eher kann man, jetzt wieder mit Lichtteleskopen, vielleicht den Stern finden, der diese geheimnisvolle Radiobotschaft aussendet. Unsere irdischen Radiosender, die kreuz und quer über die Erde funken, stören diese Weltraumsignale. Das ärgerte die neuen Radioastronomen gewaltig. Deshalb wurden viele ihrer Antennen zwischen Berge und in Talsenken gebaut. Da kann der Wellensalat der Erde nicht so stark hineinfunken.

Wusstest du …

Noch heute berühmt ist das riesige Radioteleskop in der Eifel bei Bonn. Es ist so groß wie ein ganzes Fußballfeld und kann nach allen Seiten frei geschwenkt werden. Das Effelsberger Radioteleskop ist das zweitgrößte bewegliche Radioteleskop der Welt.

Das supergroße Radioteleskop in der Eifel – als Modell im Deutschen Museum

Doch es gibt auch Wellensalat aus dem All, der stört. Vor allem der Sonnenwind erzeugt solche Störungen. Es sind elektrisch geladene Atomteilchen, die bei gewaltigen Gas- und Radioausbrüchen der Sonne von ihr weggeschleudert werden. Sie schießen in den Raum zwischen den Planeten und senden bei ihrer rasenden Bewegung Radiowellen aus. Damit stören sie die Radiowellen aus dem tieferen Weltall. Die fangen an, hin und her zu rauschen, zu flimmern. Radiosender aus dem Weltall können flimmern, so wie Sterne im sichtbaren Licht flimmern, wenn wir sie am Abend durch unsere Lufthülle hindurch betrachten. Die Luft zittert hin und her und das Licht kleiner Punkte am Himmel, wie es Sterne sind, wird deshalb ebenfalls hin und her geschüttelt. Genau das gilt also auch für Radioquellen, falls sie sehr kleine Punkte am Himmel sind. Ein Problem für genaue Messungen also.

Man kann sich das aber auch zunutze machen, wenn man gerade kleine punktförmige Radioquellen sucht. Alles was besonders stark flimmert, sind dann genau die gesuchten Radiopunkte. Solche Radio-„Punkte“ hatte man schon 1962

Jocelyn Bell

entdeckt. Man nannte sie Quasare (quasistellare Radioobjekte). Es sind Radioquellen im Zentrum von Galaxien, die irrsinnig weit weg im All stehen und unglaubliche Mengen Energie, vor allem als Radiostrahlung, ins Weltall schleudern, 1.000-mal mehr als unsere ganze Milchstraße (siehe auch Kapitel 10 und 12).

Im Sommer 1967 wollten die Radioastronomen in Cambridge, England, weitere Quasare suchen. Sie konstruierten dazu eine Antenne, die das Hin- und Herflimmern von Radiopunkten besonders gut „hören" konnte. Es war keine einzelne Antenne, sondern ein ganzes Antennenfeld, so groß wie zwei Fußballfelder. Ein Feld kann man natürlich nicht bewegen wie ein richtiges Teleskop. Aber die Erde dreht sich, sodass ein großer Teil des Himmels an solchen Antennen vorbeizieht, immer wieder der gleiche Teil, 24 Stunden lang.

Jocelyn Bell war damals gerade 24 Jahre alt. Sie sollte nun, das war ihre Doktorarbeit, mit dieser Antenne nach neuen Quasaren suchen. Wenn das jetzt ein Außerirdischer beobachtet hätte, er hätte sicher sein Geld darauf verwettet, dass sie Pulsare entdecken würde!

Und so war es auch. Jeden Tag spuckten die Apparate, die Jocelyn an die Antennen angeschlossen hatte, etwa 30 Meter lange Papierstreifen aus, auf denen alle er-

Alle vier Tage 120 m Papierstreifen

lauschten Signale aufgezeichnet waren. Ungefähr alle vier Tage ging Jocelyn Bell die hin und her zitternden Strichlein auf den Papierstreifen durch. Eigentlich eine ziemlich nervige Arbeit – Striche rauf und runter und nochmals Striche. Wenn man nicht unermüdlich konzentriert blieb und sorgfältig alles, wirklich alles, verglich, ging einem vielleicht ein Quasar durch die Lappen. Nach ein paar Wochen war sie schon so geschickt, dass sie alles schnell und richtig unterscheiden konnte, zitternde Störungen des irdischen Radiosalats, Himmelsstörungen, auch das Flimmern der Quasare. Sie fand in der Tat eine ganze Anzahl solcher flimmernder Himmelspunkte.

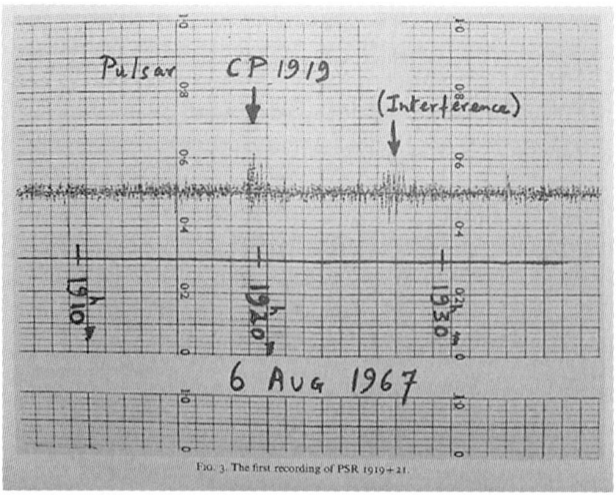

Das erste seltsame Signal, das Jocelyn Bell fand (CP 1919)

Doch weil sie so sorgfältig all die langweiligen Strichbotschaften las, fiel ihr plötzlich eine kleine Störung im Himmelsrauschen auf, die nicht wie ein irdischer Radiosender, aber auch nicht wie ein Quasar oder sonst eine bekannte Himmelsradioquelle aussah. Das ist schon bewundernswert. Wenn man heute diese ersten Störungen anschaut, fällt einem fast nichts Besonderes auf. Oder doch? Richtig, die Strichlein der unbekannten Störstelle (links) gehen mehr nach oben, im Gegensatz zu der Jocelyn Bell wohlbekannten irdischen Quelle (rechts). Jocelyn erinnerte sich, diese Störbotschaft schon einmal gesehen zu haben, ohne dass sie ihr weiter aufgefallen war. Das ist lobenswert an einem Wissenschaftler: Selbst wenn man etwas nebensächlich findet, sollte man es, wenigstens halb bewusst, speichern. Es könnte ja wichtig werden.

Das zweite Mal nun sah Jocelyn diese Strichlein schon als wichtiger an. Sie sprach mit ihrem Chef darüber. Auch der wunderte sich und gab ihr auf, das seltsame Flimmern auf jeden Fall zu untersuchen. Erst ein paar Monate später hatte sie Zeit dazu. Auch das ist vernünftig in der Wissenschaft: Aufgaben zu Ende führen, aber gerade kleine Abweichungen vom Erwarteten nicht unbesehen in der Ecke versauern lassen. Und Jocelyn hätte auch private Gründe gehabt, einiges in der Ecke stehen zu lassen: Sie wollte bald heiraten.

Im November 1967 suchte sie erneut nach diesem seltsamen Flimmern und fand es wieder. Es kam eindeutig aus dem Weltall und nicht von der Erde. Denn genau nach 24 Stunden war es wieder da, wenn die gleiche Himmelsstelle über ihrem Antennenfeld vorbeiwanderte. Um das Signal genauer anzusehen, musste sie das Auf und Ab der Papierstriche weiter auseinanderziehen. Im Prinzip ist das ganz einfach: Man lässt den Papierstreifen schneller laufen, dann zeichnet der Stift alle Schwankungen darauf in größeren Abständen auf.

Und da fand sie etwas ganz und gar Überraschendes: Die einzelnen Ausschläge des Stifts schrieben zwar unterschiedliche Zacken auf das Papier, aber der Abstand zwischen jedem Zacken – das wäre also jedes Mal ein Ton in unserem Radio – war genau gleich, wie ein Zeitzeichen,

So zieht man eine Messkurve auseinander.

Das auseinandergezogene Signal: alle $1^{1}/_{3}$ Sekunden ein Piepston aus dem All

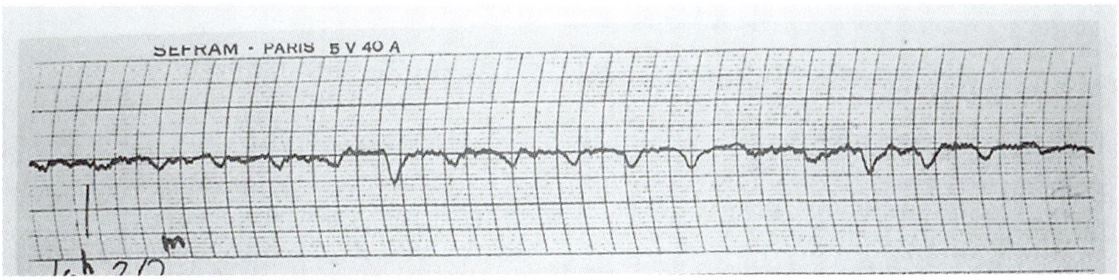

exakt $1\frac{1}{3}$ Sekunden. Radiosender bei uns piepsen im Ein-Sekunden-Abstand. Aber wenn das eventuell kleine grüne Männchen auf fernen Sternen waren, hätten sie sicher andere Zeiteinheiten als unsere Sekunde. Im Spaß nannten die Wissenschaftler in der Tat diese geheimnisvolle Quelle zunächst, auf Englisch, LGM 1, Little Green Men 1. Das war natürlich eine sensationelle Vermutung und wäre eine tolle Schlagzeile für jede Zeitung gewesen: „Intelligente Lebewesen von fernen Planeten senden Radiostrahlung aus!“ In einigen Stunden hätte das die ganze Welt gewusst.

„Achtung, Erde ...“

Doch Jocelyn Bell entdeckte noch drei weitere „Zeitzeichen“ an ganz anderen Stellen des Himmels. So viele intelligente grüne oder blaue oder rote Männchen auf einmal konnte es wohl nicht geben. Außerdem, wenn Signale von einem fernen Planeten kommen, der sich um seine Sonne dreht, verändern sie sich im Rhythmus der Planetenbahn (siehe Kapitel 5). Diesen „Dopplereffekt“ konnte man hier nicht finden, so sorgfältig man die Signale auch untersuchte.

Frage 12

Wie hätten sich die Zacken verschieben müssen, wenn sie von einem Planeten gekommen wären?

Es mussten Sterne sein, die da so regelmäßig piepsten. Pulsare nannte man sie, weil man wirklich an pulsierende Sterne glaubte, die sich fast im Sekundentakt aufblähten und wieder zusammenzogen und dabei Strahlung wegschossen.

Aus kleinen Veränderungen der Signale des ersten Piepsens konnte man sogar berechnen, dass dieser Stern nicht größer als etwa 5.000 Kilometer sein konnte. Sterne sind normalerweise viel größer. Unsere Sonne gehört nicht zu den Riesen im All und ist schon eine Kugel von 1,4 Millionen Kilometer Durchmesser. Selbst die kleinsten Sterne, die man damals kannte, die Weißen Zwerge, Sterne am Ende ihres Lebens, waren noch 10.000 bis 20.000 km groß – so etwa wie unsere Erde.

Das war aufregend. Kein Wunder, dass während des ersten Vortrags, in dem die Radioastronomen über ihre seltsame Entdeckung in Cambridge berichteten, manche Köpfe heiß liefen. Fred Hoyle, der hartnäckige Gegner der Urknalltheorie (siehe Kapitel 10), saß auch dabei und erinnerte sich plötzlich: Da gab es doch in den 1930er-Jahren schon Knobeleien, es könnte noch kleinere Sterne geben. Sie sollten Überbleibsel von gewaltigen Sternexplosionen sein. Solche Sternexplosionen, so hatte man inzwischen ausgerechnet, erleben viel größere Sterne als unsere Sonne kurz vor dem Ende ihres Lebens: Die Explosionswolke strahlt dabei ein paar Wochen lang so hell wie eine ganze Milchstraße. Wir sehen das auf Erden als einen scheinbar neuen Stern, eine Supernova. Die Wolke selbst stiebt schnell nach allen Seiten auseinander. Im Zentrum dagegen wird durch den Rückschlag der Explosion ein Sternrest von vielleicht 20 oder 30 Kilometer Durchmesser aus puren Neutronen zusammengepresst.

Wusstest du …

Atommodell

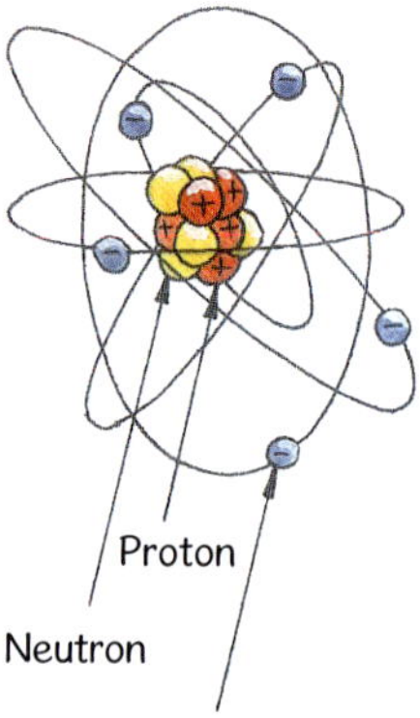

Atome bestehen aus einem positiv geladenen Atomkern, der bis zu ein Billionstel Millimeter klein sein kann und negativen Elektronen, die in 1.000- bis 100.000-fach größerem Abstand darum herumkreisen. Der klitzekleine Atomkern besteht aus Protonen und Neutronen. Nur die Protonen sind positiv geladen. Die Neutronen sind, wie der Name sagt, elektrisch neutral.

Kaum jemand, so erinnerte sich Fred Hoyle auch, hatte diese Idee so richtig weitergedacht. Denn diese Sternreste waren anscheinend nicht zu beobachten. Also uninteressant. Konnte es sein, dass Jocelyn Bell diese Hirngespinste jetzt, ganz unerwartet, gefunden hatte?

Nach einem Jahr schon wurde diese goldene Idee bestätigt, von einem Amerikaner mit dem richtigen Namen, Thomas Gold. Es sollten in der Tat Neutronensterne sein. Als zusammengepresste Reste von Riesenexplosionen drehen sie sich wahnsinnig schnell, z. B. in $1\,^{1}/_{3}$ Sekunden einmal um ihre Achse. So wie eine Eistänzerin mit ausgebreiteten Armen eine langsame Drehung beginnt, doch wenn sie die Arme plötzlich heranzieht, in eine wirbelnde Pirouette gerät, so wird aus der langsamen Drehung des Riesensterns die schnelle Rotation des Sternrestes, wenn er auf 20 bis 30 Kilometer zusammengedrückt wird. Solche zusammengepressten Sternreste sind auch wahnsinnig schwer. Ein Fingerhut davon würde auf der Erde so viel wie ein ganzer Berg wiegen (falls man das überhaupt wiegen könnte). Da kann selbst das schon fürchterlich zusammengepresste Gas eines Weißen Zwergs nicht mithalten.

Neutronensterne sind außerdem unglaublich gewaltige Magnete, eine Billion Mal stärker als unsere Erde. Auch dieses riesige Magnetfeld ist durch die Schrumpfung des Sterns so mächtig geworden. Von den Moloch-Magnetpolen des Neutronensterns werden Elektronen aus der Oberfläche des Sterns herausgerissen und prasseln wieder auf diese Pole nieder. Dabei erzeugen sie die Radiostrahlung, die wir messen. Sie geht also nur von den Polen aus. Weil diese Magnetpole ein Stück neben den Drehpolen liegen (auch bei der Erde liegen die geografischen und die magnetischen Pole ziemlich weit auseinander), drehen sie sich mit dem Neutronenstern rasend schnell herum, in $1^1/_3$ Sekunden oder noch schneller. Die schnellsten Neutronensterne, die wir heute kennen, sind sogar noch 1.000-mal schneller. Mit diesen Polen drehen sich auch die Radiostrahlen, die von dort ins Weltall jagen. Und nur in einem kurzen Zeitmoment, z. B. alle $1^1/_3$ Sekunden, können sie die Erde treffen – und machten einen kleinen Zacken auf Jocelyn Bells Papierstreifen. Pulsare sind also gar keine Pulsare, sondern Leuchtfeuer im All, wie unsere Leuchttürme an der Meeresküste, von denen aus ein Lichtstrahl regelmäßig über das dunkle Meer streicht, um Schiffen den Weg zu weisen. Der Name ist ihnen aber trotzdem geblieben.

Das Leuchtfeuer eines kreiselnden Pulsars trifft die Erde in regelmäßigen Abständen.

Zwei Jahre später fanden Astronomen in der Explosionswolke einer berühmten Supernova, dem sogenannten Krebsnebel, genau in seiner Mitte, einen solchen Pulsar – mit einer raffinierten Methode sogar im sichtbaren Licht. Er braucht für eine Umdrehung nur drei hundertstel Sekunden. In dieser Zeit kommt ein 100-Meter-Weltklasseläufer gerade einmal 30 Zentimeter weit! Die Superexplo-

Der Krebsnebel – auch in seinem Zentrum steht ein Pulsar.

sion des ehemaligen Sterns hatten übrigens chinesische Wissenschaftler vor fast 1.000 Jahren beobachtet und aufgezeichnet. Das war also der endgültige Beweis: Solche Sterne sind wirklich Reste von Sternkatastrophen, zu unvorstellbarer Dichte zusammengebackene Neutronenasche.

Und warum hat Joceyn Bell nicht einen Teil des Nobelpreises bekommen? Sie war sicherlich sehr enttäuscht. Aber deutlich hat sie das nie gesagt. Was blieb ihr auch übrig in einer Männerwissenschaftler-Welt, könnte man sagen. Nach ihrer Heirat 1968 und der Geburt ihres Sohnes konnte sie nicht mehr so viel forschen. Sie schrieb weniger Aufsätze als ihre männlichen Kollegen. So wurde sie wahrscheinlich von den Preisrichtern einfach übersehen. Übrigens hat auch Herr Gold keinen Anteil bekommen – weil meist nur die Entdeckung geehrt wird, nicht unbedingt eine, wenn auch noch so wichtige Erklärung dazu.

12. Das Herz der Milchstraße – ein hungerndes Schwarzes Loch

Wer wäre nicht gerne mal unsichtbar? Mit einer Tarnkappe wie im Märchen. Tatsächlich, moderne Physiker versuchen, solche Tarnkappen zu konstruieren, die alles Licht sorgsam um diesen Zauber herumbiegen. Gäbe es so etwas schon zu kaufen, wir könnten uns in so einem Tarnkappenanzug ins Zimmer stellen und man würde „durch" uns hindurchsehen. Das Licht von einem Stuhl oder Schrank oder Bild hinter uns würde einfach um unseren Körper herumgebogen. Solche Tarnkappen gibt es tatsächlich, aber leider noch nicht auf der Erde, nur im Weltall. Sie heißen Schwarze Löcher. Wenn wir in so ein Loch springen könnten, wären wir unsichtbar (Genaueres dazu findest du auf S. 149/150) – leider auf immer und ewig. Wir könnten nicht mehr zurück. Schwarze Löcher geben nichts mehr her, was sie einmal verschluckt haben. Sie sind richtige Monster.

Das Schwarze Loch in unserer Milchstraße kann man nicht sehen.

Riesensterne zum Beispiel können als solche Monster enden. Die sind dann nur noch ein paar Kilometer groß. Im Herzen aller Galaxien, so glaubt man heute, gibt es dagegen viel riesigere Schwarze Löcher, die alle völlig unsichtbar sind und doch alles verschlingen, was ihnen zu nahe kommt.

In unserer eigenen Galaxie, der Milchstraße, hockt mitten im Zentrum, ungefähr 26.000 Lichtjahre von uns entfernt, solch ein Ungeheuer. Es ist etwa fünfzehn Millionen Kilometer dick. Das ist im Weltall nicht unbedingt ein Rekord! Schon unsere Sonne, das wissen wir, ist 1,4 Millionen Kilometer dick. Aber dieses Schwarze Loch hat es in sich, ganz wörtlich, nämlich gut vier Millionen Sonnenmassen. So viele stecken in diesem Ungeheuer, obwohl es doch nur elfmal so dick wie unsere Sonne ist. Es ist unvorstellbar schwer.

Das Milchstraßenloch hungert allerdings. Zwar rasen dort Sterne herum, sie stoßen zusammen, explodieren, wirbeln Gase herum und spucken Millionen Kilometer lange Sturmböen aus. Aber sie halten geschickt Abstand – und die riesigen Sturmböen werden wahrscheinlich nach außen weggeblasen. Jedenfalls saugt unser Schwarzes Loch nur so alle 10.000 Jahre oder noch seltener eine weitere Sonnenmasse, als einzelnen Stern oder als Gas, zu sich heran und verschluckt alles wie ein Weltallkrokodil. All das wissen wir erst seit ein paar Jahren genauer. Es ist eine besonders spannende Entdeckungsgeschichte, mit den größten Teleskopen unserer Gegenwart, den besten Instrumenten und fast einer ganzen Armee von Infrarotastronomen, Radioastronomen und Physikern aus Deutschland und der Welt.

Was ist überhaupt ein Schwarzes Loch? Es ist ganz und gar kein Loch! Schon gleich, nachdem Einstein 1915 seine berühmte Allgemeine Relativitätstheorie entwickelt hatte, die ja die Schwerkraft ganz neu erklärte (siehe Kapitel 8), hat ein deutscher Astronom, Karl Schwarzschild (1873–1916), ausgerechnet: Wenn man unsere Sonne immer weiter zusammenpressen würde, von ihren 1,4 Millionen Kilometern Dicke auf 10.000 Kilometer, dann auf 1.000 Kilometer, dann würde sie natürlich immer dichter werden. Aus dünnem Gas würde schließlich richtig supermassige harte Materie. Auf ihrer Oberfläche würde dabei alles schwerer und schwerer werden. Schließlich, bei nur noch drei Kilometern Durchmesser, wäre die Schwerkraft an ihrer Oberfläche so riesig, dass nichts mehr von ihr wegkönnte. Die jetzt klitzekleine, aber horrormassige Drei-Kilometer-Sonne würde alles anziehen, selbst das Licht. Sie wäre also absolut dunkel. Und alles, was auf sie und in sie hineinfiele, bliebe auf ewig verschwunden. Und deshalb erfand man den Namen Schwarzes Loch.

Wird ein Stern zusammengequetscht, wird er zu einem Schwarzen Loch.

Versuch

Ein kleines offenes Fenster in einem Haus, mit einem großen Zimmer dahinter, aus der Ferne betrachtet, ist auch – fast – ein schwarzes Loch (aber kleingeschrieben!). Du siehst jedenfalls das schwärzeste Schwarz, das es auf der Erde gibt, wenn du von Weitem hineinschaust. Fast alles Licht, das durch das Fenster in das Zimmer fällt, wird an den Zimmerwänden hin und her gestreut und schließlich von ihnen verschluckt. Sehr wenig kann aus dem Fenster wieder entwischen.

Noch vor 90 Jahren waren solche Schwarze-Löcher-Fantasien überhaupt nicht interessant. Falls es diese Monster überhaupt gab, konnte man sie ja nicht beobachten.

Als 1967 die Pulsare entdeckt wurden, diese kleinen blitzschnell kreiselnden Ministerne von nur etwa 20 Kilometern Durchmesser (siehe Kapitel 11), aus purer Neutronenasche aufgebaut, begann man, auch im Computer damit zu spielen. Und dabei stellte sich heraus: Wenn Neutronenasche, entstanden aus einer riesigen Sternexplosion, einer Supernova, mehr als etwa zwei bis drei Sonnenmassen hat, kann sie nicht als Neutronenstern weiterleben. Die Schwerkraft der Neutronen aufeinander wird dann riesengroß, obwohl die einzelnen Teilchen so winzig klein sind. Aber sie drängen sich ja ganz dicht aneinander. Nichts kann diese Schwerkraft nun mehr aufhalten. Es gibt keinen heißen Gasdruck, wie bei normalen Sonnen, der gegen die Schwerkraft nach außen drückt, auch die Kernkräfte der Neutronen untereinander reichen nicht mehr aus, sich gegen die Schwerkraft zu wehren. Bei solch einem Aschestern von mehr als zwei bis drei Sonnenmassen fallen die Neutronen weiter aufeinander zu. Ja, wie weit eigentlich? Kleine Magnetchen, die sich anziehen, können doch nur so weit aufeinander zufallen, bis sie hart aneinanderstoßen. Bei Atomteilchen gibt es aber kein „hart". Wir sagen zwar, ein Neutron hat einen Durchmesser von weniger als einem Billionstel Millimeter. Aber es ist kein hartes Kügelchen. Das Neutron selbst besteht wieder aus Teilchen, den Quarks, und diese Teilchen ... ja, das wissen die Physiker nicht so genau. Auf jeden Fall, sie fallen und fallen aufeinander zu, der Reststern wird immer kleiner.

Ein Schwarzes Loch entsteht. Die Neutronen fallen immer weiter nach innen, das Schwarze Loch darum herum bleibt bestehen.

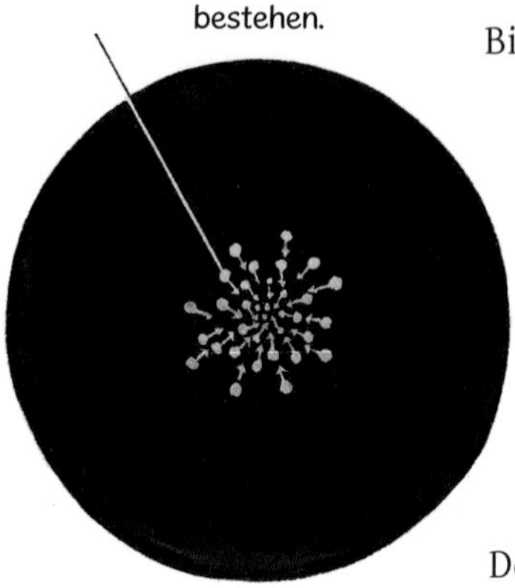

Nehmen wir an, er hatte vier Sonnenmassen. Dann wird er, wenn alles auf zwölf Kilometer zusammengefallen ist, zu einem Schwarzen Loch. Doch die Teilchen darin fallen noch weiter aufeinander zu, der Rest wird winziger und winziger, bis schließlich die gesamte Physik versagt. Aber das Schwarze Loch von zwölf Kilometern mit der irren Schwerkraft darum herum, das bleibt. Genau das würde auch mit unserer Sonne geschehen; wir müssten sie auf drei Kilometer zusammenpressen. Gott sei Dank tut das keiner. Aber bei Riesensternen, die mehr als 20- bis 30-mal massereicher sind als unsere Sonne, geschieht das von ganz alleine, per Supernova. Also gibt es Schwarze Löcher wirklich. Doch beobachten konnte man sie immer noch nicht. Alles blieb graue Theorie.

Da kamen den Astronomen zunächst ab 1962 die Quasare zu Hilfe. Wir haben sie schon kennengelernt als unheimlich starke Licht- und Radiosender aus dem Zentrum sehr, sehr weit entfernter Galaxien, viele Milliarden Lichtjahre von uns entfernt, also auch Milliarden Jahre alt, teils älter als unser eigenes Sonnensystem. Sie strahlen aus engem Raum so unglaublich viel Energie nach allen Seiten weg, viel mehr als unsere ganze breite Milchstraße, dass die Physiker zunächst sprachlos waren. Es gibt kein Kraftwerk im ganzen Weltall, das so fantastisch arbeitet. Doch, eines ist möglich: ein Schwarzes Loch, das sogar „nur" mit einer Sonne pro Jahr gefüttert werden muss – immerhin 10.000-mal reichhaltigere Nahrung, als das arme Schwarze Loch unserer Milchstraße erhält. Dann kann ein Quasar so gewaltige Energien abstrahlen.

Essenszeit!

Ab 1970 wurden sogenannte Röntgen-Doppelsterne entdeckt. Ein Partner eines solchen Paares ist ein normaler Stern, der andere ist unsichtbar, er sendet aber Röntgenstrahlung aus. Bei Doppelsternen kann man mithilfe von Kepler und Newton ausrechnen, wie viel Masse jeder Stern hat, wenn man weiß, wie weit voneinander entfernt und wie schnell sie um den gemeinsamen Schwerpunkt kreisen. Toll!

Ein gefräßiges Schwarzes Loch saugt seinen Partner aus.

Ein solches exotisches Paar im Sternbild Schwan, genannt Cygnus X-1, besteht aus einem blauen Riesenstern, ungefähr 20-mal massiger als unsere Sonne, und einem unsichtbaren Partner von auf jeden Fall mehr als drei Sonnenmassen. Mehr als drei Sonnenmassen! Das konnte also nur ein Schwarzes Loch sein. Das Monster schluckt ständig Materie von seinem hilflosen Partner herunter, saugt ihn regelrecht aus und wirbelt seine Gase mit Riesengeschwindigkeiten auf Nimmerwiedersehen in seinen Bauch. Verzweifelt senden die erhitzten Gase Röntgenstrahlung aus, bevor sie endgültig verschwinden.

Genau die Röntgenstrahlung, und nur diese, können wir vom Rand des Schwarzen Lochs empfangen – als gewaltige Energieladung ins Weltall abgestrahlt. Irgendwann, das ist klar, wird der hilflose Partnerstern ausgesaugt sein. Und genauso müssen auch die Kraftwerke der Quasare funktionieren, nur viel grausamer. Quasare sind schließlich Zentren von Galaxien. Das mussten riesige Schwarze Löcher sein, die – wie gesagt – mindestens eine Sonne oder entsprechend viel Gas pro Jahr einsaugen.

Schwarze Löcher in Röntgen-Doppelsternen und Quasare ließen nun keinen Astronomen mehr daran zweifeln, dass unsere Milchstraße ein riesiges Monster dieser Art verbarg. Das war nicht unbedingt selbstverständlich, denn unser Milchstraßenherz leuchtet wirklich recht schwach, keineswegs wie ein Quasar. Dafür steht es uns viel näher als jede andere Galaxie. Es ist nur 26.000 Lichtjahre entfernt. Aber wo ist es überhaupt? Wenn es ein Quasar wäre, hätten wir diesen Strahler schon längst gefunden. Er würde leuchtend hell am Himmel stehen. So aber muss man diese Funzel ziemlich mühsam suchen. Es hängen auch noch dunkle Staubwolken davor.

Allerdings, wenn man genau hinsieht, erkennt man doch eine deutliche Verdickung unserer Milchstraße, und zwar im Sternbild Schütze. Dort ist unsere Milchstraße also ein ganzes Stück breiter als sonst am Himmel. Leider können wir dieses Sternbild an unserem Nordhimmel nur im Sommer und auch dort nur kurze Zeit, am besten im August, nahe am Horizont finden. Meistens verschwindet die Verdickung inklusive der Dunkelwolken im Dunst der Atmosphäre. In Afrika, Australien oder Südamerika steht der Schütze allerdings hoch am Himmel. Da kann man hinaufschauen und sagen: „Wahnsinn, ich sehe unser Schwarzes Loch.“ Mit dem Fernrohr immerhin kann man schon erkennen,

Dort, wo unsere Milchstraße verdeckt erscheint, ist auch ihr Zentrum versteckt, mit einem Millionen Sonnenmassen schweren Schwarzen Loch.

wie dicht da Sterne um dunkle Wolken herumstehen. Doch genauer hinschauen kann man, eben wegen dieser dunklen Abschirmung, selbst mit den besten Fernrohren nicht.
Gott sei Dank erhalten wir ein, wenn auch eintöniges, Radioprogramm aus dieser Ecke – sehr guter Empfang, besonders starker Sender, sogar schon seit etwa 80 Jahren bekannt. Und auch den genaueren Ort konnte man schließlich festlegen. Die Radiostrahlung verriet auch, dieser Sender im Herzen unserer Milchstraße steht still, wirklich still, während sich alles darum herum umso schneller bewegt, je näher es diesem Radioprogramm ist. Sterne zum Beispiel rasen dort mit 1.000 km/s herum, immerhin schon $^1/_3$ Prozent der Lichtgeschwindigkeit. Nur etwas viel, viel Massereicheres als alle diese Sterne kann mitten zwischen ihnen stillstehen, so wie sich unsere große Sonne unter allen viel leichteren Planeten kaum bewegt. Mindestens 400.000-mal mehr Masse als ein normaler Stern musste so etwas Unbewegliches haben. Sogar ein paar Millionen Mal wären durchaus drin. Die Größe: ungefähr Erdbahndurchmesser, 300 Millionen Kilometer oder kleiner. Genauer war das aus den Radiosignalen nicht zu berechnen. Wenn es ein Schwarzes Loch war, sagen wir von etwas mehr als vier Millionen Sonnenmassen, hätte es etwa fünfzehn Millionen Kilometer Durchmesser, laut Einsteins Theorie.
Um die gleiche Zeit begann man, auch die Infrarotstrahlung der Milchstraßenmitte ins Labor zu holen. Die wird uns – zum Teil – selbst durch dicke dunkle Gaswolken frei Haus geliefert. Ab 1992 baute ein Team aus Astronomen unter der Leitung von Reinhard Genzel immer bessere Infrarotkameras und montierte sie an große Fernrohre, in engem Kontakt mit erfahrenen Radioastronomen aus anderen Instituten.

In diesen Türmen stecken vier Teleskope mit 8,2 m Durchmesser. Es ist das Very Large Telescope (VLT) in Chile, das größte Observatorium der Welt.

Der Durchbruch gelang neun Jahre später. Ein tolles Infrarotinstrument wurde an eines der größten Fernrohre der Welt gehängt, im Very Large Telescope (VLT) in Chile, auf einem hohen Berg von mehr als 2.600 Metern. Dort stehen vier Teleskope, jedes mit einem Spiegel von 8,2 Meter Durchmesser – gewaltig! Das Hubble-Space-Teleskop, das seit 1990 die Erde umkreist, als Weltraumteleskop frei von allem Dunst und allem Flimmern unserer Atmosphäre, hat, wie wir schon wissen, 2,5 m Durchmesser. Das neue Infrarotinstrument an einem 8,2-Meter-Teleskop lieferte weit bessere Bilder als Hubble – trotz Dunst und Flimmern der irdischen Luft, trotz dunkler Gaswolken vor dem Milchstraßenzentrum.

Nun gelang es, Sterne zu beobachten, die sich ganz nahe an den Höllenschlund der Milchstraße heranwagten, auf einige Lichtstunden. Das sind einige Milliarden Kilometer. Sterne in 26.000 Lichtjahren Entfernung von uns so dicht um ein Schwarzes Loch zu untersuchen, heißt supergenau

So sieht ein Teleskop des VLT aus. Hier war erst das Gerüst im Bau. Unterhalb des Gestänges wird der Riesenspiegel einmontiert.

Mit Infrarotkameras kann man die dunklen Gaswolken vor unserem Milchstraßenzentrum durchdringen und bis in die Nähe des Schwarzen Lochs schauen (Pfeile).

beobachten. Auf dem Mond müsste man sogar ein einzelnes Auto erkennen können, wollte man so genau hinschauen. Zehn lange Jahre beobachteten und maßen die Instrumente. Dann bekamen die Computer Arbeit. Als sie im Mai 2002 alles ausgewertet und gezeichnet hatten, waren die Astronomen hingerissen. Man sah deutlich: Einer der Sterne – sie nannten ihn einfach S2 – war 1992 noch weit vom Schwarzen Loch entfernt gewesen, raste dann immer näher an dieses Monster heran, wurde schneller und schneller, bis er schließlich, mit 5.000 km/s, um es herumschwang (5.000 km/s, das heißt in einer Sekunde von Europa nach Amerika!). Er war nur noch 18 Milliarden km vom Schwarzen Loch entfernt, rund viermal weiter als unser Planet Neptun von der Sonne. Und das bei einem Monster, das mehr als vier Millionen Mal schwerer als unsere Sonne ist!

Würde der Stern S2 diesem Monster noch näher kommen, so nahe wie Merkur unserer Sonne, gäbe es ihn schon längst nicht mehr. Die riesigen Anziehungskräfte des Schwarzen Lochs hätten ihn einfach zerrissen und genüsslich aufgesaugt. Aber S2 gibt es noch, ein Göttergeschenk für die Wissenschaftler. Der Computer konnte die ganze Bahn des Sterns zeichnen, eine wunderschöne Ellipse, für die Augen der Wissenschaftler 2002 wohl schöner als das schönste Gemälde. 15 Jahre braucht der Stern für die ganze Ellipse, zehn hatten sie schon beobachtet. Und wenn du dies liest, rast der Stern schon wieder weiter um sein und unser Schwarzes Loch herum. Sicher, irgendwann in ferner Zukunft wird er wohl auch von ihm verschlungen werden.

Setzen wir die vom Computer berechnete Bahn sowie die Umlaufzeit des Sterns darauf in das berühmte dritte Gesetz von Johannes Kepler ein, wie es von Newton ausformuliert wurde, dann erhalten wir sofort die Masse, um die S2 kreist. In der Tat, etwas mehr als vier Millionen Sonnenmassen kommen heraus und sie müssen auf ganz engem Raum konzentriert sein. Sonst hätte man diese wunderschöne Ellipse von S2 nicht erklären können. So ungefähr fünfzehn Millionen Kilometer Durchmesser, nach Einsteins/Schwarzschilds Formel für dieses Schwarze Loch, das passt gut. Ein ausgedehnter Sternhaufen oder ein breiter Ball aus schweren Atomteilchen konnte es nicht sein. Das war der endgültige Beweis. Das erste Schwarze Loch im Weltall war enträtselt – auch wenn man es nicht sehen konnte.

Sterne jagen in wunderschönen Ellipsen um das Schwarze Loch im Zentrum unserer Milchstraße.

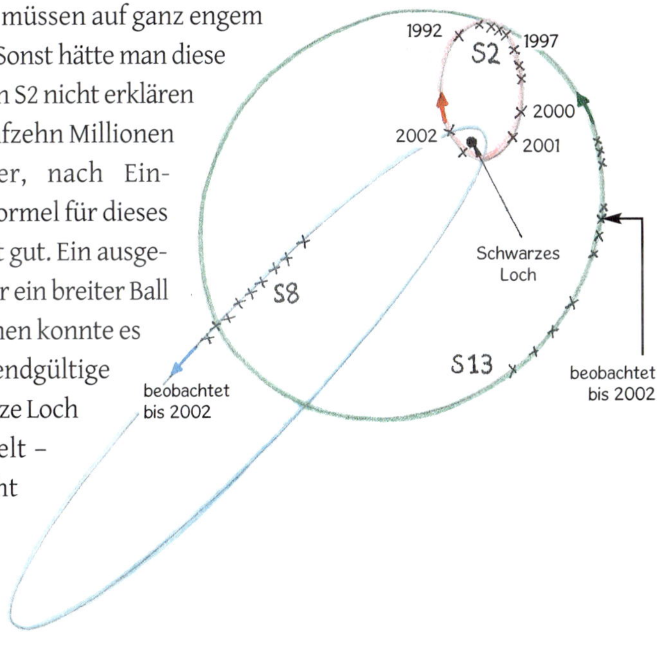

Bevor Gas im Schwarzen Loch verschwindet, leuchtet es noch einmal auf.

Doch, man sah etwas, schon ein Jahr später. Kurze Blitze im Infrarot aus der Nähe des Schwarzen Lochs, einige Minuten lang, die sich alle 17 Minuten wiederholten. Das musste der „Todesschrei“ von Gasmassen sein, die, wie bei Cygnus X-1 schon bekannt, in das Schwarze Loch stürzten und, kurz bevor sie auf ewig verschwanden, verzweifelt aufleuchteten, weil ihre riesige Geschwindigkeit sie aufheizte. Und die Wiederholung alle 17 Minuten heißt, das Schwarze Loch dreht sich um sich selbst und reißt dabei die Gasmassen mit. Inzwischen entdeckt man fast jedes Jahr neues um dieses Monster – das offenbar trotz aller Gefräßigkeit hungern muss. Bald wird der Milchstraßenschlund all seine Geheimnisse verraten müssen – Tarnkappe hin oder her.

Frage 13

Warum geben vier Teleskope mit je einem 8,2-Meter-Spiegel nur so viel her wie ein 16,4- Meter-Spiegel?

Wer will noch mehr wissen?

Wo bekommt man ein astronomisches Fernrohr?

Ein einfaches Fernrohr kann man sich selbst bauen. Im Optikladen oder über Internet bekommst du vielleicht Fernrohrbausätze oder zwei so ähnliche Linsen, wie Galilei sie benutzte: eine Sammellinse und eine Zerstreuungslinse. Zwei Linsen kann man schon mit den Händen vor den Augen so lange verschieben, bis alles vergrößert aussieht. Besser sind natürlich Papprohre als Halterung, aus dünnem schwarzem Karton gewickelt. Fünffache Vergrößerung liefert zum Beispiel eine Sammellinse von 25 cm Brennweite und eine Zerstreuungslinse von 5 cm Brennweite. Sie müssen dann etwa 25 cm – 5 cm = 20 cm Abstand voneinander haben. Am besten schiebst du zwei Papprohre ineinander.

Ein brauchbares astronomisches Fernrohr gibt es im Kaufhaus oder Fotogeschäft ungefähr ab 100 €. Für viele Beobachtungen reicht aber schon ein Feldstecher für etwa 30 € aus. Ein astronomisches Fernrohr hat nicht nur eine stärkere Vergrößerung als ein Feldstecher, es steht auch fest auf einem Stativ und wackelt nicht in der Hand. Dafür sieht man nur einen sehr kleinen Ausschnitt des Himmels. Im Feldstecher ist der Ausschnitt meist viel größer – auf jeden Fall sehr viel größer als bei den Fernrohren Galileis.

Die Lichtstärke eines Fernrohrs hängt vor allem vom Durchmesser der Objektivlinse ab. Auf jedem Feldstecher sind zwei Zahlen angegeben, zum Beispiel 8 x 50. Acht heißt achtmalige Vergrößerung, 50 ist der Objektivdurchmesser in Millimeter. 40 mm sind schon gut brauchbar für das Überprüfen von Galileis Entdeckungen. Entscheidender als die Vergrößerung ist also, wie groß die „Augen“ des Fernrohrs sind, das heißt, wie viel Licht da hindurchkommt. Die größte brauchbare Vergrößerung ist ungefähr Objektivdurchmesser in Millimeter mal 1 bis 2. Mehr Vergrößerung bringt nichts.

Was sind die schönsten Beobachtungen mit dem Fernrohr?

Von Herbst bis Frühjahr ist das schönste Wintersternbild, der **Orion,** zu sehen. Bekommst du alle 80 von Galilei gezeichneten

Das Sternbild Orion, in der Sage ein starker Jäger. Links unter ihm sein „Großer Hund“ mit dem hellsten Fixstern des Himmels, Sirius

Sterne um Gürtel und Schwert zusammen (siehe dazu das Bild auf Seite 6)? Eigentlich kann man mit den heutigen guten Fernrohren noch mehr Sterne entdecken – wenn der Nachthimmel so klar wie zu Galileis Zeiten ist. Das geht nur fernab von Städten, ohne Straßenlaternen und Häuserbeleuchtungen.

Besonders beeindruckend sind die „unerforschlich" vielen Sterne in der **Milchstraße.** Insgesamt sind es sicher mehr als 100 Milliarden!

Wann der **Jupiter** am Nachthimmel steht, kannst du in der Himmelsübersicht der Zeitung oder in einem Planetenkalender nachlesen – über das Internet oder eine Volkssternwarte erfährt man es ganz schnell. Er ist viel heller als alle anderen Sterne in der tiefen Nacht und strahlt ruhig wie alle Planeten.

Bei Jupiter kann man mit dem Feldstecher ganz leicht die vier Monde beobachten. Stütze aber den Feldstecher ab, sonst zittert deine Hand zu stark. Die vier Monde stehen wie kleine Stecknadelköpfe in einer ungefähren Linie neben ihm oder aufgeteilt links und rechts. Sie ziehen hin und her, an Jupiter vorbei und wieder zurück, ganz regelmäßig. Sie heißen heute Io, Europa, Ganymed und Kallisto. Sie wurden etwa gleichzeitig mit Galilei auch von dem deutschen Astronomen Simon Marius beobachtet.

Venusphasen und Mondgebirge sind natürlich auch eine Fernrohrreise wert. Wer noch mehr sehen will, viel mehr als Galilei, der sollte sich ein Buch über Sternbeobachtungen kaufen.

Der Ring um den **Saturn** ist ein besonders fantastischer Himmelseindruck. Dazu braucht man aber ein astronomisches Fernrohr mit mindestens 30- bis 40-facher Vergrößerung. Auch Galilei hat diesen Ring schon beobachtet, er hat ihn mit seinem Fernrohr aber noch nicht als Ring erkennen können. Wenn man ihn heute durch ein Fernrohr mit etwa 50-facher Vergrößerung entdeckt, scheint er wie ein kleiner Ehering um das Saturnscheibchen zu schweben.

Die **Sonnenflecken** kann man schon mit einem Feldstecher finden, meist als unregelmäßige schwarze Pünktchen. Ganz wichtig: **Nie, auf gar keinen Fall,** mit den Augen in die Sonne schauen, ob mit oder ohne Fernrohr!! Willst du die Sonne auf ein Stück Papier projizieren, dann lege zum Beispiel den Feldstecher, von dem du ein „Auge" zudeckst, so auf einen Stuhl, dass die Sonne schräg auf den Zimmerboden projiziert wird. Verschiebe ein Stück Papier zwischen Zimmerboden und Okular des Feldstechers, bis ein scharfes Bild entsteht. (siehe Bild: Galilei beobachtet die Sonne, S. 15)

Was sind Sternbilder?

Sternbilder wurden vor langer Zeit erfunden, weil man sich damit prima am Himmel orientieren kann. Man hat sich einfach bestimmte Figuren um die Sterne herum gedacht – etwa den Großen Bären oder sein Hinterteil als Großen Wagen. Den kennt jeder am Himmel. Allerdings braucht man oft viel Fantasie, um zum Beispiel eine Waage, einen Schützen oder einen Schwan zu erkennen! Sternbildsagen erzählen spannende Geschichten zu all diesen Bildern.

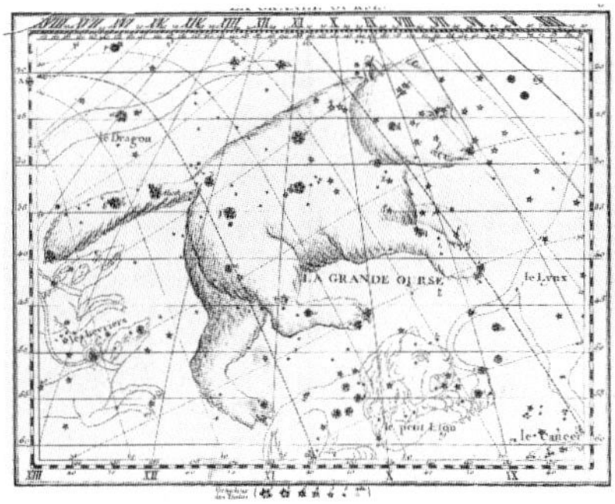

Der Große Wagen als Hinterteil des Sternbilds Großer Bär. Der zweite Schwanzstern heißt Mizar.

Mehr Sternbilder als nur den Großen Wagen findet man sehr einfach mithilfe einer drehbaren Sternkarte.

Sterne tragen Namen oder Nummern

Nur einige Sterne, die berühmtesten, tragen Namen wie Sirius, Atair, Beteigeuze. Die Namen stammen meist von den Griechen oder Arabern. Vor etwa 400 Jahren begann man, Sterne mit griechischen Buchstaben zu bezeichnen. Alpha (α) wurde im Allgemeinen der hellste Stern in einem Sternbild genannt. So wurde die Wega zu α Lyrae, als hellster Stern im Sternbild Leier (lateinisch: Lyra). Delta (δ) Cephei ist also der vierthellste Stern im Sternbild Cepheus.
Als man immer mehr Sterne beobachtete, benutzte man statt der griechischen (und auch lateinischen) Buchstaben schließlich Zahlen, zum Beispiel 61 Cygni – der Stern Nr. 61 im Sternbild Schwan (*lateinisch:* Cygnus). Bei der Entdeckung von Röntgenquellen am Himmel begann man so ähnlich. Sco X-1 heißt die erste Röntgenquelle im Sternbild Skorpion, die entdeckt wurde (X-Rays heißen im Englischen die Röntgenstrahlen).

Helle Sonnen am Himmel

	Entfernung	Helligkeit im Vergleich zu Sirius
Sirius	9 Lichtjahre	
Wega	25 Lichtjahre	4-mal schwächer
Rigel	ca. 800 Lichtjahre	4,5-mal schwächer
Beteigeuze	ca. 400 Lichtjahre	6-mal schwächer
Atair	ca. 16 Lichtjahre	8-mal schwächer
Deneb	mindestens 1.600 Lichtjahre	12-mal schwächer

Alle diese Sterne erscheinen uns noch sehr hell. Sirius ist der hellste Fixstern überhaupt. Er ist fast der einzige Stern, den wir an unserem Stadthimmel ohne Fernrohr im Sternbild Großer Hund sehen können, gleich links unter dem Jäger Orion. Jäger und Hund gehören natürlich in den griechischen Sternsagen zusammen. Wega, Atair und Deneb kann man im Sommer, selbst in Städten, als helles Sommerdreieck über unseren Köpfen am klaren Nachthimmel sehen. Rigel und Beteigeuze sind die hellsten Sterne im schönsten Wintersternbild, dem Orion.

Frage 14 Alle diese Sterne *scheinen* uns ja nur heller oder lichtschwächer zu sein. Wenn sie in gleicher Entfernung von uns stünden, sähe alles anders aus. Nehmen wir Sirius und Deneb. Welcher von beiden wäre dann der hellere?

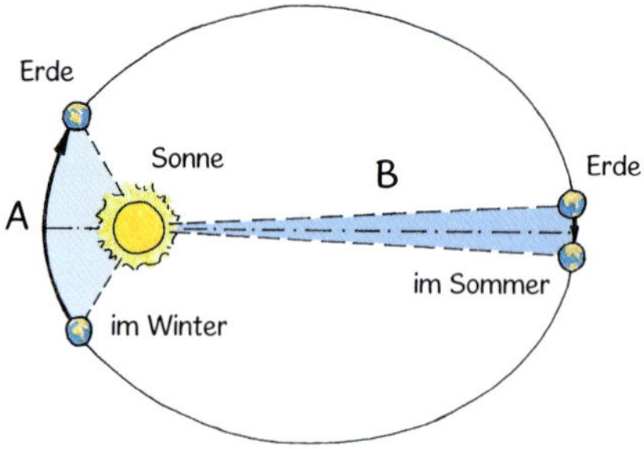

Wie lauten die keplerschen Gesetze?

Das erste Gesetz lautet:
Planeten laufen nicht auf Kreisen, sondern auf Ellipsen um die Sonne. In einem Brennpunkt jeder Planetenellipse steht die Sonne. Die Brennpunkte heißen so, weil alle Lichtstrahlen, die parallel zueinander, zum Beispiel von der Sonne kommend, in einen elliptischen Hohlspiegel einfallen, in diesem Punkt gebündelt werden. Wir können uns solch einen Hohlspiegel als Teil einer ganzen Ellipse vorstellen.

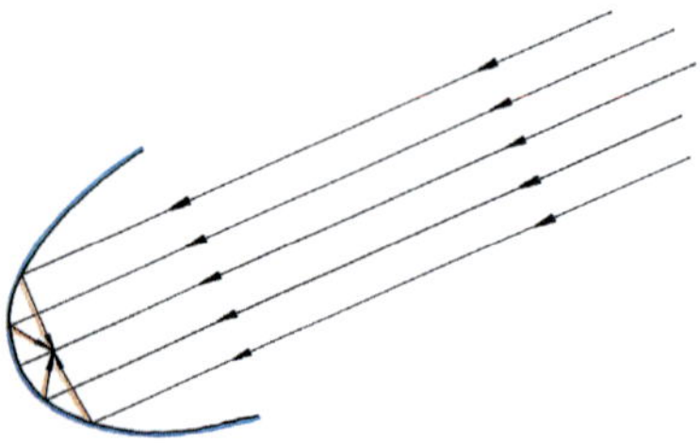

Ein Hohlspiegel sammelt alle parallelen Lichtstrahlen in seinem „Brennpunkt“. In solch einem Brennpunkt der elliptischen Planetenbahnen steht auch die Sonne.

Das zweite Gesetz lautet:
In der Nähe der Sonne sind die Planeten schneller, weiter weg langsamer, nach einer bestimmten Regel. So braucht unsere Erde für die weite Strecke nahe der Sonne genauso 45 Tage wie für die kürzere Strecke fern von ihr. Die Erde wird durch die Anziehungskraft nahe der Sonne gerade um so viel schneller, dass die Fläche A (links), die das Dreieck „Erde auf ihrer Bahn – Sonne“ bildet, genauso groß ist wie die entsprechende Fläche B (rechts).

Das dritte Gesetz lautet:
Je weiter ein Planet von der Sonne entfernt ist, desto länger braucht er für einen Umlauf. Multipliziert man die große Halbachse seiner Ellipse – wir nennen das einfach mal den Abstand r – mit sich selbst und noch einmal mit sich selbst und teilt durch die Umlaufzeit T, einmal mit sich selbst multipliziert, kommt in unserem Sonnensystem für jeden Planeten immer der gleiche Wert heraus, eine konstante Größe also:

Halbachse • Halbachse • Halbachse / Umlaufzeit • Umlaufzeit = Konstante

$r^3 / T^2 = \text{Konstante}$

Was in dieser Konstante steckt, erfahren wir bei „Newtons Gravitationsgesetz“.

Planeten laufen auf Ellipsen, die nur sehr wenig von einem Kreis abweichen. In der Größe unserer Zeichnung könnten wir die

Ellipse der Erdbahn eigentlich gar nicht erkennen. Unser Zeichenstrich ist zu dick. Sie ist daher stark übertrieben gezeichnet.

Wegen Keplers Gesetzen müssen die Astronomen übrigens auch seit ein paar Jahrzehnten an die Dunkle Materie glauben. Sterne weiter weg vom Zentrum etwa unserer Milchstraße laufen viel zu schnell um dieses Zentrum herum, als nach Keplers Gesetzen erlaubt ist. Also muss man viel Dunkle Materie annehmen, die um die Milchstraße verteilt ist, zusätzlich zu den sichtbaren Sternen, Gaswolken und den dunklen Staubwolken. Diese Dunkle Materie zieht die äußeren Sterne schneller herum.

Newtons Gravitationsgesetz und die Zentrifugalkraft

Die Kraft zwischen der Sonne und einem Planeten ist die Gravitationskraft:

$$\text{Gravitationskraft} = \frac{\text{Gravitationskonstante} \cdot \text{Masse Sonne} \cdot \text{Masse Planet}}{\text{Abstand} \cdot \text{Abstand}}$$

$$F^{(\text{Gravitation})} = \frac{\gamma \cdot M^{(\text{Sonne})} \cdot M^{(\text{Planet})}}{r^2}$$

Die Gravitationskonstante γ ist winzig klein, kleiner als 0,000.000.000.1, wenn wir die Massen in Kilogramm und die Entfernungen in Meter rechnen. Zwei Gewichte von je einem Kilogramm, die wir einen Meter voneinander entfernt aufstellen, ziehen sich also nur mit dieser unheimlich kleinen Kraft von 0,000.000.000.1 Newton, so nennt man das, an. Das ist also fast gar nichts.

Besonders wichtig in der Formel für die Gravitationskraft ist ihre Abhängigkeit vom Quadrat des Abstands. Dieses r^2 erhielt Newton, indem er einfach das dritte Gesetz von Kepler in seine neu entdeckte Formel für die Zentrifugalkraft (Fliehkraft) einsetzte. Die Formel für diese Zentrifugalkraft lautet:

$$\text{Zentrifugalkraft} = \frac{39{,}5 \cdot \text{Masse Planet} \cdot \text{Abstand}}{\text{Umlaufzeit} \cdot \text{Umlaufzeit}}$$

oder:

$$F^{(\text{Zentrifugal})} = \frac{39{,}5 \cdot M^{(\text{Planet})} \cdot r}{T^2}$$

Wenn wir diese Formel und das Gravitationsgesetz von Newton zusammenmixen, erfahren wir, was die geheimnisvolle Konstante im dritten keplerschen Gesetz bedeutet. Das wusste Kepler noch nicht!

Zentrifugalkraft und Gravitationskraft müssen sich ja die Waage halten, sonst bleibt der Planet nicht auf seiner Bahn. Wir können sie also gleichsetzen:

$$\frac{M^{(\text{Planet})} \cdot 39{,}5 \cdot r}{T^2} = \frac{\gamma \cdot M^{(\text{Planet})} \cdot M^{(\text{Sonne})}}{r^2}$$

Daraus folgt sofort:

$$\frac{r^3}{T_2} \text{ (das ist Keplers Konstante)} = \frac{\gamma \cdot M^{(\text{Sonne})}}{39{,}5}$$

Diese geheimnisvolle Größe bei Kepler besteht also im Wesentlichen aus der Gravitationskonstante und der Masse der Sonne. Damit kann man aus jeder Bahnachse r eines Planeten und seiner Umlaufzeit T also die Masse seiner Sonne berechnen, um die er sich bewegt. Aus jeder Bahn eines Sterns um ein Schwarzes Loch berechnet man ebenso die Masse dieses Monsters. Das ist bis in unsere Gegenwart ungeheuer wichtig geblieben. Newton kann stolz darauf sein. Seine Gravitationskraft ist trotzdem die schwächste Kraft im Weltall. Wenn sie viel stärker wäre, so stark etwa, wie die Kraft zwischen Protonen und Neutronen im Kern jedes Atoms, könnten wir keinen Stein von der Erde aufheben! Auch zwei Menschen würden nicht nebeneinander stehen bleiben, sondern sofort zusammenprallen.

Wie kann man die Entfernung eines Sterns berechnen? Die Fixsternparallaxe

Bessel dachte richtig: Suchen wir zwei Sterne, die scheinbar nahe beieinanderstehen, von denen einer aber in Wirklichkeit sehr weit weg ist. Dann müsste uns der nahe Stern, bei ihm Nummer 61 im Schwan, im Winter zum Beispiel etwas dichter an Stern a stehend erscheinen als im Sommer, weil sich die Erde bewegt und unser Blickwinkel auf den Stern verschoben wird. Genauso verschiebt sich ein Finger vor unseren Augen im Vergleich zum Hintergrund des Zimmers, wenn wir einmal das eine Auge (= Winter), dann das andere Auge (= Sommer) zukneifen. Ein Nagel in der Wand wäre dann so etwas wie Bessels Vergleichsstern a. Die Verschiebungen des Sterns 61 Cygni gegenüber dem „Nagel"-Stern a werden als Winkel 1 und 2 gemessen. Die beiden Winkel addieren wir und erhalten die „Parallaxe" P des Sterns.

Aus diesem Parallaxenwinkel P und dem Durchmesser der Erdbahn können wir im Dreieck: Erde im Winter – Erde im Sommer – Stern, ganz einfach die Entfernung R des Sterns ausrechnen. Das Verhältnis Erdbahndurchmesser/Entfernung nennt man den „Sinus" des Winkels P (das klappt so einfach, weil dieser Winkel sehr klein ist). Solche „Sinus"-Werte berechnet heute jeder Schultaschenrechner mit der „sin"-Taste. Sin

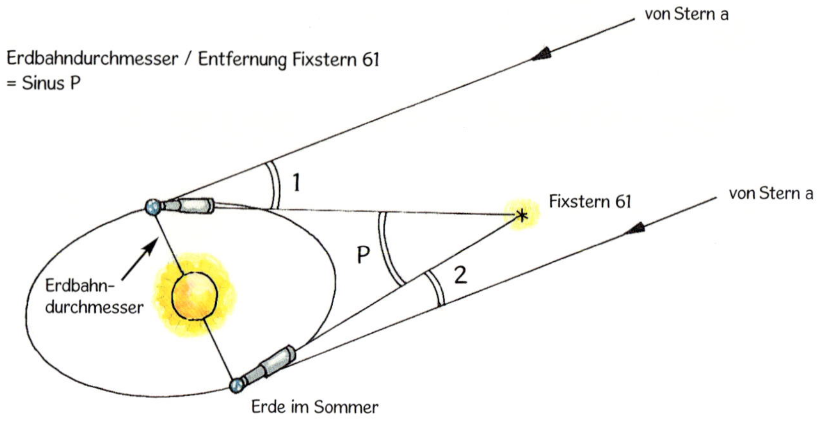

1/6.000 Grad finden wir im Taschenrechner zu 0,000.002.9. Wenn wir den Erdbahndurchmesser durch diesen Wert teilen, erhalten wir die Entfernung von 61 Cygni: 299 Millionen km geteilt durch 0,0000029 Das ergibt etwas mehr als 100 Billionen km oder rund elf Lichtjahre.
Selbst mit Lichtgeschwindigkeit würden wir also fast elf Jahre brauchen, um den Stern 61 Cygni zu erreichen.
(Mit deinem Taschenrechner rechnest du 299 : 0,0000029 und hängst „Millionen Kilometer" an das Ergebnis an.)

Der Dopplereffekt – Geschwindigkeitskontrollen im Weltall

Es gibt eine einfache Formel von Christian Doppler, mit der man aus der Verschiebung einer dunklen Linie die Geschwindigkeit des zugehörigen Sterns oder der Galaxie – auf uns zu oder von uns weg – ganz problemlos ausrechnen kann.

$$\text{Geschwindigkeit} = \frac{\text{Lichtgeschwindigkeit} \cdot \text{Linienverschiebung}}{\text{normale unverschobene Lichtwellenlänge}}$$

$$v = \frac{c \cdot a}{\lambda}$$

(Der griechische Buchstabe Lambda wird immer für die Wellenlänge genommen.)

Alle normalen unverschobenen Lichtwellenlängen messen wir einfach auf unserer Erde oder auch auf der Sonne. Alle diese Lichtquellen bewegen sich ja nicht von uns weg oder auf uns zu.
Die Formel gilt allerdings nur bis zu etwa 10 % der Lichtgeschwindigkeit, die 300.000 km/s beträgt. Mehr Geschwindigkeit als etwa 30.000 km/s darf also ein Stern oder eine Galaxie für diese Formel nicht haben. Darüber müssten wir auch noch Einsteins Spezielle Relativitätstheorie einkalkulieren.

Beispiel: Nehmen wir eine dunkle Linie im gelb-grünen Licht mit der Wellenlänge an dieser Stelle von = fünf Zehnmillionstel Meter. Im Sternspektrum erkennen wir, dass sich diese dunkle Linie um 1/5.000 von diesen fünf Zehnmillionstel Meter in Richtung Rot verschoben hat. Das sind 1/5.000 mal fünf Zehnmillionstel. Daraus folgt:

$$V = \frac{300.000\ \text{km/s} \cdot 1/5.000 \cdot 5\ \text{Zehnmillionstel}}{5\ \text{Zehnmillionstel}}$$

$$= 300.000 \cdot 1/5.000 = 60\ \text{km/s}.$$

Mit dieser Geschwindigkeit, doppelt so groß wie die durchschnittliche Geschwindigkeit der Erde um die Sonne, bewegt sich also der Stern von uns weg.

Mit der gleichen Formel, jetzt für Schall, kannst du auch ausrechnen, warum eine Orgel, die mit 600 km/h auf uns zurast, doppelt so hoch klingt. Es gilt:

$$\text{Orgelgeschwindigkeit} = \frac{\text{Schallgeschwindigkeit} \cdot \text{Wellenlängenverschiebung}}{\text{ursprüngliche Wellenlänge}}$$

Die Schallgeschwindigkeit in Luft ist rund 1.200 km/h. Wir formen etwas um und erhalten:

Orgelgeschwindigkeit/Schallgeschwindigkeit = 600/1.200 = $^1/_2$ = Wellenlängenverschiebung / ursprüngliche Wellenlänge
Die Wellenlänge hat sich also um die Hälfte verschoben, das heißt, die Tonhöhe, die Frequenz, wird zweimal größer.
Bei einem Trompeter auf einem Eisenbahnwagen mit 60 km/h gilt:
Wellenlängenverschiebung/ursprüngliche Wellenlänge = 60/1.200 = 1/20
Die Wellenlänge ist um 1/20 auf 19/20 verkürzt, der Ton also um 20/19 höher, das ist etwas weniger als ein halber Ton.

Brechung und Farbaufspaltung von Licht

Wenn Licht durch Glas, Kristall oder Wasser hindurchstrahlt, wird es von seinem geraden Weg abgelenkt. Das nennt man Brechung. Deshalb erscheint unser Finger etwas gehoben, wenn wir ihn ins Wasser tauchen. Und deshalb kann man mit gekrümmten Gläsern, den Glaslinsen, etwa im Fotoapparat, kleinere Bilder von großen Gegenständen „zaubern“.
Eine nach außen gekrümmte Linse, also eine Sammellinse oder Konvexlinse, bricht die Lichtstrahlen so, dass ein verkleinertes Bild erzeugt wird, das auf dem Kopf steht. Betrachtet man dieses Bild mit einer zweiten Linse, kann man es wieder vergrößern. Ist diese zweite Linse eine weitere Sammellinse, lässt sie das Bild auf dem Kopf stehen, eine nach innen gekrümmte Zerstreuungslinse dreht es wieder um. So wurde das Fernrohr erfunden. Licht wird aber von unterschiedlichen Glassorten auch unterschiedlich gebrochen. Das Maß, um das ein Lichtstrahl im Glas, zum Beispiel einer Fernrohrlinse, gebrochen wird, nennt man Brechungsindex. Für jede Farbe im weißen Sonnenlicht ist dieser Wert aber unterschiedlich. Das heißt auch, dass weißes Licht nach dem Durchgang durch eine Linse nicht mehr weiß bleibt, die Farben werden unterschiedlich weit gebrochen. Das nennt man Farbaufspaltung oder auch Dispersion.

Versuch Halte ein Brennglas, also eine Sammellinse, in das Sonnenlicht und verschiebe ein Stück Papier vor und hinter den Brennpunkt. Dann siehst du rote, gelbe oder blaue Randfarben des Lichtstrahls, je nachdem, wie weit dein Papier vom Brennpunkt entfernt ist. Wenn man Bilder durch Fotoapparate oder Fernrohre erzeugt, möchte man aber keine solchen Farbränder haben. Sie machen ein Bild auch unscharf. Man setzt deshalb zwei oder mehrere Glaslinsen mit unterschiedlicher Brechung hintereinander, um ein farbsauberes und scharfes Bild zu bekommen. Solch eine Zusammensetzung aus mehreren Glaslinsen heißt achromatisches Objektiv.

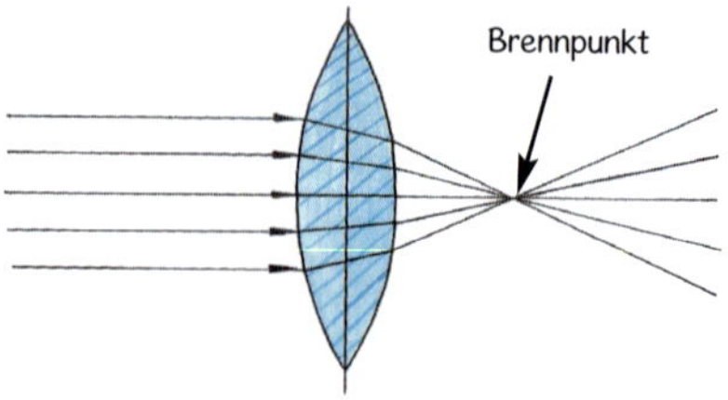

Eine nach außen gewölbte (konvexe) Glaslinse sammelt alle Sonnenstrahlen in einem Brennpunkt.

Was ist ein Spektrum?

Spektrum ist lateinisch und bedeutet so viel wie Geistererscheinung. Der Physiker versteht darunter die Aufspaltung des Lichtes in ein Farbenband.
Menschen können nur die Farben Rot bis Violett des Sonnenspektrums sehen, die Infrarotstrahlung der Sonne und die Ultraviolettstrahlung (von der wir den Sonnenbrand bekommen) sehen wir nicht. Heute wissen wir, dass all diese Farben elektromagnetische Schwingungen sind, die sich durch den leeren Raum, das heißt durch das ganze Weltall, fortpflanzen können. Es gibt noch viel längere Schwingungen als Infrarot: Mikrowellen, Radiokurzwellen, Radiomittelwellen, Radiolangwellen. Andererseits gibt es auch viel kürzere elektromagnetische Schwingungen als das Ultraviolett. Je kürzer, desto energiereicher werden sie.
Das Ultraviolett hat, ein Jahr nach Herschels Entdeckung des Infrarots, der deutsche Physiker und Chemiker Johann Wilhelm Ritter (1776–1810) entdeckt. Er nahm einfach an, wenn es auf der einen Seite des Farbspektrums Infrarot gibt, muss auf der anderen Seite auch etwas sein. So fand er die Ultraviolettstrahlen. Sie schwärzten eine Silbersalzschicht, die er jenseits des violetten Endes des Spektrums hinlegte. Da hätte er nun beinahe schon die Fotografie entdeckt!
Noch kürzere Schwingungen als Ultraviolett wurden erst vor etwa 100 Jahren entdeckt: Röntgen- und Gammastrahlen. Radiostrahlung aus dem Weltall und Röntgen- bis Gammastrahlen, die uns von riesigen Explosionen und gewaltigen Magnetfeldern im All berichten, beobachten wir erst seit einigen Jahrzehnten.
Die Untersuchung all dieser Strahlen, die Spektroskopie, ist nicht nur für die Astronomie wichtig. Auch Atome können strahlen. Daraus kann man schließen, was im Inneren dieser kleinsten Bauteile unserer Welt vorgeht. Auch in der Chemie und Biochemie und in der Industrie betreibt man Spektroskopie. Man kann zum Beispiel untersuchen, welche Strahlen von verunreinigter Luft verschluckt werden und welche durchkommen, und erfährt etwas über schädliche Stoffe, die in der Luft schweben. Auch die glühende Schmelze von Eisenerz im Hochofen kann man mit Spektroskopen kontrollieren.

Absorptionslinien, Emissionslinien, Dopplerverschiebung

Die dunklen Linien im Sonnenspektrum, die Joseph Fraunhofer 1814 entdeckte, nennen wir heute Absorptionslinien. Erst 45 Jahre nach seiner Entdeckung fanden Kirchhoff und Bunsen heraus, wie diese Linien entstehen: Die obere Atmosphäre der Sonne verschluckt, auf Lateinisch „absorbiert", besonders schmale Farbteile aus dem Licht, das von den noch heißeren und hell strahlenderen tieferen Gasschichten kommt. Diese schmalen Teile im Farbband bleiben als dunkle Stellen übrig, eben als „Absorptionslinien".
Und warum sind diese Linien bei Roten Riesen recht scharf und bei kleineren roten

Sternen etwas breiter und schwammiger? So hatte das Antonia Maury kurz vor Ejnar Hertzsprung herausgefunden. Doch beide konnten es noch nicht erklären. Antwort aus der Atomphysik: Weil die kleineren Sterne stärker zusammengepresst sind. Dadurch stoßen ihre Atome viel häufiger miteinander zusammen und stören die Frequenzen des Lichts, das ausgesandt wird.

Wenn man ein Gas anzündet, dann brennt es. Das heißt, die Gasatome fangen an zu leuchten und senden ganz bestimmte Farben aus. Wasserstoff zum Beispiel erscheint rot. Diese Farbe Rot von schwingenden Atomen sieht man im Spektroskop als scharfe helle rote Linie. Dazu gibt es noch ein paar andere Linien. Solche schmalen Farbbereiche, die von Atomen ausgesandt werden, nennt man Emissionslinien, von lateinisch: *emittere* = aussenden. Nebel aus Gas im Weltall, die leuchten, wie zum Beispiel der Orionnebel im Schwert des Sternbilds Orion, zeigen im Spektroskop auch solche Emissionslinien.

Dieser Geheimcode jedes leuchtenden Sterns oder Nebels oder einer ganzen Galaxie im Weltall verschiebt sich ja laut Doppler, wenn solche Himmelsobjekte von uns weg- oder auf uns zueilen, im Vergleich etwa zu Linien einer Flamme auf der Erde. Genau genommen: Nicht nur diese Linien verschieben sich, sondern in der Tat das ganze Farbenband eines Sterns.

Also hatte Doppler recht. Aber die Farbe des Sterns ändert sich trotzdem nicht – wenn es, wie bei Sternen üblich, ein Farbenband von Rot über Grün bis Violett um die dunklen oder hellen Linien gibt und sofern wir bei Geschwindigkeiten noch deutlich unter der Lichtgeschwindigkeit bleiben. Denn nehmen wir an, das ganze Violett verschiebt sich ins Ultraviolett, weil ein Stern rasend schnell auf uns zueilt. Das Blau gerät ins Violett, das Rot schließlich ins Gelb. Aber – bei Rot bleibt keine leere Stelle übrig. Das unsichtbare Infrarot wird ja nun zu Rot und alles bleibt gleich bunt, wie es war. Nur an der Verschiebung dunkler oder heller Fraunhoferlinien können wir eben erkennen, dass sich etwas verändert hat.

Ein leuchtender Gasnebel allerdings, der nur ein paar helle Fraunhoferlinien, also Emissionslinien, aussendet und kein Farbenband hinter diesen Linien besitzt, kann sehr wohl seine Farbe für uns verändern, wenn er auf uns zurast oder von uns wegeilt, wenn etwa blaue und violette Linien jenseits von Violett unsichtbar werden.

Galaxien

Galaxien sind Ansammlungen von Millionen bis Milliarden Sternen. Die uns nächsten Galaxien sind die Große und die Kleine Magellansche Wolke, „nur“ 170.000 bis 190.000 Lichtjahre entfernt und deshalb mit dem bloßen Auge schön am dunklen Südhimmel der Erde zu sehen. Es sind noch recht kleine Galaxien. Die eine eilt von uns weg, die andere auf uns zu. Der Andromedanebel ist schon mehr als zwei Millionen Lichtjahre entfernt, eilt aber auch auf uns zu. Sie gehören alle zu unserem heimatlichen Galaxienhaufen, der „lokalen Gruppe.“ In großer Entfernung gibt es andere Hau-

Fast alle Lichtpunkte hier sind keine Sterne, sondern Galaxien.

fen, z. B. den Coma-Haufen, mit mehr als 1.000 Galaxien, in durchschnittlich über 300 Millionen Lichtjahren Entfernung.

Das Gesetz von Hubble

Geschwindigkeit einer Galaxie = Hubblekonstante • Entfernung der Galaxie

$v = H \cdot d$

Messen wir die Entfernungen in km und die Hubblekonstante in 1/s, erhalten wir die Geschwindigkeit in km/s.

Das können wir umformen:
Entfernung einer Galaxie = Geschwindigkeit der Galaxie/Hubblekonstante

oder noch einmal umgeformt:
Hubblekonstante = Geschwindigkeit einer Galaxie/Entfernung der Galaxie

Diese Hubblekonstante ergab sich aus Hubbles ersten Messungen von Geschwindigkeiten und Entfernungen zu 150 km/s pro eine Million Lichtjahre. In km ungerechnet ergibt das für die Hubblekonstante $16/10^{18}$ (10^{18} ist eine Eins mit 18 Nullen!).

Dreht man diesen Wert um, rechnet also Entfernung/Geschwindigkeit, erhält man $10^{18}/16$. Das war das Alter des Weltalls in Sekunden, wie es Hubble herausbekam.
Das ist einfach zu verstehen, denn die Entfernung einer Galaxie geteilt durch ihre Geschwindigkeit ergibt die Zeit, die dieser Teil des Weltalls für seine lange Reise vom Urknall an brauchte (wenn du nach einer langen Wanderung mit 5 km/h Geschwindigkeit schließlich 30 km von zu Hause weg bist, hast du 30 : 5 = 6 Stunden für diese Wanderung gebraucht). Wir rechnen in Jahre um, indem wir durch 3.600 • 24 • 365 teilen, und erhalten für das Alter des Weltalls: etwa 1,9 Milliarden Jahre.
Dieses Ergebnis hat um 1930 sehr verwundert, denn damals wusste man schon, dass Sonne und Erde garantiert älter sind. Heute wissen wir, die Konstante von Hubble war viel zu groß. Statt 16 muss man den Wert 2,3 nehmen. Dreht man diesen Wert um, so ergeben sich $10^{18}/2{,}3$ Sekunden oder rund 14 Milliarden Jahre für das Alter unseres Universums. Da passt unser Sonnensystem mit vier bis fünf Milliarden Jahren gut hinein.
Aus jeder Rotverschiebung der Spektrallinien einer Galaxie und damit aus ihrer Geschwindigkeit von uns weg können wir mit dieser Formel ihre Entfernung ausrechnen. Nehmen wir den Quasar 3 C 273 mit einer

Geschwindigkeit von etwa 48.000 km/s. Das sind schon etwa 16 % der Lichtgeschwindigkeit!

Entfernung des Quasars = $48.000 : 2{,}3/10^{18} = 48.000 \cdot 10^{18}/2{,}3 = 21.145 \cdot 10^{18}$ km.

Da $9{,}5 \cdot 10^{12}$ km gerade ein Lichtjahr ergeben, folgt: Der Quasar ist etwa zwei Milliarden Lichtjahre von uns entfernt. Gerechnet wird:

$$\frac{21.145 \cdot 10^{18}}{9{,}5 \cdot 10^{12}} = 2{,}2$$

Die größten Teleskope

Die größten Lichtteleskope

Die größten Lichtteleskope haben heute Spiegel bis zu über 8 m Durchmesser. Das größte steht seit 2008 in den USA, das „Large Binocular Telescope", mit zwei fest zusammengebauten Spiegeln zu je 8,4 m Durchmesser. Das entspricht einem einzigen von 11,8 m Durchmesser. Teleskope, die aus kleinen Spiegeln wie ein Puzzle gebastelt werden, gibt es bis zu 11 m.

Ein Hohlspiegel für ein Teleskop wird erschmolzen.

Europäische Staaten haben ihr Geld zusammengeworfen und in Chile eine Sternwarte mit vier Teleskopen gebaut, von denen jedes 8,2 m Durchmesser hat. Wenn sie in den nächsten Jahren zusammengeschaltet werden, entsprechen sie einem einzigen Teleskop von 16,4 m Durchmesser.
Noch größere Teleskope, bis zu 40 m Durchmesser, sind schon in Bau. Und auch einen Nachfolger für das Hubble-Weltraumteleskop mit 2,5-Meter-Spiegel wird es bald geben, mit einem 6,5-Meter-Spiegel, aus kleineren zusammengesetzt.

Die größten Radioteleskope

Das zweitgrößte bewegliche Radioteleskop der Welt steht bei Effelsberg in der Eifel, mit dem Auto von Bonn aus leicht erreichbar. Wenn diese riesige Antenne mit 100 m Durchmesser plötzlich hinter dem letzten Berg auftaucht, bleibt einem der Mund offen stehen.
Am eindrucksvollsten ist es natürlich, falls sie gerade, wie eine Riesenhand in den Bergen, herumgeschwenkt wird. Das weltgrößte bewegliche Radioteleskop in West Virginia, USA, ist nur ein wenig größer.
Das größte nicht bewegliche Radioteleskop der Welt mit 576 m Durchmesser steht in Russland, das zweitgrößte steht in China. Es hat 520 m Durchmesser. Radioteleskope kann man viel einfacher als Lichtteleskope zusammenschalten, und das über große Entfernungen.

Die größten Röntgenteleskope

Die größten Röntgenteleskope haben heute bis zu 1,2 m Durchmesser. Röntgenteleskope sehen ganz anders aus als Fernrohre für das Licht oder Radioantennen, da Röntgenstrahlen nicht wie Licht oder Radiowellen durch Linsen, Spiegel oder Antennen gebündelt werden können. Es sind lange Rohre, oft ineinandergeschachtelt, in die die Röntgenstrahlen streifend hineinfallen. Chandra, XMM-Newton und eRosita heißen die derzeit größten. Sie müssen natürlich auf Satelliten montiert werden, die über der Erdathmosphäre herum kreisen, da Röntgenstrahlen (und Gammastrahlung) des Weltalls nicht bis zur Erdoberfläche durchdringen – glücklicherweise für uns Menschen!

Was sind Quasare?

Als man 1962 die Quasare (quasistellare Radioobjekte) entdeckte, zeigten sie in ihrem Lichtspektrum dunkle Linien, die niemand erklären konnte. Sie sahen ganz anders aus als alle Linien, die man von Sternen oder Galaxien sonst kannte. Nach einem Jahr allerdings fand man heraus: Diese Linien waren sehr wohl bekannt. Bei vielen Sternen oder auch Gasnebeln gab es sie. Es waren Linien des Elements Wasserstoff, aber so weit nach Rot verschoben, dass niemand zunächst auf diese Idee kam, dass das wirklich Wasserstofflinien sein konnten. Die seltsamen Objekte müssen also, wie aus dieser kosmologischen Rotverschiebung folgt, eine ungeheure Entfernung von uns haben. Daraus folgt auch eine ungeheuerliche Geschwindigkeit der Raumausdehnung relativ zu uns von weit über 90 % der Lichtgeschwindigkeit. Die weitest entfernten Quasare, die wir heute kennen, sind fast unvorstellbar weit entfernt, fast so weit wie der Durchmesser des heute bekannten Weltalls von etwa 14 Milliarden Lichtjahren. Sie sind also auch superalt, die fernsten und ältesten Objekte im Weltall, die wir kennen. Wieso können wir sie aber in diesen riesigen Entfernungen noch sehen? Es müssen superhell strahlende Zentren von Galaxien sein, die im jugendlichen Alter des Weltalls geboren wurden. Riesige Schwarze Löcher in diesen Zentren saugen alle Materie um sie herum ein. Dabei entsteht die wahnsinnige Strahlung – kurz bevor die angesaugte Materie auf Nimmerwiedersehen im Schwarzen Loch verschwindet.

Der Quasar 3 C 273 im Sternbild Jungfrau ist der hellste Quasar am Himmel. An ihm wurde 1963 die riesige Entfernung und Geschwindigkeit dieser Galaxienkerne zum ersten Mal erkannt. Heute gilt er schon als nahe, „nur" 2,2 Milliarden Lichtjahre entfernt. Das entspricht einer Geschwindigkeit von etwa 48.000 km/s von uns weg.

Schwarze Löcher

Schwarze Löcher sind gar keine Löcher (siehe Kapitel 12). Nichts kommt aus ihnen wieder heraus, was sie einmal verschlungen haben. Das stimmt aber nicht ganz. Es kommt doch etwas heraus, allerdings furchtbar wenig; sie bleiben knausrig. Der Astrophysiker Stephen Hawking hat schon vor Jahren ausgerechnet, dass Schwarze Löcher doch strahlen, wenn auch ganz wenig.

Die Strahlung, die sie abgeben, heißt deshalb Hawking-Strahlung. Beobachtet allerdings hat sie noch kein Mensch. Nehmen wir an, wir hungern ein Schwarzes Loch total aus. Es erhält kein Quäntchen Stern oder Gas mehr. Bis es sich dann mit dieser winzigen Hawking-Strahlung total zerstrahlt hat, würde eine unglaubliche Zeit vergehen. Unsere Sonne etwa, als Schwarzes Loch, würde 2 x 10^{67} Jahre leben! Das ist eine Eins mit 67 Nullen. Schwarze Löcher werden die langlebigsten Greise in unserem Universum sein, wenn alles andere schon längst von ihnen aufgefressen wurde oder selbst zerstrahlt ist.

Wahrscheinlich gibt es unzählige winzige Schwarze Löcher im All, unbeobachtbar klein. Es gibt aber auch viel größere als selbst das Drei-Millionen-Sonnenmassen-Loch im Zentrum unserer Milchstraße. Bis zu eine Milliarde Sonnenmassen haben die Schwarzen Löcher im Zentrum der Quasare. Schwarze Löcher sind Tarnkappen – auch das stimmt nicht ganz. Zwar ist alles hinter den Löchern zu sehen – aber verzerrt.

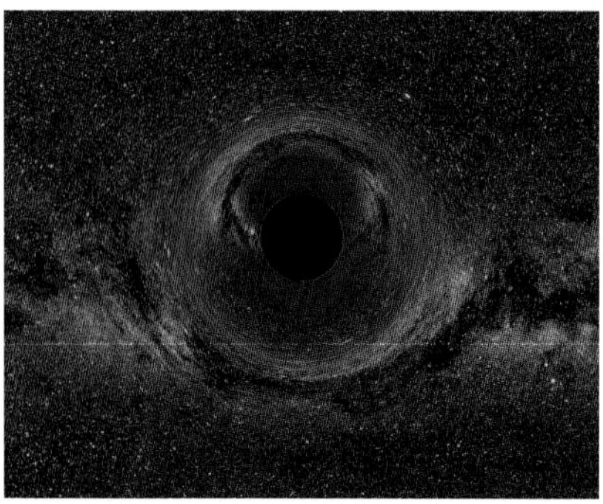

Ein Schwarzes Loch verzerrt den Hintergrund der Sterne.

Schwarze Löcher krümmen den einsteinschen Weltraum sehr stark, wegen ihrer riesigen Schwerkraft. Das Licht wird um sie herumgebogen; dadurch wird aber der Hintergrund verzerrt und man merkt, aha, da ist etwas.

Wie entstand unser Weltall aus dem Urknall?

Was wirklich haargenau am Anfang unserer Welt geschah, wissen wir nicht. Raum und Zeit jedenfalls entstanden zu gleicher Zeit in einem riesigen Knall. Ein „Vorher" gibt es nicht in der Physik des Weltalls. Rechnen können wir erst kurz nach diesem Zeitpunkt null, nach einer weniger als winzigen Zeit danach, nach 1/10 ^{43} Sekunden. So kurz nach dem Big Bang, in einem superheißen Chaos, sind Quarks, Elektronen und deren Antiteilchen entstanden. Quarks sind die Teilchen, aus denen unsere schweren Atombestandteile, Protonen und Neutronen, zusammengesetzt sind. Alle Antiteilchen sind gleich ihren Teilchen, nur haben sie die entgegengesetzte elektrische Ladung. Ein Elektron zum Beispiel ist negativ geladen, das Antiteilchen heißt Positron und ist positiv elektrisch.

Aus diesen Quarks, Elektronen und Antiteilchen entstanden nun Protonen, Neutronen und deren Antiteilchen. Noch immer sind wir nur eine zehntausendstel Sekunde vom Urknall entfernt. Antiteilchen und Teilchen vernichten sich aber gegenseitig, indem sie zu purer Energie zerstrahlen. Gott sei Dank für unsere Welt von heute: Es war anfangs

ein bisschen mehr normale Materie da. Nur dieses bisschen blieb bei dem gegenseitigen Morden übrig, ein Milliardstel etwa der ursprünglichen Materie. Aber das reichte. Dann, ganz plötzlich, einige Hunderttausend Jahre nach dem Urknall, sanken die Temperaturen auf 3.000 °C (für uns natürlich immer noch eine schöne Hitze!). Jetzt konnten die schweren Kernteilchen, wie die positiv geladenen Protonen, die langsamer gewordenen Fliegengewichte der negativen Elektronen einfangen. Es entstanden die ersten neutralen Elemente, Wasserstoff und Helium. Vorher wurde alle Strahlung des heißen Weltalls immer wieder an den elektrisch geladenen Protonen und Elektronen gestreut und konnte nicht heraus, wie in einem dick mit Zigarettenrauch gefüllten Zimmer. Das Weltall war undurchsichtig, wie unser Rauchzimmer. Auch das streut alle Strahlung, zum Beispiel der Zimmerbeleuchtung, nur hin und her.
Jetzt konnte die 3.000°-Strahlung hinausjagen, unbehelligt von Wasserstoff und Helium, dehnte sich mit dem weiter wachsenden Weltall aus und mit den entstehenden ersten Quasaren und schließlich mit den normalen Galaxien – und wurde erst im Jahr 1965 entdeckt: als Nachleuchten des Urknall-Feuerwerks, abgekühlt auf nur noch so etwa 3 °C über der absoluten Kälte von -273 °C.
Inzwischen hat man sogar herausgefunden, dass diese Strahlung nicht überall exakt die gleiche Temperatur hat. Sie schwankt ganz wenig von Ort zu Ort, je nachdem, in welche Richtung des Alls man horcht. Das heißt, es muss schon im Babyalter des Universums überall verdichtete und weniger dichte Stellen gegeben haben. Aus den verdichteten Bereichen haben sich wohl die Milchstraßen und Sterne entwickelt. Diese Entdeckung von winzigen Temperaturschwankungen im Nachleuchten des Urknalls hat 2006 einen weiteren Nobelpreis gebracht!

Antworten zu den Fragen

Frage 1

Die Erde steht dann zwischen Sonne und Mond. Versuch: Halte den Tischtennisball etwa 60 cm von der Lampe entfernt und stecke deinen Kopf als Erde dazwischen. Auch dann wird der Ball voll bestrahlt, wie unser Vollmond, falls dein Kopf nicht genau in einer Linie mit dem Ball steht – das wäre dann eine Mondfinsternis.

Frage 2

Du bist tatsächlich etwas leichter. Ein hoher Berg ist vielleicht 3 km hoch, dann bist du statt 6.371 km vom Erdmittelpunkt nun 6.374 km entfernt. Dann ist die Schwerkraft um ein zehntel Prozent kleiner, wie uns das Verhältnis $6.371^2/6.374^2$ zeigt. Statt 50 kg wiegst du also 50 g weniger. Zusätzlich macht dich die größere Fliehkraft der sich drehenden Erde in 6.374 km Höhe noch etwas leichter.

Frage 3

Wenn es sehr heiß ist, flimmert manchmal die Luft über dem Asphalt der Straße. Ferne

Berge, Häuser oder Bäume scheinen dann auch ein wenig hin und her zu flimmern.

Frage 4

Weil die Sonne dann stark gelbrot leuchtet. Folglich ist weniger Blau im Sonnenlicht. Also kann auch die blaue Blume nicht so viel Licht in unsere Augen zurückstrahlen.

Frage 5

CD-Scheiben, in das Sonnenlicht oder Lampenlicht gehalten, zeigen ebenfalls schöne Farbspektren. Hier wird das Licht aber nicht gebrochen, sondern an den winzigen Rillen der Scheibe unterschiedlich zurückgeworfen. Dabei werden einige Farben aus dem Lichtband verstärkt und andere ausgelöscht, sodass dein Auge alle möglichen Restfarben sieht.

Frage 6

Eine Oktave heißt, der Ton ist doppelt so hoch, das wären hier also 800 Schwingungen pro Sekunde. Der höchste Ton, den ein Jugendlicher hören kann, entsteht bei ungefähr 16.000 Luftschwingungen pro Sekunde.

Frage 7

Natürlich 300.000 km. In einer Sekunde würde das Licht also etwas mehr als siebenmal um den Äquator rasen.

Frage 8

Sie ist benannt nach dem portugiesischen Seefahrer Ferdinand Magellan, der als erster die Erde umsegelt hat und dabei auch den südlichen Sternenhimmel beobachtete.

Frage 9

Wega ist ein A-Stern: Die Folge der sieben dicken schwarzen Linien zeigt an, dass es dort viel Wasserstoff gibt. Bei der Sonne ist z. B. die Natriumlinie im Gelb sehr schwach – sie ist ein G-Stern.

Frage 10

Navigationssatelliten über der Erde haben schon sehr große Geschwindigkeiten von rund 10.000 km/h. Das ist zwar immer noch weit von der Lichtgeschwindigkeit entfernt, aber bei der großen Genauigkeit der GPS-Navigation müssen Effekte der Speziellen Relativitätstheorie mit einkalkuliert werden.

Frage 11

Er muss dreimal größer sein (falls deine vorige Größenschätzung vernünftig war), da er ja dreimal weiter weg ist, als du dachtest.

Frage 12

Wenn der Planet, sagen wir, wie die Erde, in einem Jahr um seine Sonne kreist, hätten sich die Zacken nach einem halben Jahr nach links, nach einem weiteren halben Jahr nach rechts verschieben müssen – je nachdem, ob er sich gerade auf uns zu- oder von uns wegbewegt.

Frage 13

Entscheidend ist, wie viel Spiegelfläche Licht sammeln kann. Ein 8,2-Meter-Spiegel hat eine Fläche von $3{,}14 \cdot {}^1/_2 \cdot 8{,}2 \cdot {}^1/_2 \cdot 8{,}2\ m^2$. Das sind etwa 53 m^2. Vier Spiegel haben also rund 212 m^2. Das entspricht einem einzigen Spiegel mit 16,4 m Durchmesser, da $3{,}14 \cdot {}^1/_2 \cdot 16{,}4 \cdot {}^1/_2 \cdot 16{,}4 = 212$.

Frage 14

Deneb wäre etwa 2.600-mal heller! Das klingt unglaublich. Er scheint zwar zwölfmal lichtschwächer zu sein, ist aber rund 178-mal weiter weg von uns. Wenn wir ihn näher und näher heranholen, erscheint er uns immer heller und zwar quadratisch mit der immer kürzeren Entfernung zu uns. Schließlich wird er, so nahe wie Sirius, 178 • 178 mal heller geworden sein. Zwölfmal war er vorher schwächer. Das ergibt 178 • 178 : 12 = etwas mehr als 2.600. Wie viel mal heller wäre dann wohl Beteigeuze?

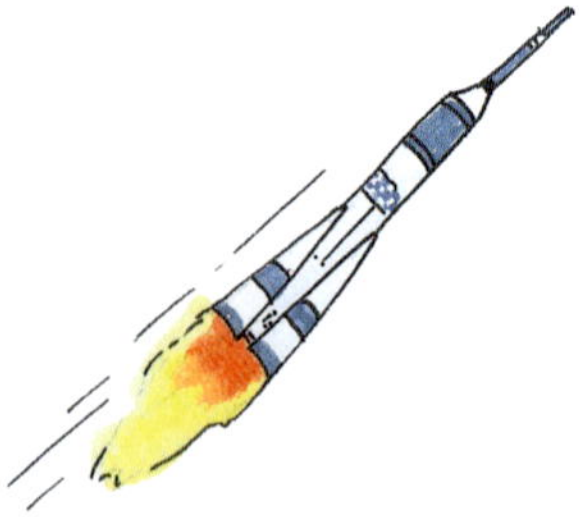

1971

Jürgen Teichmann,
geboren 1941, hat mehr als 30 Jahre lang den Bereich »Bildung und Fortbildung« im Deutschen Museum in München – insbesondere zum Thema Physik – betreut. Auch die große Ausstellung »Astronomie/Astrophysik« ist unter seiner Federführung entstanden. Jetzt widmet er sich vor allem historischen und fachphysikalischen Sachbüchern. Außerdem ist er Professor an der Ludwig-Maximilians-Universität in München.
Sein Jugendsachbuch »Das unendliche Reich der Sterne« (Arena) stand auf der Auswahlliste des Deutschen Jugendliteraturpreises.

Thilo Krapp
wurde 1975 in Herdecke geboren und wuchs in Hagen auf. Schon seit der frühesten Kindheit zeichnet er vor allem Enten, Katzen und alles sonstige Getier.
Thilo Krapp studierte bei Wolf Erlbruch in Wuppertal und lebt und arbeitet als freischaffender Illustrator für verschiedene Verlage in Berlin - mit Katze.

Jürgen Teichmann

Mit Einstein im Fahrstuhl

Physik genial erklärt

In Zusammenarbeit mit dem
Deutschen Museum

impian

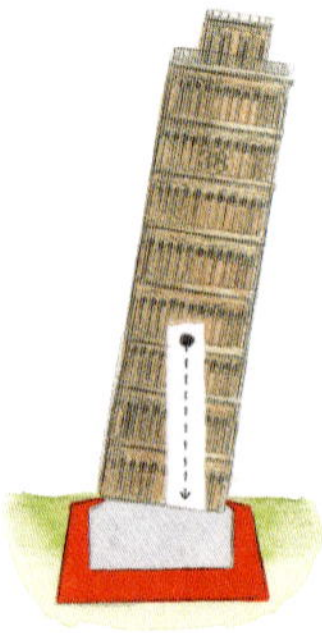

Inhalt

Einleitung

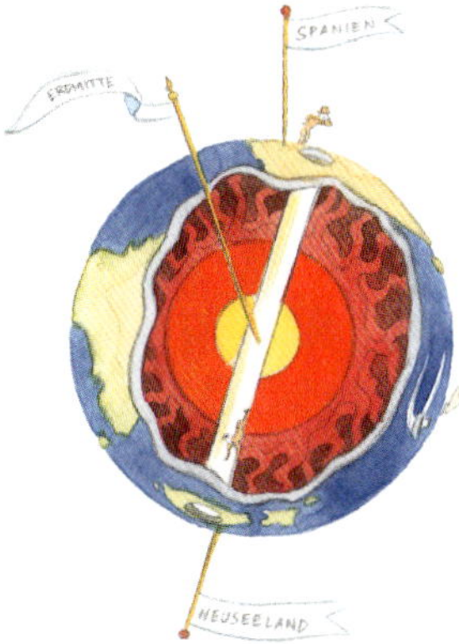

Kann man eigentlich auch mit Gedanken experimentieren? Oh ja, oft sehr genial sogar. Du brauchst nur deine Fantasie und kombinierst sie mit scharfem Nachdenken. Schon kannst du spannende Dinge konstruieren: einen Fahrstuhl im Weltall zum Beispiel, so wie Albert Einstein. Oder einen fantastischen Traumtunnel durch die gesamte Erde.

Aber »richtiges« Experimentieren ist handfester. Denn man glaubt eher an etwas, wenn man es sieht. Auch in der Physik ist das natürlich so. Wenn du einen Modellturm umkippen siehst oder eine Holzkugel und eine Flaumfeder gleichzeitig fallen lässt, hast du das Ergebnis direkt vor Augen. Und daraus kannst du dir natürlich vieles selbst ableiten. Oft geht aber einem praktischen Experiment ein Gedankenexperiment voraus. Und im Idealfall kannst du dein Gedankenexperiment dann mit dem praktischen Experiment beweisen – oder auch umgekehrt.

Gedankenexperimente und handfeste Experimente, beide sind also wichtig in der Physik. Beide findest du in diesem Buch für den Bereich der Mechanik. Damit dein Kopf beim Lesen so richtig heiß wird, haben wir eine Menge Fragen eingebaut. Die Antworten findest du am Ende des Buches. Aber nicht gleich spicken! Die allermeisten findest du sicher ganz alleine heraus.

Und wenn du noch mehr wissen willst – am Ende findest du auch ein »Glossar«, da wird unsere Traumtunnelphysik nach allen Seiten gedreht und gewendet. Danach bist du klüger als Archimedes und, wer weiß, vielleicht schon 1/4 Einstein.

München im Oktober 2021 *Prof. Jürgen Teichmann*

1. Vom Umfallen und Hinfallen

Auf der Kippe

Warum fällt der Schiefe Turm von Pisa nicht einfach um, sondern bleibt so schief stehen – und das schon seit Jahrhunderten? Warum kippt eigentlich ein riesig hoher Fernsehturm nicht um? Nun gut, er steht nicht schief, aber bei wildem Sturm kann seine Spitze einige Meter nach links und rechts schwanken. Versuche mal, ein Streichholz senkrecht auf den Tisch zu stellen. Selbst wenn das eine Ende schön glatt geschliffen wird – beim leisesten Atemhauch fällt es um.

Freilich, der Schiefe Turm von Pisa oder der Fernsehturm stehen nicht einfach auf dem Tisch wie das Streichholz, sondern sind in die Erde gemauert. Da ist aber noch eine besondere Sache; die wollen wir gleich untersuchen.

Wann kippt also etwas um, das einfach frei dasteht? Wenn es besonders dünn ist! Dünn an welcher Stelle? Unten natürlich! Wenn es dagegen unten dick und oben dünn ist, steht es gerade besonders gut: Die Pyramiden in Ägypten sind das beste Beispiel, die stehen dort seit mehr als 3.000 Jahren. Aber »unten besonders dünn« ist keine ausreichende Antwort für das Umfallen: Wie dünn denn? Unten dreimal so dünn wie lang? Zehnmal so dünn wie lang?

Der Schwerpunkt

Es gilt: Sobald der Schwerpunkt eines Klotzes, eines Turmes oder sonst eines Bauwerks über die Kippkante wandert, fällt er um. Was ist ein Schwerpunkt? Wenn man in den Schwerpunkt hineinkriechen und gemütlich herumschauen könnte, würden der Klotz oder Turm nach jeder Seite und der dazu entgegengesetzten Seite immer gleich schwer sein.

Im Museum

Im Deutschen Museum in der Ausstellung »Physik« gibt es zwei ausgehöhlte Klötze. Beide kann man langsam kippen. Natürlich fällt der längere eher um. Beide Klötze sind auf eine bestimmte Weise ausgehöhlt. An einem Haken im Inneren sieht man eine kleine Kette baumeln. Aufgehängt ist die Kette im sogenannten Schwerpunkt des Klotzes. Während du den Klotz kippst, kippt die Kette nicht mit, sie bleibt so wie sie war, immer senkrecht nach unten baumelnd. Und dann passiert es: Wenn sie ein ganz winziges bisschen über die Kippkante des Klotzes zeigt, fällt er von selbst um! Diese Kette zeigt dir genau an, in welche Richtung die Schwerkraft der Erde den Klotz herunterziehen will: Zeigt die Kette minimal nach rechts über die Kippkante, fällt der Klotz nach rechts; zeigt sie ein ganz klein wenig nach links über die Kante, so wenig, dass man es mit dem bloßen Augen nicht erkennen kann, fällt der Klotz auch schon nach links.

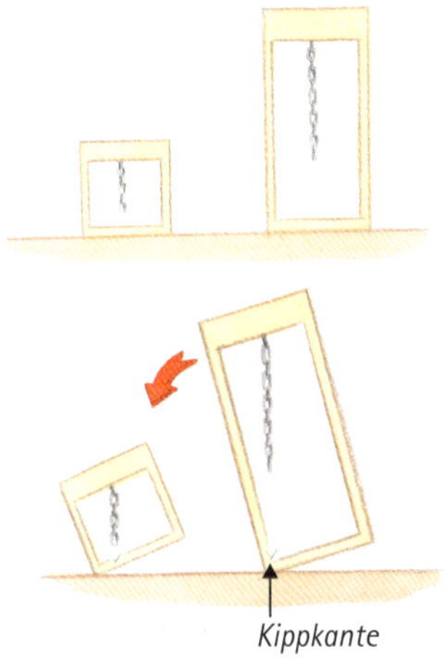

Solch eine Prüfkette nennt man übrigens auch: ein Lot.

Bei unserem mageren, teilweise ausgehöhlten Klotz im Museum muss man allerdings vom Schwerpunkt aus nach unten sehr viel weiter schauen, bis man seinen Boden entdeckt, als wenn man nach oben durch die dicke Metallschicht zu seiner Decke späht (das geht natürlich nicht, wir müssen es uns denken). Deshalb ist der Schwerpunkt weiter oben.

Zum Tüfteln 1

Wo findet man den Schwerpunkt einer vollen Kugel, zum Beispiel einer Murmel? Natürlich im ....! Denn von dort aus ist es gleich weit und deshalb auch »gleich schwer« zu jedem Teil der Oberfläche.
Noch einfacher ist das bei einem Stück rechteckigen Pappkarton – das ist sozusagen ein flach zusammengequetschter Klotz. Wo ist da der Schwerpunkt?

Zum Ausprobieren
Dieses Experiment kannst du ganz leicht zu Hause machen: Versuche zuerst, mit dem stumpfen flachen Ende eines Bleistifts das Stück Pappe zu balancieren. Wenn es auf dem Bleistiftende liegen bleibt, dann ist es, von dort aus gesehen, nach allen Seiten gleich schwer. Keine Seite kann nach unten kippen, sie wird durch die andere ausbalanciert. Der Schwerpunkt ist also genau der Mittelpunkt des Pappstückes.

Mit der Bleistiftspitze musst du schon viel genauer suchen, um den Schwerpunkt zu finden, mit einer Nadelspitze noch exakter. Jetzt ist es wirklich ein Punkt, auf dem das Pappstück balanciert. Deshalb spricht man also vom Schwerpunkt. Du kannst ihn übrigens auf deinem Pappkarton ganz leicht finden: Zeichne zwei Bleistiftlinien diagonal von Ecke zu Ecke – schon hast du ihn, als Schnittpunkt der beiden Linien.
Haben wir nicht so einfache Dinge wie flache Pappstücke und regelmäßige Klötze, wird es schon komplizierter mit dem Schwerpunkt. Wenn du etwa auf eine Ecke deines Pappkartons ein kleines Stück Pappe dazuklebst, musst du mit dem Bleistift schon ganz anders balancieren.

Wo wird der Schwerpunkt wohl bei einem Rennwagen liegen? Ganz schön weit unten sicher, nicht so hoch wie bei unserem Klotz, deshalb ist ja ein Rennwagen so flach.
Versuche mal, ein eigenes Rennwagenmodell oder das im Deutschen Museum umzukippen. Bis hier der Schwerpunkt genau über eine Kante gerät, sagen wir die Kippkante der rechten zwei Räder, steht das Modell schon enorm schräg. Aber es kippt immer noch nicht um.

Was kippt eher? Rennwagen, Postkutsche oder Tischlampe?

Noch kippt der moderne Rennwagen nicht um.

Der Schwerpunkt ist zu hoch, die Kutsche fällt um.

Und wie ist es bei einer alten Postkutsche mit hohen Rädern? Da liegt der Schwerpunkt gefährlich hoch – weil viel Gewicht nach oben gepackt ist (und vielleicht auch noch die Koffer der Passagiere auf dem Dach sind!). Die Kutsche kann schnell umkippen, wenn die Pferde durchgehen.

Wie ist das nun aber bei einer Tischlampe mit schwerem Fuß? Sie ist höher als der Rennwagen und das Postkutschenmodell im Deutschen Museum und fällt trotzdem viel weniger leicht um. Warum wohl? Wenn wir kurz vor dem Umkippen unsere Hängekette – ausgehend vom Kipppunkt – von unten nach oben zeichnen, muss der Schwerpunkt nahe am Fuß der Lampe liegen.

Also muss der Standfuß unten etwa so schwer sein wie die ganze Lampe darüber, damit der Schwerpunkt schön weit unten liegt. Genau das ist der Trick, der jede Zimmerlampe gut stehen lässt! Der Standfuß unten muss schwer genug sein, aus Eisen zum Beispiel, um die ganze Lampe auszubalancieren, damit sie nicht beim Dagegen-Rempeln sofort umfällt. Bei Bücherregalen soll man ja auch die schwersten Bücher nach unten stellen und nicht nach oben. Und wie packt man am besten einen Trolley-Koffer, den man auf Rollen hinter sich herzieht?

Schwere Bücher nach unten packen! Dann liegt der Schwerpunkt tief.

Natürlich die schwersten Dinge, zum Beispiel Bücher, nach unten; am besten genau über die Räder – und Unterhosen, Hemden, Socken, Badesachen nach oben. Sind die Bücher oben hineingepackt, ziehen sie den Koffer stark nach unten. Man muss angestrengt Schultern und Arme hochreißen, während man zieht.

Jetzt ist es wohl auch halbwegs klar, warum der Schiefe Turm von Pisa nicht umfällt! Sein Schwerpunkt – malen wir uns eine »Museumsversuchskette« hinein – ist noch lange nicht über die Kippkante gewandert. Gott sei Dank! Und außerdem hat man in den letzten Jahren die Fundamente im Boden verstärkt, sozusagen die Standfläche ganz gewaltig verdickt.

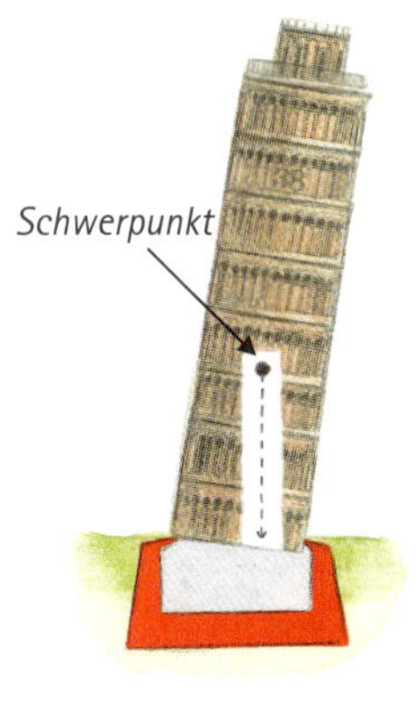

Und beim Fernsehturm? Da hat man wie bei der Tischlampe, nur unter der Erde, ein ganz dickes Gegengewicht anbetoniert. Auch unsere Tischlampe kann stark hin und her wackeln, wenn wir dagegen stoßen. Kippen tut sie noch lange nicht.

Balance auf dem Fahrrad

Warum fallen wir beim Fahrradfahren nicht um? Mit schmalen Reifen und allem Gewicht – auch noch unserem eigenen – ganz weit oben! Da hängt doch der Schwerpunkt ebenfalls irrsinnig hoch! Weil wir ständig mit unserem Körper und mit kleinen Lenkbewegungen dagegen balancieren. Das tun wir ganz unbewusst. Wir müssen es allerdings erst mühselig lernen. Wer es nicht gelernt hat, fällt sofort um. Und ganz schwer ist es beim fast stehenden Fahrrad oder sogar bei einem Einrad – da beginnt schon die Artistik.

Balance auf dem Hochseil

Auch Artisten im Zirkus benutzen manchmal den Trick: Sie legen den Schwerpunkt möglichst weit nach unten.

Hast du schon einmal Seiltänzer mit nach unten gebogenen Stangen in der Hand gesehen? Ihr Schwerpunkt liegt mit Stangen tiefer als ohne. Das ist also ein nützlicher Trick, obwohl es mit Stangen eher noch gefährlicher aussieht. Könnte man sich einen Seiltänzer vorstellen, der eine nach oben gekrümmte Stange hält? Ich habe noch keinen gesehen. Denkbar wäre das natürlich schon, aber ein sehr gefährliches Spiel – sehr labil. Seiltänzer mit Stangen balancieren im *labilen* Gleichgewicht, so nennt man das – immer dann, wenn der Schwerpunkt über dem Kipppunkt liegt. Auch beim Fahrradfahren sind wir immer im labilen Gleichgewicht. Und unser Motorradfahrer auf dem Seil, der gar nicht kippen kann? Der fährt im *stabilen* Gleichgewicht. Immer wenn etwas unabänderlich in seine Aus-

Im Museum

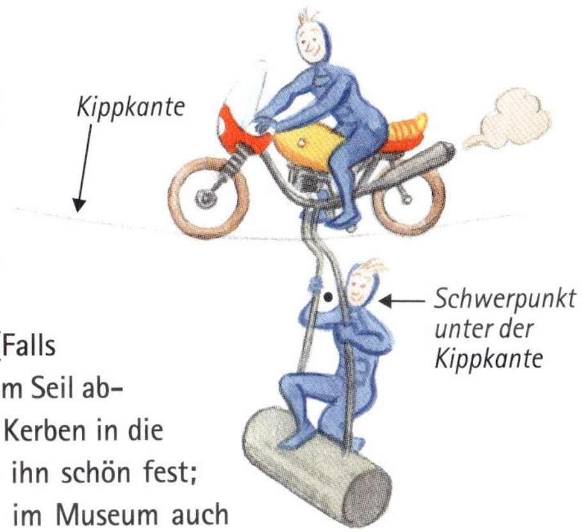

Wie ist das zum Beispiel mit einem Motorradfahrer auf einem Drahtseil plus daran hängendem Seilkünstler? Das sieht besonders gefährlich aus. Er fällt nicht herunter, auch wenn er auf dem Seil stehen bleibt! Der kann gar nicht umkippen! (Falls er mit seinen Reifen nicht vom Seil abrutscht. Am besten sollte er Kerben in die Räder schneiden, die halten ihn schön fest; das haben wir beim Modell im Museum auch getan.) Der Schwerpunkt liegt nämlich unter dem Seil, das Seil ist hier die »Kippkante«. Und Kippen geht nur, wenn der Schwerpunkt über der Kippkante steht. Wenn der Motorradfahrer anfängt zu wackeln, wird der Schwerpunkt unter dem Seil ja sofort ein Stück gehoben – zusammen mit dem angehängten Seilkünstler. Das mögen beide aber gar nicht und richten deshalb den Motorradfahrer ruckdizuck wieder auf.

gangsstellung zurückgelangt, ganz gleich wie stark wir es kippen, dann ist es im stabilen Gleichgewicht, weil eben sein Schwerpunkt unter dem Kipppunkt liegt.

Wenn du ab und zu Seiltänzer spielst und auf einem Zaun oder einer schmalen Mauer entlangbalancierst, heißt das: labiles Gleichgewicht. Dein Schwerpunkt kann beim leichtesten Fehltritt nur tiefer fallen. Und er versucht es garantiert! Alles verstanden? Dann kommt gleich mal eine Aufgabe, zuerst eine leichte.

Zum Tüfteln 2

Bau dir doch einen ganz standfesten Seilturner. Du bastelst dir einfach einen Pappkasper wie auf diesem Bild. Dann klebst du ein Centstück an jedes Bein, spannst eine Schnur und setzt ihn darüber. Der Kasper bleibt felsenfest auf seinem Seil sitzen.

Wo ist wohl sein Schwerpunkt? Zeichne ihn mal in dieses Bild ein. *(Du kannst deine Zeichnung anhand der Auflösungen am Ende des Buchs überprüfen.)*

Man kann also sagen: Der Schwerpunkt versucht, beim Kippen immer möglichst tief zu fallen! Dort bleibt er und ist stabil wie sonst was. Deshalb fallen Klotz, Postkutsche, Fahrradfahrer bis auf den Boden herunter. Tiefer geht es nicht mehr. Und bei unserem Pappkasper gilt: Der Schwerpunkt liegt ja schon so weit unten wie möglich, nämlich unter dem Seil.

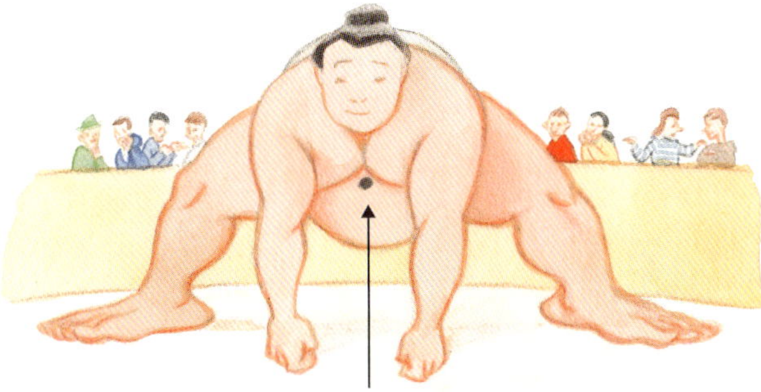

Schwerpunkt

Je größer der Bauch, desto tiefer hängt der Schwerpunkt.

Wie standfest sind Sumo-Ringer?

Wo liegt eigentlich der Schwerpunkt des Menschen? Das hängt natürlich davon ab, ob man sehr dick ist (dann vielleicht unter dem Bauchnabel) oder ob man athletische Brust- und Schultermuskeln hat (dann etwas höher). Sumo-Ringer aus Japan mit hängendem Bauch und kurzen Beinen sind natürlich sehr standfest. Das ist wichtig für sie! Dann kann sie der Gegner nicht so leicht umwerfen. Besser wäre es noch, sie hätten breite und schwere Plattfüße, wie unsere Stehlampe.

Zum Tüfteln 3 und 4

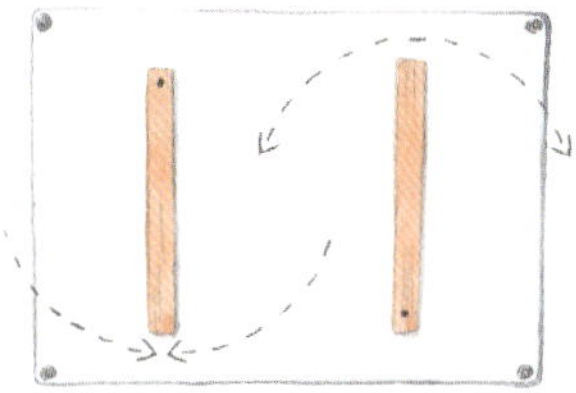

Wir haben zwei Stäbe. Der linke wird oben und der rechte unten leicht drehbar aufgehängt. Was ist das beim linken Stab für ein Gleichgewicht und was beim rechten?

Und nun eine schwere Tüftelei:
Was ist das wohl für ein Gleichgewicht?

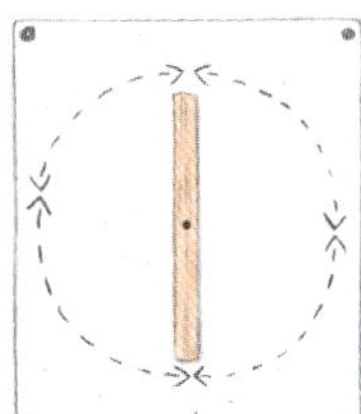

Rasanter Fall durch die Erdkugel

Jetzt kommt mal ein ganz dummer, aber spannender Gedanke: Wenn der Boden nicht da wäre, würden doch Klotz, Postkutsche und Sumo-Ringer noch tiefer fallen; wie tief eigentlich? Nehmen wir an, beim Balancieren auf einer Mauer fällst du in einen Schacht, den Arbeiter gerade ausgehoben haben. Die Schwerkraft der Erde zieht dich darin immer tiefer herunter, immer schneller – na, bis zum Schachtende natürlich. Dort würdest du aufprallen und dir alle Knochen brechen. Wenn aber der Schacht kein Ende nähme, sondern bis zum Mittelpunkt der Erde ginge und weiter, bis er auf der anderen Seite der Erdkugel, sagen wir in Neuseeland, herauskäme? (Mit Neuseeland klappt es nur, wenn du von Spa-

Traumtunnel durch die Erde

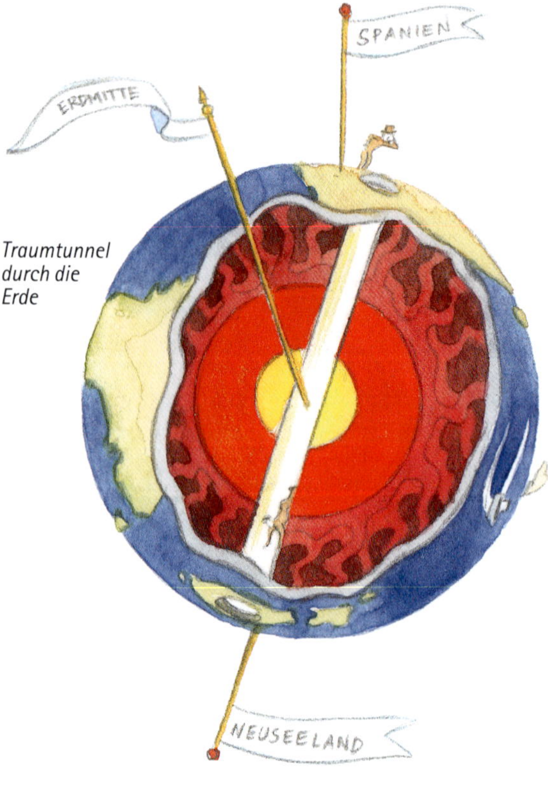

nien aus durch die Erde fällst – diese zwei Länder liegen sich auf der Erdkugel so ziemlich genau gegenüber.) Wie weit würdest du fallen? Also erst bis zum Mittelpunkt der Erde. Dort ist der Schwerpunkt – so ungefähr – der gesamten kugeligen Erde, dort wird alles hingezogen.

Blitzreise nach Neuseeland und sonst wohin

Aber wenn du im Schwerpunkt angekommen bist beim Fallen (und nicht durch glühend heiße Lava im Erdinneren verbrüht oder verdampft wärst, und wenn wir uns auch noch die bremsende Luft wegdenken), dann hast du so viel irrsinnigen Schwung gewonnen, dass du gar nicht anhalten kannst. Du fällst weiter durch den Schacht bis auf die andere Seite der Erde. Dabei wirst du aber wieder langsamer, immer langsamer, weil dich der Schwerpunkt der Erde zurückziehen will. Ganz langsam kommst du schließlich in Neuseeland am Schachtende heraus; genauso langsam, wie du zunächst von der Mauer in Spanien gefallen bist. Da würde den Neuseeländern der Mund offen stehen. Du hast aber keine Zeit, eine Kiwifrucht oder sonst etwas zu packen. Wenn dir nicht ein geistesgegenwärtiger Insulaner schnell ein Halteseil zuwirft, verschwindest du wieder im Loch, wie an einem unsichtbaren Gummiband zurückgezogen. Du rast zurück zum Mittelpunkt der Erde und weiter – immer langsamer – bis zu deiner Mauer, wirst dort wieder in den Schacht gezogen und so geht das in einem fort. Das wäre ein tolles Bungee-Vergnügen ohne jedes Bungeeseil.

Aber erstens: Die Luft bremst dich. Und zweitens: Die Erde ist im Inneren glühend heiß. Drittens und außerdem: Einen solchen Schacht bis Neuseeland gibt es nicht, er müsste ja über 12.000 Kilometer lang sein – so dick wie die Erde. Und die tiefsten Bohrungen, die wir Menschen uns bisher geleistet haben, sind nur Pikser auf der Erdoberfläche, so einige Kilometer. Wenn dieses erstens, zweitens, drittens nicht wäre, könnte man in der Tat eine Weltreise nach Neuseeland in fantastisch kurzer Zeit machen. In einem knappen Dreiviertelstündchen kämst du ans andere Ende der Welt. Aber möglicherweise willst du gar nicht nach Neuseeland, sondern vielleicht nach Brasilien in den Regenwald. Bitte schön, dann bohren wir einen Traumtunnel von hier nach Brasilien – so halb quer durch die Erde. Und höre und staune, auch hier würdest du in einem knappen Dreiviertelstündchen, dieses Mal nicht durchfallen sondern durchrutschen, obwohl doch die Strecke viel kürzer ist. Allerdings müssen wir – viertens – annehmen: Diese Tunnelrutsche soll nicht nur luftleer sein, sondern darf dich auch sonst überhaupt nicht bremsen. Übrigens würdest du auch in unserem Tunnel nach Neuseeland gegen die Wände stoßen. Dagegen kannst du dich gar nicht wehren. Mehr dazu findest du im Glossar. Ganz egal jedenfalls, wohin wir den Traumtunnel buddeln, es dauert dann immer eine knappe Dreiviertelstunde – ohne bremsende Luft, ohne glühende Lava natürlich. Seltsam, nicht wahr? Im Glossar erfährst du Genaueres darüber. Hier nur so viel zur Erklärung: Weil du bei einer Tunnelrutschbahn quer durch die Erde nicht bis zum Erdmittelpunkt fällst, wirst Du auch nicht so schnell; das gleicht sich gerade mit der kürzeren Strecke aus.

2. Mit Archimedes mal richtig angeben

Wie wippt man richtig?

»Gib mir einen Punkt im All und ich hebe die Erde aus den Angeln.« Das soll der Philosoph, Mathematiker und Physiker Archimedes vor weit über 2.000 Jahren ausgerufen haben, als er das Hebelgesetz entdeckt hatte. Das Hebelgesetz ist eigentlich nichts Großartiges. Jedes Kind, das schon einmal auf einer Wippe geschaukelt hat, weiß, wo ein dicker Freund auf der anderen Seite sitzen muss, damit man ihn überhaupt in die Luft stemmen kann.
Aber Archimedes hat immerhin herausgefunden, wie man das genau berechnen kann! Wie weit entfernt muss der schwerere Freund sitzen? Die Lösung von Archimedes lautet: Wenn der Freund doppelt so schwer ist wie du, dann muss er halb so weit weg von der Mitte (also vom Drehpunkt) der Wippe sitzen.

Zum Tüfteln 5

Wenn du nur ein Drittel so viel wie der Freund wiegst, dann muss er .... so nah an der Wippenmitte sitzen.

Sobald das Verhältnis exakt stimmt, geht das Hin- und Herwippen übrigens besonders leicht: Wippenhälfte links und Wippenhälfte rechts sind dann im Gleichgewicht.

Zum Tüfteln 6

In welchem Gleichgewicht eigentlich?
Da hatten wir doch schon ein Beispiel bei der schweren Tüftelaufgabe auf Seite 17!

Das ist also das ganze Hebelgesetz. Es gilt immer und überall, in der gesamten Natur und Technik – ein eisernes Gesetz, sozusagen ein Naturgesetz. Im Gegensatz zu menschlichen Gesetzen kann es niemand umgehen.
Archimedes soll sich nun eine riesige Wippe im Weltall vorgestellt haben, so groß, dass er, auf der einen Seite sitzend, die ganze Erde auf der anderen Seite hochheben konnte. Das meinte er vielleicht mit dem Ausspruch »die ganze Welt aus den Angeln heben«. Mit seinem Hebelgesetz können wir nun ausrechnen, wie weit entfernt er auf dieser Wippe Platz nehmen muss, damit das mit »der Erde hochheben« klappt.

Die Archimedes-Wippe

Nehmen wir an, Archimedes bringt 60 kg auf die Wippe – als begeisterter Wissenschaftler nahm er sich wenig Zeit zum Essen und die Leute waren damals viel kleiner als heute. Die Erde dagegen wiegt sechs Billionen Billionen Kilogramm; das ist in Zahlen:

6.000.000.000.000.000.000.000.000

24 Nullen hinter der 6, unvorstellbar schwer! Sie ist also 100 Milliarden Billionen – das ist eine 1 mit 23 Nullen – mal schwerer als Archimedes. (Mit Kilogramm bezeichnet der Physiker eigentlich die Masse und nicht das Gewicht, aber wir lassen das mal dabei und erklären es im Glossar korrekt.) Wie weit entfernt müsste also Archimedes auf seiner Fantasiewippe sitzen? Das hängt natürlich davon ab, wo die Erde auf dieser unmöglichen Wippe Platz findet. Nehmen wir an, wir könnten sie ganz dicht an die Mitte setzen, sagen wir nur 10 km davon entfernt. Das ist eigentlich Unsinn, denn die Erde ist selbst über 12.000 km dick. Aber unser ganzer Gedankenversuch ist ja ohnehin recht absurd und Archimedes hat uns wohlweislich nichts Genaues darüber hinterlassen. Kalkulieren wir jetzt trotzdem ganz einfach mit seinem Hebelgesetz: Archimedes müsste 10 km

mal 1 mit 23 Nullen entfernt sitzen. Das ist mehr als der Durchmesser des gesamten Weltalls, so wie wir es heute kennen!! Und zur Zeit von Archimedes stellte man sich das Weltall noch viel kleiner vor! Das Ganze ginge also sowieso nicht; mehr als das gesamte Weltall gibt es nicht.

Wenn der große Physiker so etwas überhaupt gesagt hat, war es wohl eher im Glücksrausch als nach einer nüchternen Rechnung – so wie wir an einem besonders glücklichen Tag ausrufen: Heute könnte ich mir die ganze Welt kaufen!

Diese Wippe ist übrigens noch ein zweites Mal unmöglich: Wenn Archimedes irrsinnig weit weg von der Erde im Weltall sitzt, wird er ja gar nicht mehr von der Erde angezogen. Er wiegt also auch nichts. Und die Erde auf ihrer Bahn um die Sonne ist auch schwerelos. Da kann also überhaupt nichts wippen.

Im Museum

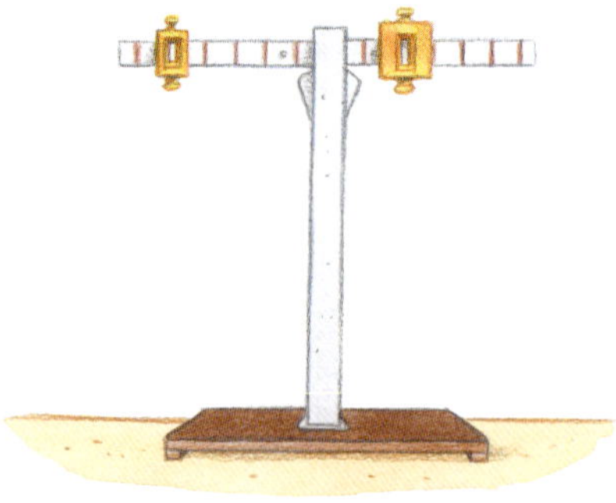

Im Deutschen Museum kannst du mit einer kleinen Wippe »Archimedes« spielen. Verschiebe einfach die Gewichte auf der einen und auf der anderen Seite. Du kannst dir einfach vorstellen, das größere wäre die Erde und das kleinere wärest du.

Eine Wippe nennt man einen zweiseitigen Hebel – weil links und rechts vom Drehpunkt Hebelarme sind, ein Lastarm und ein Kraftarm. Das Hebelgesetz lautet nun:

Grundprinzip der Wippe
Gewicht mal Lastarm auf der einen Seite = Kraft mal Kraftarm auf der anderen Seite

Immer wenn der Kraftarm viel länger ist, kann man ein Gewicht auf der anderen Seite leichter hochheben. Dreimal länger heißt dreimal leichter.
Archimedes hat das also mathematisch berechnet, aber die Menschen haben das schon lange vor ihm genutzt. Der hölzerne Hebel ist vielleicht sogar das erste Werkzeug gewesen, dass die Vormenschen vor Hunderttausenden von Jahren benutzten – noch vor dem Faustkeil der Steinzeit –, so etwa wie wir heute ein Brecheisen einsetzen: Mit einem langen eisernen Stab kann ein schwerer Block, zum Beispiel eine Maschine, ein Stück hochgehoben werden, wenn man den Stab unter die Maschine schiebt und dieser Stab z. B. ein geschickt gekrümmtes Ende hat.

Ein langer Hebel spart Kraft.

Wo überall gibt es Hebel?

Unser Trolley-Koffer ist übrigens auch ein Hebel. Weil von den Rollen nur ein Hebelarm ausgeht, nennt man ihn einen einseitigen Hebel. Die gesamte Last (die wir uns im Schwerpunkt des Koffers zusammengedrückt vorstellen können) und deine Hand, die den Koffer hochstemmen muss, wirken auf einer Seite vom Drehpunkt. Der Drehpunkt liegt natürlich bei den Rollen auf der Erde. Wenn du achtmal so entfernt davon greifst, wie der Schwerpunkt vom Drehpunkt entfernt ist, musst du auch nur ein Achtel des Koffergewichts hochdrücken.

Ein Schubkarren ist auch ein einseitiger Hebel. Das heißt: Du musst ihn möglichst weit außen an den Holmen anpacken. Wie soll man aber die Steine in diesen Schubkarren schichten, damit er möglichst leicht zu heben und zu fahren ist? Natürlich klar: Du musst möglichst gleich viele und gleich schwere Steine vor der Radachse und hinter der Radachse lagern. Dann ist der Schubkarren fast wie eine Wippe im Gleichgewicht und fährt, wenn du ihn einmal angestoßen hast, fast von alleine.

Zum Tüfteln 7

Ein Hebel-Bilderquiz:
Sieh dir die Abbildung genau an. Was sind Hebel und was sind keine?
Tipp: Bei einem Hebel muss es immer einen Drehpunkt geben und er soll Kraft sparen oder Kräfte ausbalancieren.

Ganz wichtig ist das Hebelgesetz bei großen Kränen. Da hängt an einem langen Kranausleger eine schwere Tonne mit flüssigem Beton gefüllt, die hochgezogen werden muss. Warum fällt der Kran nicht um? Auf der anderen Seite des Krangerüstes hat man, unten am Kranfuß, viele Steine auf einer Plattform zusammengepackt, die unserer Betontonne das Gleichgewicht halten.

Zum Tüfteln 8

Wenn der Kranausleger zehnmal so lang ist, wie diese Steinplattform und unsere Betontonne 200 Kilo wiegt – wie schwer müssen alle Steine auf der Plattform zusammen sein, damit der Kran gerade nicht umfällt?
Das Gegengewicht ist ganz schön schwer! Zur Sicherheit müssen es übrigens noch viel mehr Steine sein als in unserer Tüftelaufgabe. Der Kran soll ja auf keinen Fall hin und her schaukeln.

Arme und Beine des Menschen oder der Unterkiefer sind auch Hebel, die wir mit Muskelkraft geschickt bewegen, sodass Last mal Lastarm möglichst klein bleiben. Versuche mal, ein schweres Gewicht, etwa drei dicke Bücher, mit gestreckten Armen hochzuheben. Das geht viel schwerer, als es dicht am Körper hochzuziehen. Auch Gewichtheber stemmen ihre Last dicht am Körper nach oben.

Geschichte und Legende: Mord und Todschlag in Syrakus

Der Physikstar Archimedes lebte in Syrakus auf Sizilien. Das war damals die Hauptstadt eines kleinen, aber reichen und mächtigen Staates. Griechen, die aus Griechenland ausgewandert waren, hatten ihn dort gegründet. Ganz Sizilien war damals von Griechen bewohnt –

eigentlich der gesamte Mittelmeerraum. Aber der Stern dieser vielen griechischen Kleinstaaten war im Sinken. Das bis dahin noch nicht so mächtige Römische Reich begann, sich zu dehnen und zu strecken, und verschluckte ein Gebiet nach dem anderen. Und just zur Lebenszeit von Archimedes, etwas mehr als 200 Jahre vor Christi Geburt, war auch Syrakus dran. Die römischen Soldaten belagerten die Stadt und all die raffinierten Bollwerke und Verteidigungswaffen, die übrigens vorwiegend Archimedes entwickelt hatte, halfen nichts. Und was harmlos klingt, war dennoch fürchterlich grausam: Die Stadt wurde kurz und klein geschlagen. Eigentlich hätte Archimedes überleben sollen; der römische Feldherr Marcellus hatte strikte Anweisung gegeben, ihn zu schonen. Solch einen genialen Wissenschaftler und Ingenieur konnte auch Rom gut gebrauchen. Aber als die Soldaten in der Stadt wüteten, fragten sie nicht nach Namen. Sie sahen nur einen – scheinbar – tumben alten Mann, der vor seinem Haus mit einem Stock im Sand zeichnete.

Archimedes und der römische Soldat

Keiner schaute lange hin, was da gezeichnet wurde. Physik und Mathematik sind für beutegierige und mordlüsterne Soldaten sowieso uninteressant. Archimedes soll noch gerufen haben: »Stört mir meine Kreise nicht!« Da wurde er schon erschlagen.

Das archimedische Prinzip und die Königskrone

In seinen Glanzzeiten aber soll Archimedes den König von Syrakus vor einem Riesenbetrug bewahrt haben. Als der eine neue Krone haben wollte, gab er seinem Goldschmied einen großen Klumpen Gold. Nach einer Weile erhielt der König auch seine Krone, wunderschön fein geschmiedet. Sie wog genauso viel wie der Goldklumpen. Alles schien in Ordnung. Aber wie, meinten misstrauische Minister des Königs, können wir wissen, ob der Goldschmied nicht etwas von dem puren Gold für sich behalten hat und dafür irgendein billigeres, leichtes Metall hineingeschmuggelt hat, allerdings etwas mehr, sodass das Gewicht der Krone sich nicht veränderte? Archimedes wusste eine Antwort: »Hängt die Krone und einen Goldklumpen gleichen Gewichts an je eine Seite einer Waage (an eine Wippe also!) – dann bleiben sie natürlich im Gleichgewicht. Jetzt taucht aber beide Waagschalen in Wasser. Wenn die Krone nicht aus purem Gold ist, wird sie im Wasser stärker gehoben als der Goldklumpen.«
Das nennen wir Auftrieb – alles ist im Wasser ein Stück leichter als in der Luft. Auch du bist beim Schwimmen ein ganzes Stück leichter. Warum? Das Wasser, das dein Körper verdrängt, hebt dich ein Stück an. Warum aber wird die falsche Krone auf der Waagschale im Wasser stärker gehoben als der echte Goldklumpen? Weil das Material der Krone, zusammengesetzt aus Gold und »Schwindelmetall«, dann insgesamt etwas dicker ist – mehr Volumen einnimmt, sagt man – als der pure Goldklumpen und deshalb etwas mehr Wasser verdrängt als

Im Museum

Na, ob die Geschichte stimmt oder nicht, wir haben jedenfalls im Museum das Experiment genau nachgestellt. Jeder darf es ausprobieren. (Ich darf aber verraten, dass das Gold nicht echt ist, sonst würde vielleicht noch ein Dieb bei uns einbrechen.)

der reine Goldklumpen. Das ist das archimedische Prinzip. Und das Ende der Geschichte: Die Krone war im Wasser tatsächlich leichter; der Goldschmied wurde geköpft.

3. Von Hunden, Raketen und Geometrie

Muskelkräfte und Maschinen

Außer der Schwerkraft, die uns nach unten zieht, gibt es noch andere Kräfte. Unsere Muskelkraft zum Beispiel. Kräfte kann man bündeln, aber auch zerlegen. Bündeln ist klar: Wenn vier oder fünf Helfer ein liegen gebliebenes Auto anschieben, rückt es leichter von der Stelle, als wenn es der Beifahrer alleine probiert – es ist vier- oder fünfmal leichter, wenn alle genau in die gleiche Richtung schieben.

Bevor es moderne Maschinen gab, mussten oft viele Arbeiter gleichzeitig ziehen, um schwere Steine für den Bau einer Kathedrale nach oben zu hieven oder viele lange Pflöcke für das Baugerüst in den Boden zu rammen. Pflöcke brauchte man auch dann, wenn der Boden nicht fest genug war, um darauf

Eine historische Ramme: So konnte man die Kräfte vieler Arbeiter bündeln.

zu bauen. Die Stadt Venedig am Mittelmeer zum Beispiel wurde zum großen Teil auf Pfählen gebaut. Eine wichtige Baumaschine, um solche Pfähle in den Boden zu schlagen, war deshalb jahrhundertelang die Ramme. Da haben viele Arbeiter gemeinsam einen schweren Steinklotz über eine Rolle hochgezogen und auf das Kommando »Los« fallen gelassen – immer wieder, bis der Pfahl tief genug in die Erde gerammt war. Heute machen das natürlich Motorrammen. Und meistens rammt man nicht mehr Holzpfähle, sondern Eisenträger in den Boden, zum Beispiel, wenn man eine Baugrube an ihren Seiten abschottet.

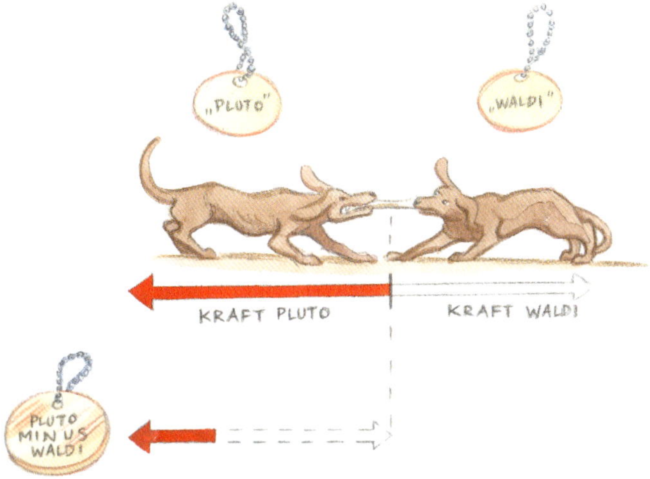

Wie ist das, wenn zwei Hunde knurrend an einem Knochen ziehen, der eine in die eine Richtung, der andere in die entgegengesetzte? Wenn sie beide gleich stark sind, wird der Knochen sich gar nicht bewegen. Die Kraft nach links und die Kraft nach rechts heben sich auf. Und wenn ein Hund ein wenig stärker ist als der andere? Dann wird er den Knochen samt daran hängendem Gegenhund langsam zu sich hinüberziehen. Nennen wir den stärkeren Pluto und den schwächeren Waldi. Dann wird der Knochen mit der Kraft von Pluto minus der Kraft von Waldi weggezogen.

Ein Parallelogramm der Kräfte

Das Gleiche gilt, wenn du versuchst, gegen die Strömung in einem Fluss zu schwimmen: Wenn du genauso »stark« bist wie der Fluss, bleibst du an einer Stelle, wenn du »schwächer« bist, treibt dich der Fluss langsam mit. Nur wenn du »stärker« bist, kommst du – mühselig – stromaufwärts. Was ist aber, wenn du quer zum Fluss auf das gegenüberliegende Ufer schwimmen möchtest? Nehmen wir an, du bist zweieinhalb mal »stärker« als der Fluss und gegenüber ist eine wunderbare sandige Badestelle. Kommst du genau gegenüber an? Nein, während du schwimmst, treibt dich der Fluss ein Stück hinunter, du landest talabwärts am anderen Ufer, vielleicht mitten im Schilf. Die zwei »Kräfte«, deine eigene und die des Flusses, setzen sich so zusammen:

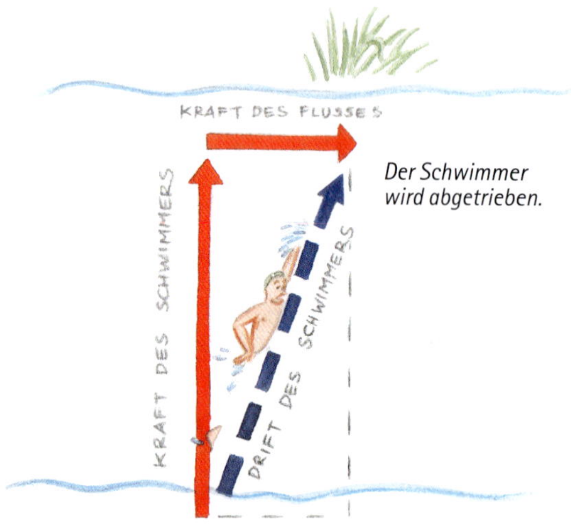

Der Schwimmer wird abgetrieben.

Jeder Pfeil stellt eine »Kraft« dar. Der schräge Pfeil beschreibt die Bündelung deiner »Kraft« und der »Flusskraft«. So einfach kann man diese Bündelkraft also zeichnen: als Diagonale eines Rechtecks. Wenn deine Kraft viel kleiner ist, wirst du also viel weiter abgetrieben.

Das ist eigentlich einleuchtend: Wenn zwei ungleich starke Hunde so wie in unserem Bild an einem Kno-

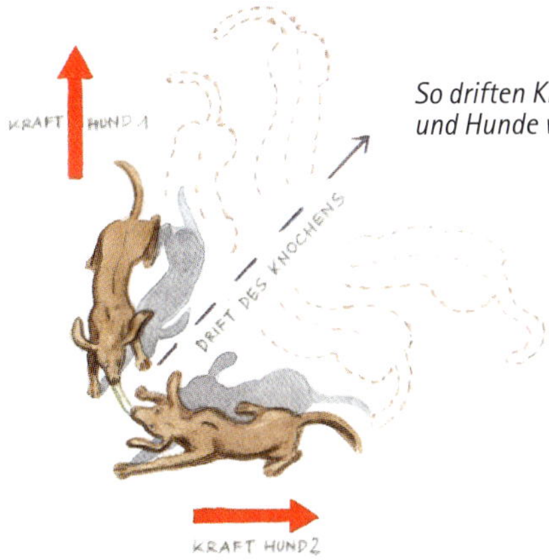

So driften Knochen und Hunde weg.

chen ziehen, wird er sich in der Tat, samt Hunden, schräg fortbewegen.

Was musst du machen, wenn du genau an deiner Badestelle ankommen willst? Nehmen wir an, du bist doppelt so »stark« wie die Strömung. Jetzt müssen wir ein verschobenes Rechteck malen. Man nennt es Parallelogramm. Dies gilt im Übrigen für Geschwindigkeiten genauso wie für Kräfte.

Das Parallelogramm wird so gezeichnet, dass die Bündelkraft genau senkrecht über den Fluss zeigt. Genauso »schräg«, wie jetzt der rote Pfeil angibt, musst du also losschwimmen, damit du exakt gegenüber ankommst. Seltsam, aber es stimmt. In Wirklichkeit weißt du allerdings nicht genau, wie viel »stär-

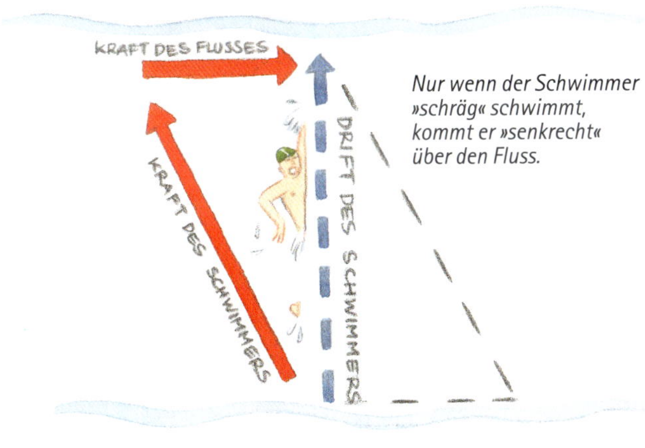

Nur wenn der Schwimmer »schräg« schwimmt, kommt er »senkrecht« über den Fluss.

ker« du bist als der Fluss. Du schwimmst einfach ein Stück flussaufwärts los und musst mitunter einen Zahn drauflegen, falls es nicht klappt. Dabei kannst du dich aber ganz schön verschätzen und landest, mir nichts, dir nichts, schon wieder im Schilf.

Kräfte im Weltraum

Solche Bündelung von Kräften spielt auch bei der Weltraumfahrt eine große Rolle. Eine Rakete wird von der Erde weggeschossen, die Schwerkraft der Erde versucht, sie zurückzuziehen. Schließlich wird sie von anderen Himmelskörpern, zum Beispiel von Mond, Sonne und anderen Planeten, angezogen. Man kann das nun richtig ausnutzen. Die Rakete lässt man zum Beispiel so nahe an den riesigen Jupiter herantreiben, dass dessen Schwerkraft sie noch schneller macht, ihre Bahn verbiegt – genau dorthin, an eine Landestelle auf dem Saturnmond Titan vielleicht, wohin man sie haben will. Genauso kann dich als Schwimmer auch der Fluss schneller machen, wenn du ein Stück mit ihm schwimmst, statt gegen ihn anzukämpfen.

In der Weltraumfahrt lässt sich so etwas natürlich nicht mehr mit einfachen Rechtecken oder Parallelogrammen zeichnen. Da braucht man schon Supercomputer, um das für jeden Augenblick der Flugbahn auszurechnen. Schwerkräfte von Planeten und von der Sonne sind kein einfacher gerader Strom, der fließt. Sie wirken strahlenförmig immer zu einem Punkt, dem Schwerpunkt jedes Himmelskörpers. Aber das weißt du ja schon.

Gut übrigens, dass unsere Erde nur recht schwächlich ist im Vergleich zur Sonne oder auch zum Riesenplaneten Jupiter. Denn erstens kommen unsere Raketen leichter weg von der Erde ins Weltall, zweitens bewahrt uns das vor häufigem ungebetenem Meteoritenbesuch: Die Kräfte von Sonne oder Jupiter sind viel stärker. Deshalb schlagen dort die meisten Riesenbrocken aus dem Weltall ein. Und das ist unser Glück. Ein Weltraumvagabund von einem Kilometer Durchmesser könnte auf unserer Erde schon eine weltweite Katastrophe auslösen; mit Staubwolken, die die ganze Atmosphäre verdunkeln, wenn dieser Brocken auf Land einschlägt – oder unglaublichen Wasserwellen, wenn er ins Meer stürzt.

Vom Berghang zur Weinpresse

Noch wichtiger als die Bündelung von Kräften ist die Zerlegung einer Kraft, insbesondere in der Technik. Vielleicht kann man das auch mit dem Rechteck und dem Parallelogramm berechnen, nur umgekehrt? Genau! Hier gibt es also zunächst nur einen Pfeil. Gesucht sind zwei Pfeile links und rechts, in die man den ersten aufspaltet, zum Beispiel so:

Zerlegung einer Kraft

Wo gibt es solche Zerlegung? Zum Beispiel, wenn ein Auto den Berg hinauffährt. Der Motor muss nicht das ganze Gewicht des Autos hinaufschleppen, sondern nur einen Teil, den Teil, der das Auto den Berg zurückziehen will. Dieser sogenannte Hangabtrieb macht dem Motor zu schaffen. Den muss er vor allem überwinden. Der andere Teil des Gewichtes drückt senkrecht auf die Straße. Gäbe es diese Druck- oder Haftkraft nicht, würden die Räder nicht am Asphalt haften, sie würden durchdrehen. Je steiler die Straße ist, desto kleiner ist diese Haftkraft und desto größer der Hangabtrieb, der das Auto den Berg hinunterzieht. Wir zeichnen das einmal für den ganz steilen Berg hier:

Und wenn jetzt auch noch Schnee oder Rollsplitt liegt, drehen die Räder schnell durch, weil eben die Kraft, die sie auf die Straße drückt, zu klein ist.

Sehr raffiniert wirkt übrigens diese »Hangabtriebs-Kraft« in einer schlau erdachten Form des Schrauben-Korkenziehers. Man setzt den Korkenzieher mit seinem festen Schraubenzylinder auf die Weinflasche auf, dreht die Schraube mit ihrem spitzen »Zieher« in den Korken hinein und dreht dann einfach weiter in die gleiche Richtung. Und, oh Wunder, die Schraube steigt nun umgekehrt, auf ihren Schraubenwindungen laufend, aus dem fest auf der Flasche sitzenden Zylinder auf und zieht dabei den Korken mit heraus. Sie ist nun so etwas wie eine aufgewickelte Bergstraße. Du musst nicht die ganze Kraft aufwenden, mit der der Korken sich gegen das Herausziehen wehrt, sondern eine viel kleinere.

Im Museum

Im Deutschen Museum gibt es dazu drei einfache Versuche: Auf einem Keil steht ein schweres Gewicht, daneben das gleiche Gewicht alleine. Man kann das Gewicht mit dem Keil viel leichter hochschieben als das Gewicht ohne Hilfsmittel senkrecht emporheben. Das Gleiche kann man mit einer Schraube versuchen, auf der dasselbe schwere Gewicht steht. Das geht nun sogar leicht wie Butter – genau wie beim Schrauben-Korkenzieher!

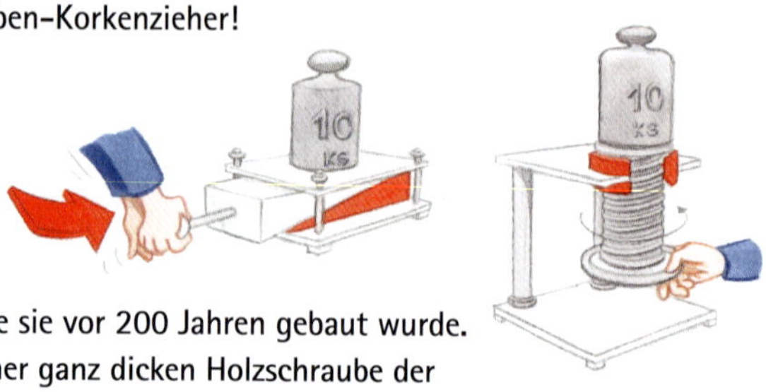

Im Museum steht auch eine besonders gewaltige echte Weinpresse, wie sie vor 200 Jahren gebaut wurde. Damit wurde anhand einer ganz dicken Holzschraube der letzte Safttropfen aus den Weintrauben gepresst, einfach so mit Muskelkraft.

Warum kann man eigentlich mit einer Axt ein Stück Holz leicht auseinanderspalten? Wenn du mit einem schweren Hammer genauso fest zuschlagen würdest, denkt das Holz nicht im Entferntesten daran, sich zu spalten. Die Kraft des Hammers wirkt nur gerade nach unten auf das feste Holz. Hier ist die Axt gezeichnet, mit der Kraft, die du von oben ausübst:

Riesenkräfte beim Holzhacken

Die Kraft wird nach links und rechts aufgeteilt – die zwei Holzteile fliegen nach dem Schlag in der Tat nach links und rechts weg. Wenn wir unser Parallelogramm malen, sehen wir sofort, welch riesige Kräfte links und rechts aus dem einen Schlag nach unten entstehen können.

Zum Tüfteln 9

Was passiert, wenn die Axt schmaler zulaufend, also schärfer geschmiedet wird?
Werden dann die Spaltkräfte kleiner oder größer?

Wie schmal kann man denn einen Axtkeil machen? Natürlich nicht ewig dünn, dann verbiegt er sich schon beim ersten kräftigen Schlag. Solche Keile haben schon die Steinzeitmenschen gekannt, ohne etwas von unserem Kräfteparallelogramm zu wissen – diese Keile waren allerdings aus Stein (in der Steinzeit eben; erst danach erfand man Äxte aus Bronze und viel später erst aus Eisen).

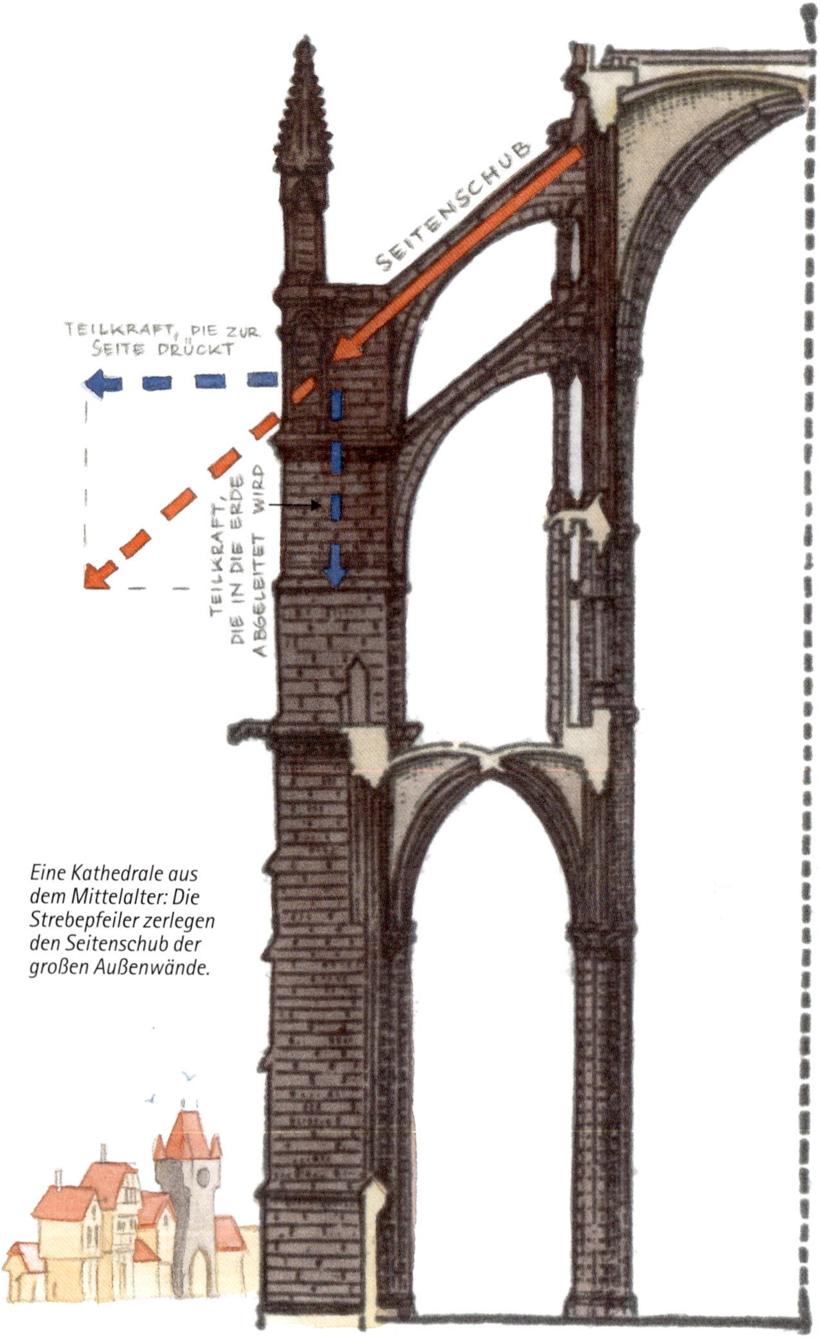

Eine Kathedrale aus dem Mittelalter: Die Strebepfeiler zerlegen den Seitenschub der großen Außenwände.

Welche Dächer sind die besten?

Auch bei der Konstruktion von Gebäuden wird die Zerlegung von Kräften genutzt. Die Dachhälften eines Giebelhauses zum Beispiel drücken mit ihrem Gewicht schräg nach unten. Nur ein Teil davon wird direkt in die Mauern abgeleitet, ein anderer Teil drückt einfach nach außen. Das war beim Bau der großen Kathedralen mit ihren schweren Gewölbedächern vor 700 bis 900 Jahren ein großes Problem, vor allem, wenn man auch noch große Fenster in die Wände einbaute. Die übrig bleibenden Wandflächen hätten den Druck der Dächer nach außen nie alleine aushalten können. Sie wären einfach nach links und rechts weggebrochen. So erfand man die berühmten Strebepfeiler der gotischen Kirchen.
Diese Strebepfeiler stützen die Wände nach außen, weil sie den gefährlichen Seitenschub des Daches in die Erde ableiten. Und schön sind sie auch noch.

Zum Tüfteln 10

Warum hat man früher in Deutschland eigentlich nur Giebeldächer – oft sehr spitzgiebelige – gebaut und keine Flachdächer, wie wir sie heute vielfach sehen? Der Schnee im Winter war der Hauptgrund. Warum?

Auch die Endpfeiler von Bogenbrücken können – wie die Strebepfeiler bei den Kathedralen – den Seitenschub der Brücke nach links und rechts ableiten. Die Brückenpfeiler müssen allerdings am Ufer so stark verankert werden, dass sie auf keinen Fall zur Seite wegbrechen.

Kraft und Gegenkraft

Noch eine seltsame und eigentlich ganz einfache Sache gibt es bei Kräften: Wenn du mit einem gleich starken Gegner, sagen wir Klaus, an einem Seil ziehst, bewegt sich gar nichts. Deiner Kraft in der einen Richtung hält Klaus lässig das Gleichgewicht. Das weißt du schon. Nehmen wir an, ihr zieht das Seil um eine Hausecke, das heißt, du siehst Klaus gar nicht. Er knotet das Seil hinter der Ecke gemeinerweise an einem Wandhaken fest. Da kannst du dich totziehen und denkst immer noch, er kämpft gegen dich. Du glaubst also, da ist noch eine Kraft da, die in die andere Richtung zieht! Und sie ist auch da! Die feste Mauer und der fest eingeschraubte Haken bringen sie auf. Man nennt sie Gegenkraft! Jede Kraft, die es irgendwo gibt, erzeugt automatisch eine Gegenkraft, sagt der Physiker.

Im Museum

Kraft und Gegenkraft kann man im Museum an einer kleinen Kraftfeder mit Seil ausprobieren. Ob da links und rechts ein Gewicht hängt oder ob das eine Ende an einer festen Stange angebunden ist und nur ein einziges Gewicht am anderen Ende hängt – die Kraftfeder zeigt immer die gleiche Kraft an. Die feste Stange wird ein ganz klein bisschen gebogen und versucht, sich wieder zurückzubiegen. Das ist die Gegenkraft.

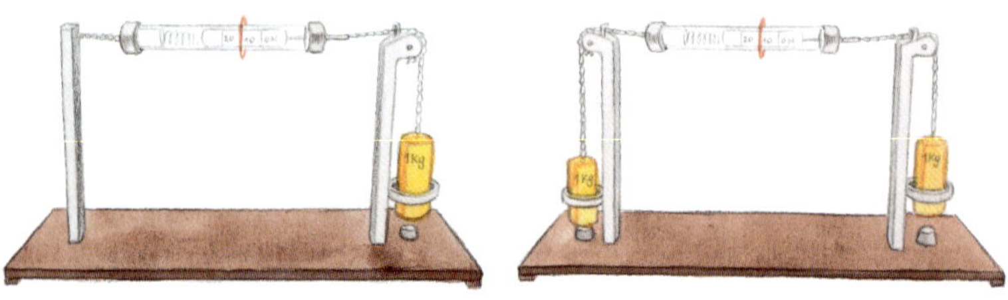

4. Von Flaschen und Fahrrädern

Hilfreiche Rollen

Die genialste Erfindung, um schwerer Arbeit ein Schnippchen zu schlagen, war in der Vergangenheit der Flaschenzug. Den gibt es auch heute noch. Aber richtig große Bedeutung hat er nicht mehr, seit es die modernen starken Elektromotoren gibt, mit denen die Kräne arbeiten. Da wird er, wenn nötig, durch Hydraulik oder Zahnradgetriebe ersetzt. Was ist ein Flaschenzug? Ein seltsames Wort: Welche Flaschen werden da gezogen?

Der Flaschenzug

Ein Flaschenzug besteht aus vier, sechs, acht und mehr Rollen, durch die ein Seil läuft. Die Rollen sind jeweils zu zwei »Mannschaften« zusammengesteckt, also zwei gegen zwei, drei gegen drei und so weiter. Diese Rollen sind durch seitliche Backen gehalten, die früher rundlich waren, und deshalb hieß so eine »Mannschaft« aus Rollen: Flasche. Bei zwei gegen zwei Rollen muss man nur noch 1/4 der Kraft aufwenden, um zum Beispiel einen schweren Mehlsack hochzuhieven.

Den Flaschenzug haben die Griechen vor mehr als 2.000 Jahren erfunden. Die Ägypter kannten den Flaschenzug vor fast doppelt so langer Zeit noch nicht, als sie ihre gewaltigen Pyramiden bauten.

Zum Ausprobieren

Das Prinzip eines Flaschenzugs kannst du leicht selbst ausprobieren: mit zwei Besenstangen und einem festen Wäscheseil. Bitte zwei Freunde, jeder einen Besen mit zwei Händen festzuhalten. Dann versuche, die zwei Stiele per Hand von der Seite zusammenzudrücken, während sich die Freunde dagegen wehren. Das schaffst du wahrscheinlich nicht. Jetzt knote das Seil an einem Besenstiel fest und schlinge es um die zwei Besen mehrmals herum, so ähnlich wie bei einem Flaschenzug. Wenn du jetzt am losen Ende ziehst, können sich die Freunde noch so sehr dagegen wehren, du ziehst die Besen mit dem kleinen Finger schnurpsleicht zusammen.

Was ist das Prinzip des Flaschenzugs? Nehmen wir unser Beispiel mit dem Besenstiel: wenn du das Seil sechsmal hin und her gewunden hast (das entspricht einem Flaschenzug mit drei zu drei Rollen), brauchst du nur $\frac{1}{6}$ der Kraft. Allerdings dauert es sechsmal länger, bis die Besen zusammenrücken. Oder auch: Der Weg ist sechsmal länger geworden. Auch Schnürsenkel in Schnürschuhen lassen sich deshalb leichter zusammenziehen. Die Löcher im Schuh wirken wie Rollen am Flaschenzug. Aber die Reibung der Schnürsenkel in den Löchern, an der Schuhzunge und an ihren Kreuzungsstellen ist so groß, dass das mit der vier- oder sechs- oder achtmaligen Kraftersparnis nicht zutrifft.

Die goldene Regel der Mechanik
Heute sagen wir: Kraft mal Weg bleibt immer gleich. Wir können zwar Kraft einsparen, dann wird aber der Weg länger – das Produkt aus beiden, das heißt die Arbeit, bleibt immer dieselbe. Das wussten übrigens die Griechen noch nicht, so einfach das klingt. Im Mittelalter nannte man diese Formel »Kraft mal Weg bleibt immer gleich« die goldene Regel der Mechanik.

Ketten und Kurbeln

Statt Flaschenzügen gibt es heute – wie schon gesagt – Zahnräder. Du kennst garantiert ein Getriebe mit Zahnrädern und benutzt es vielleicht sogar jeden Tag: das Fahrrad. Ein Fahrrad besitzt Tretkurbeln, mindestens zwei Zahnräder und eine Kette vom vorderen zum hinteren Zahnrad. In der Tat war das mit der Fahrradkette auch eine geniale Erfindung – vor mehr als 100 Jahren; genauso toll wie die Erfindung des Flaschenzugs in Griechenland.

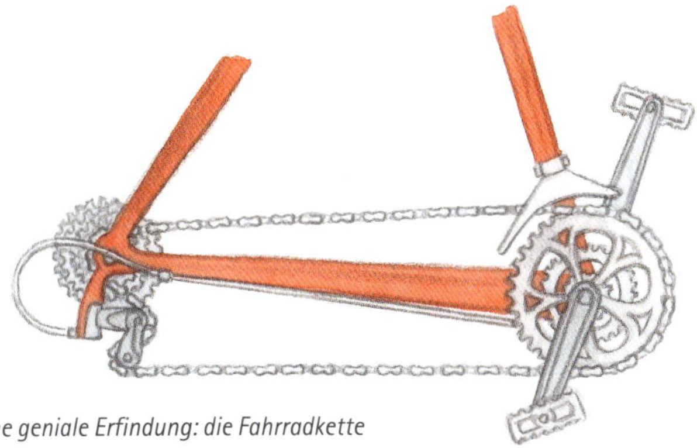

Eine geniale Erfindung: die Fahrradkette

Vorher musste man nämlich direkt am Vorderrad treten. Wenn man einmal mit seinen Füßen herumgekurbelt hatte, war man gerade erst eine Radlänge weitergekommen. Das war zwar gut bei Steigungen, aber richtig loszischen konnte man in der Ebene nicht. Was wurde zunächst dagegen getan? Ganz einfach: Das Vorderrad musste größer werden. Damit war das Hochrad erfunden: Einmal herumkurbeln, das heißt, einmal das hohe Vorderrad drehen, und man brachte nun schon mehr Straße hinter sich. Aber solch ein Hochrad war eine sehr wacklige Angelegenheit – schon fast etwas für Artisten.

Eine Revolution also: die Fahrradkette mit großem Zahnrad vorne, mit Tretkurbeln und einem kleineren Zahnrad hinten, das fest verbunden ist mit dem Hinterrad. Wenn dein Tretkurbelrad vorne sagen wir 16 cm Durchmesser und das hintere Zahnrad 4 cm hat und du einmal vorne ganz herumkurbelst, dann wird das kleine Zahnrad hinten zusammen mit dem ganzen Hinterrad viermal gedreht. Du kommst also mit einmal Herumtreten viermal so weit wie mit einem Uropa-Fahrrad von vor 100 Jahren. Aber dafür musst du auch viermal so kräftig treten. Was du an Weg gewinnst, musst du an Kraft reinstecken. Kraft mal Weg bleibt immer gleich. Das wissen wir schon. Wenn du bei deiner Gangschaltung hinten ein größeres Zahnrad wählst, sagen wir mal ein ganz großes für einen steilen Berg, nämlich 8 cm, dann dreht sich das Hinterrad nur zweimal, wenn du einmal deine Tretkurbeln ganz herumbewegst. Du brauchst dann nur die Hälfte deiner Kraft, musst aber doppelt so oft treten, bis du das gleiche Stück Straße hinter dir hast.

Unterwegs noch ohne Fahrradkette

Das ist also das Raffinierte beim Fahrrad. Wenn du übrigens bei deiner Gangschaltung vorne ein größeres Zahnrad wählen kannst, wirkt das genauso wie hinten ein kleineres.
Eine Sache haben wir aber noch nicht berücksichtigt! Wie ist das mit den Tretkurbeln am vorderen Kettenrad? Die Kurbeln sind länger als der Durchmesser des Kettenrades. Das ist eindeutig ein Hebel. Damit sparen wir also wiederum Kraft!

Eine sehr wackelige Angelegenheit

5. Die Erde als Karussell

Ein ganzer Tag

Wir wissen alle, dass die Erde sich dreht – in 24 Stunden, also an einem Tag und in einer Nacht einmal um sich selbst herum. Wie schnell ist das? Wie viele Kilometer drehen wir uns mit der ganzen Erde herum, bis wir wieder an derselben Stelle sind? Natürlich bleiben wir immer an derselben Stelle auf der Erde, sagen wir 24 Stunden lang in unserer Wohnung. Aber, weil sich die Erde dreht, rasen wir mit unserer Wohnung im Kreis herum.
Während du diesen Satz liest, hast du dich mit der Erdoberfläche schon mehr als 1 km weitergedreht. Du merkst nur nichts davon, weil alles sich mit dir dreht, die Wohnung, die Straße, die Luft.
Da kann man natürlich auch auf falsche Gedanken kommen: Ein Betrunkener steht unter einer Laterne und versucht, mit seinem Schlüssel in ein Türschloss hineinzustoßen. Es ist aber keine Tür und kein Haus zu sehen. Ein

Spaziergänger fragt ihn verwundert: »Was machen Sie denn da?« Und er bekommt zur Antwort: »Die Erde dreht sich doch, also muss irgendwann auch mein Haus hier vorbeikommen. Dann stoße ich den Schlüssel ins Schloss und schon bin ich drin.« Na, das ist ein schöner Denkfehler, aber immerhin ist es durchaus nüchtern und klug, dass er an die Drehung der Erde glaubt.
Mach mal einen Test und frage wildfremde Leute auf der Straße: »Hallo, entschuldigen Sie, dreht sich die Erde oder steht die Erde still und die Sonne dreht sich um uns herum? Was meinen Sie?« Du wirst verblüfft sein, dass es doch manche Menschen gibt, die sagen: »Ja klar, die Sonne bewegt sich und geht auf und unter, das sieht man doch jeden Tag.«

Alles dreht sich

Woher wissen wir eigentlich, dass die Erde sich dreht? Am Äquator jagt jedes Schiff, jede Wolke, jeder Wassertropfen mit der Oberfläche der Erde über 1.600 km/h schnell herum – schneller als der Schall und niemand merkt etwas davon. Und das ist noch nicht alles, es wird noch viel komplizierter: Die Erde dreht sich nicht nur um sich selbst, sie rast auch

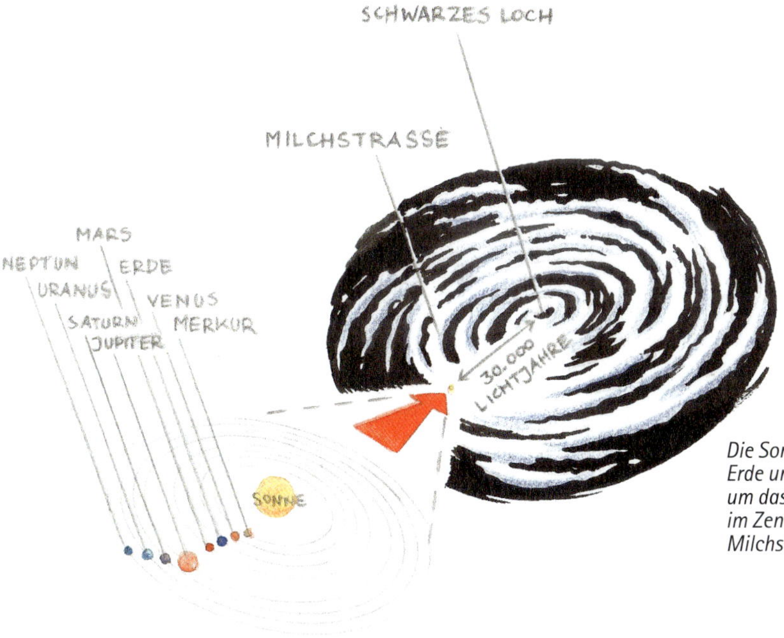

Die Sonne jagt mit der Erde und den Planeten um das Schwarze Loch im Zentrum der Milchstraße.

noch mit über 100.000 km/h – wirklich – in einem Jahr auf einer großen Bahn um die Sonne herum. Auch das ist noch immer nicht alles. Mit der Sonne schießt unser ganzes Planetensystem mit etwa 72.000 km/h in Richtung Sternbild Herkules. Und unsere Milchstraße . . .? Aber an dieser Stelle höre ich auf. Wir spüren sowieso nichts von alledem. Sind das vielleicht doch nur Hirngespinste von Wissenschaftlern?

Bleiben wir bei der Drehung der Erde. Schon das ist in der Tat nicht einfach zu beweisen. Ganz Schlaue sagen vielleicht: Astronauten von einer Raumstation oder, noch besser, vom Mond aus sehen doch, wie die Erde sich vor ihnen dreht. Das ist doch ein klarer Beweis. Denkste! Auch die Raumstation dreht sich ja und der Mond auch. Das Problem ist verzwickter.
Warum merken wir eigentlich nichts von der Erddrehung? Wenn du auf einem Karussell sitzt und es fängt an, sich zu drehen, siehst du natürlich, dass es sich dreht, weil alles andere stehen bleibt. Aber wenn du die Augen schließt, siehst du nichts und merkst trotzdem, dass du dich drehst. Warum? Nun gut, weil die Luft dir ins Gesicht bläst, weil die Menschen kreischen. Wenn du aber auf dem Karussell in einer ganz dichten Gondel sitzen würdest, könntest du dann etwas spüren? Ja! Genau so, wie du in einem Auto nach außen gedrückt wirst, das in eine scharfe Kurve fährt, so wirst du auch in dieser dichten Gondel nach außen gedrückt und weißt: Aha, Karussell plus Gondel drehen sich.

Die Fliehkraft

Die Kraft, die dich da nach außen drückt, nennen wir Fliehkraft (das ist eigentlich gar keine echte Kraft, aber das erklären wir im Glossar). Wenn uns die Ketten des Karussells nicht festhalten würden, würde uns diese Kraft sogar nach außen wegschleudern. Ein Auto, das zu schnell in eine scharfe Kurve fährt, kann in der Tat nach außen weggefegt werden, gegen einen Baum vielleicht. Die Fliehkraft wirkt vom Mittelpunkt dieser kreisenden Bewegung nach außen. Im Sport nützen so etwas die Hammerwerfer: Sie drehen sich ganz schnell, ein paarmal, und lassen ihren »Hammer« (das ist gar kein wirklicher Hammer, sondern eine schwere Kugel an einem festen Draht) plötzlich in der richtigen Richtung los und schon fliegt er von ihnen weg, wie von einer Riesenfaust geschleudert, so an die 60 Meter weit.

Im Museum

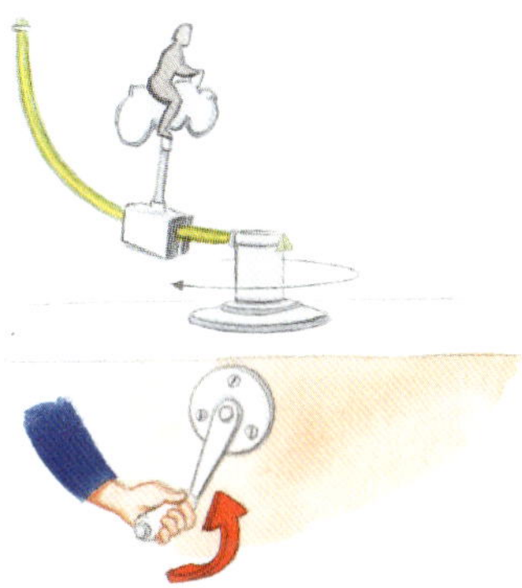

Im Deutschen Museum haben wir einen Modellversuch zur Fliehkraft: Ein Motorradfahrer wird ganz schnell im Kreis gedreht und schon bewegt er sich nach außen, auf einer nach oben gewölbten Fahrbahn. So etwas gibt es auf der Kirmes oder im Zirkus: Da rasen Motorradfahrer so schnell im Kreis herum, dass sie sogar an einer senkrechten Wand »kleben« bleiben, während sie fahren.

Und in der Achterbahn kann man mit dem Kopf nach unten hängen. Man fällt aber nicht hinunter, sondern wird trotzdem zurück auf die Fahrbahn gedrückt, eben durch diese Fliehkraft.

Das mit der Erde ist aber doch verwunderlich. Wenn die Erdoberfläche am Äquator sogar mit mehr als 1.600 km/h im Kreis herumrast, warum wird dann nichts von der Erde weggeschleudert? Am Äquator könnten dann eigentlich keine Menschen oder Schiffe oder Wassertropfen existieren. Sie müssten sofort durch die Fliehkraft in den Himmel geschleudert werden. Stimmt aber nicht. Weil die Schwerkraft der Erde viel größer ist – selbst am Äquator, wo wir uns mit der Erdoberfläche am schnellsten drehen, ist sie etwa 300-mal größer als die Fliehkraft. Wir dürfen die Fliehkraft auf unserer Erde, Gott sei Dank, einfach vergessen.

Zum Tüfteln 11

Dazu eine nicht ganz einfache Frage, die du jetzt vielleicht beantworten kannst: Wenn du von Südamerika nach Afrika fliegst, bist du ein Quäntchen leichter als von Afrika nach Südamerika. Warum? Genau so ergeht es dir auch beim Flug aus den USA nach Deutschland und umgekehrt. Womit hat das zu tun? Im Glossar findest du Näheres dazu.

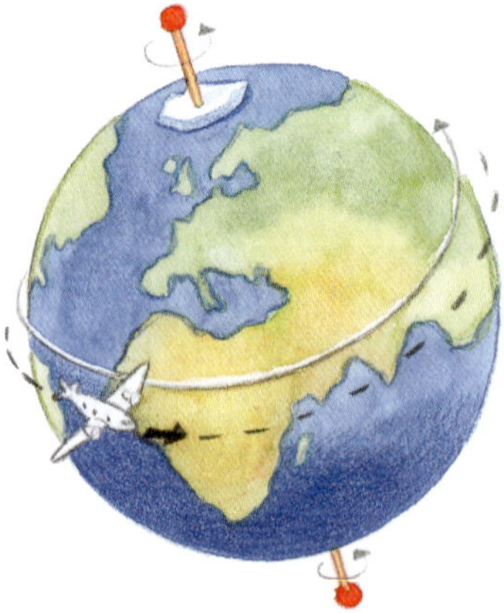

Wir merken also nichts von der Fliehkraft der Erde. Aber die Erde selbst merkt etwas davon! Sie hat eine solch riesige Masse und die Fliehkraft am Äquator zerrt schon seit Milliarden von Jahren an ihr, dass sich doch etwas getan hat. Als man zum ersten Mal genauer maß, wie dick die Erde am Äquator ist und wie hoch vom Südpol zum Nordpol, da war man verblüfft. Vom Nordpol zum Südpol ist der Durchmesser der Erde 12.714 km. Am Äquator ist sie aber um 43 km dicker. Die Erde ist also durch die Fliehkraft etwas auseinandergezogen worden; na, bei mehr als 12.000 km Durchmesser ist das eigentlich ein Pappenstiel.

Die Erde ist nicht richtig rund

Am Äquator ist die Erde dicker (unsere Illustration übertreibt hier aber etwas).

Woher kennt man überhaupt den Durchmesser der Erde? Auch das haben schon die Griechen vor mehr als 2.000 Jahren herausgefunden. Wie? Das erklären wir auch im Glossar.

Es gibt aber ein verblüffend einfaches Experiment, mit dem du selbst die Erde ausmessen kannst – darauf sind selbst die Griechen nie gekommen.

Zum Ausprobieren

Wenn du den nächsten Urlaub am Meer verbringst, beobachte doch am Strand einen Sonnenuntergang am fernen Horizont. Du brauchst nur eine Stoppuhr und ein Metermaß zum Messen. Lege dich in den Sand und warte, bis der letzte Strahl der Sonne gerade erlischt. Jetzt schalte sofort die Stoppuhr ein und stehe schnell auf (genauer wird es, wenn du rasch in den ersten Stock eures Ferienhauses läufst). Weil du nun höher stehst, ist die Sonne doch noch nicht ganz untergegangen. Du siehst nun wieder einige Sekunden lang die letzten Strahlen. Wenn auch hier der letzte Strahl erlischt, stoppe die Uhr – möglichst genau. Wie viel höher waren deine Augen jetzt gegenüber vorher, als du im Sand gelegen bist (im Ferienhaus kommt noch die Höhe des jeweiligen Stockwerks dazu)? Miss das mit deinem Metermaß als Höhe aus.
Und jetzt gilt:
Erddurchmesser in Kilometern = 760.000-mal deine gemessene Höhe (in Metern) geteilt durch die gemessene Zeit (in Sekunden) und nochmals geteilt durch die Zeit (in Sekunden). – Im Glossar erkläre ich das alles genauer.

Doch nun zurück zu dem 43 km dickeren Äquator. Als das vor mehr als 500 Jahren entdeckt wurde, fiel es einigen klugen Wissenschaftlern wie Schuppen von den Augen. Das war der erste Beweis, dass die Erde sich dreht.

Im Museum

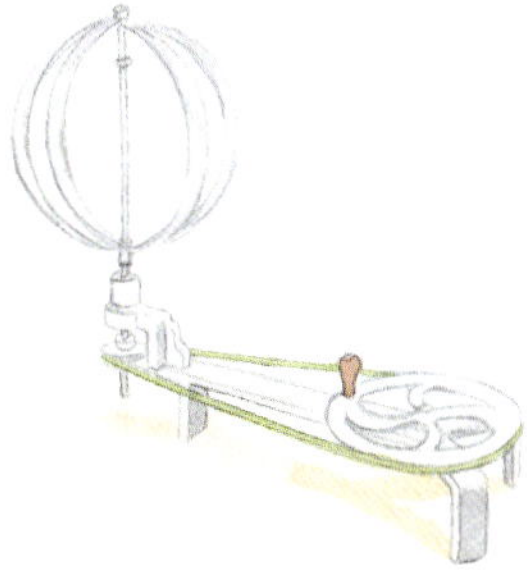

Auch dazu gibt es einen Modellversuch im Museum:

Wenn man zwei Kreise aus Stahlbändern ganz schnell dreht, werden sie oben und unten abgeplattet und in der Mitte auseinandergezogen.

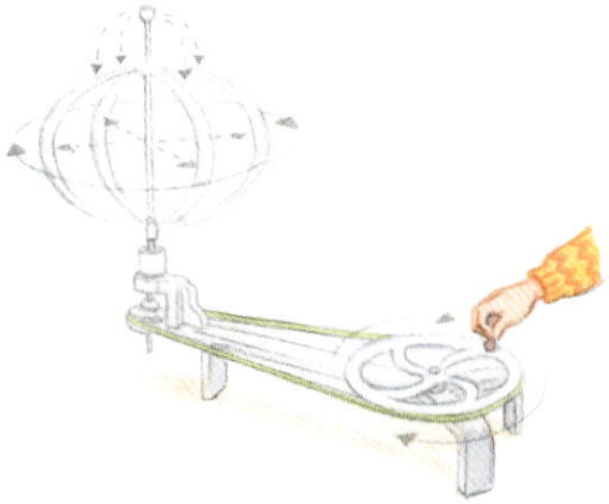

Also 43 km reichen aus und Punktum: Die Erde dreht sich um sich selbst und nicht die Sonne um die Erde. Wegen dieser 43 km bist du am Äquator übrigens noch ein Stückchen leichter – zu dem unmerklichen Quäntchen dazu, dass die Fliehkraft an dir zerrt. Denn du bist nun 21,5 Kilometer weiter vom Erdmittelpunkt weg, die Schwerkraft ist ein ganz klein wenig geringer. All das merkt natürlich keine Maus.

Ein Pendel beweist die Erddrehung

Halt, einen ganz tollen Beweis für die Drehung der Erde hätte ich beinahe vergessen. Aber der wurde erst vor gut 160 Jahren gefunden: Es ist das Pendel von Foucault (ausgesprochen »fucoo«, ein französischer Physiker also).

Im Museum

Im Turm des Deutschen Museums hängt solch ein Pendel zum Beweis der Erddrehung, ganz oben aufgehängt und frei 50 m herunterreichend, fast so hoch wie der ganze Turm. Es schwingt langsam vor sich hin. Jeden Tag wird es von unseren Vorführern neu in Bewegung gesetzt. Es schwingt geradeaus über einem aufgemalten Kreis am Boden, auf dem mehrere Klötzchen aufgestellt wurden, immer geradeaus, hin und her. Aber während es so den lieben langen Tag schwingt, dreht sich die Erde unter ihm weg. Das merken wir alle nicht, weil wir uns mitdrehen. Aber das Pendel will penetrant geradeaus schwingen. Also dreht sich der ganze Kreis unter ihm, zusammen mit der Erde und mit uns weg. Ein Klötzchen nach dem anderen auf diesem Kreis wird im Laufe eines Tages von der schweren Pendelkugel umgelegt.
In der Ausstellung »Physik« gibt es ein Modellexperiment zum Foucault'schen Pendel: Da schwingt ein kleines Pendel über einer drehbaren Scheibe. Wenn wir die Scheibe mit dem Pendel nun langsam drehen, denkt das Pendel nicht daran, sich mitzudrehen, es schwingt weiter unbeirrt in gleicher Richtung. Man kann sich nun klitzekleine Menschlein auf der Scheibe vorstellen, die sich mitdrehen, natürlich nichts von der Drehung merken und staunen, dass das Pendel scheinbar vor ihren Augen langsam die Richtung wechselt.

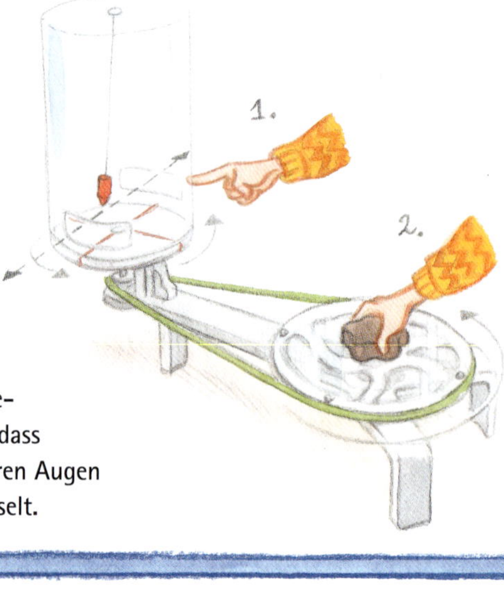

Vor gut 160 Jahren gab es auch ein Foucault'sches Pendel im Kölner Dom.

Kommen wir nochmals zurück zur auseinandergezogenen Erde. Wenn die Erde an ihrer Oberfläche (auch unter den Weltmeeren) nicht aus festem Gestein bestünde, sondern ganz aus Gasen und Flüssigkeiten, wie etwa der Riesenplanet Jupiter, dann würde sie viel stärker an den Polen abgeplattet und am Äquator auseinandergezogen sein. Schon ein Amateurfernrohr kann dir das am Jupiter zeigen.

Der Jupiter ist viel stärker abgeplattet als die Erde.

Leben wir in einer Hohlwelt?

Zum Schluss noch eine fast unglaubliche, aber wahre Geschichte: Ungefähr zur Zeit der ersten Mondflüge, vor mehr als 50 Jahren, habe ich mit Leuten diskutiert, die nicht daran glauben wollten, dass wir außen auf der Oberfläche unserer Erdkugel herumspazieren. Sie waren überzeugt, dass wir auf der Innenfläche, sozusagen auf dem inneren Rand eines riesigen Fußballs leben. Im Mittelpunkt des Fußballs stehen die Sonne und der ganze Sternenhimmel zusammengedrückt. Wir laufen immer innen auf der Fußballschale herum und schauen zum Himmel in die Mitte des Fußballs. Die Lichtstrahlen kommen natürlich nicht geradlinig zu uns, sondern krümmen sich, sodass wir von all dem Trug nichts merken. Die riesige Fußballschale unter unseren Füßen zieht uns alle per Schwerkraft an. Das ist übrigens keine dünne Schale, sondern sie ist unendlich dick. Wenn wir da weiterbohren würden, kämen wir immer tiefer und nie auf die andere Seite der Erde.

Das klingt wie ein Hirngespinst, aber wenn man verschiedene physikalische Vorstellungen ändert und Lichtstrahlen stark gekrümmt laufen lässt, dann ist das selbst von superschlauen Physikern gar nicht wegzudebattieren. Ein witziger Beweis für diese seltsame Theorie wäre: Wenn man lange geht, krümmen sich die Schuhsohlen in der Tat immer nach oben und nicht nach unten, wie es doch bei einer kugeligen Erde sein sollte. Aber das hat natürlich völlig andere Gründe: weil wir bei jedem Schritt unsere Fußsohlen mit den Schuhen abrollen. Und außerdem: Die Erde ist so groß, dass sie unseren kleinen Füßen einfach nur flach erscheint, für Füße und Schuhsohlen existiert die Erdkrümmung nicht.

Leben wir auf dem inneren Rand einer Hohlerde?

6. Mit dem Rennwagen zum Superstar Einstein

Starke Motoren

Von null auf 100 km/h in zehn oder vielleicht sogar sechs Sekunden, das ist für Autofans ein toller Kitzel – wenn man durch die Gegenkraft in die Sitze gedrückt und der Magen zurückgepresst wird und dann wieder nach vorne springt. Ein normaler Sportwagen beschleunigt in mindestens sechs Sekunden von null auf 100 km/h. Supersportautos oder Rennautos können noch schneller sein. Je stärker der Motor ist, desto schneller wird er die 100 km/h erreichen, desto größer ist seine Beschleunigung, wenn nicht schon vorher die Räder quietschend durchdrehen, weil sie nicht mehr am Boden haften.

Das kann mit einer Rakete nicht passieren. Jagt sie genügend heiße Gase schnell genug aus den Raketenmotoren nach hinten heraus, kann sie super beschleunigen, 20-mal besser als jeder Rennwagen.

Wer kann einen »Motor« nennen, der besser beschleunigt als ein normaler Sportwagen und der jedem und überall zur Verfügung steht? Leider wirkt er nur nach unten: die Schwerkraft der Erde. Springe einfach von einem Stuhl herunter und du kannst sagen, ich bin schneller gestartet als jeder Sportwagen – leider nur für eine Drittelsekunde. Länger dauert der Spaß, wenn du aus dem zehnten Stock eines Hochhauses herunterspringst. Doch das Abbremsen dabei ist tödlich – das kann ich also nicht empfehlen. Beim Bungeespringen dagegen wird – relativ – sanft gestoppt (wehe aber, wenn das Seil reißt). Einfacher ist der Sprung vom Zehn-Meter-Brett im Schwimmbad, das sind immerhin fast 1½ Sekunden rasante Beschleunigung!

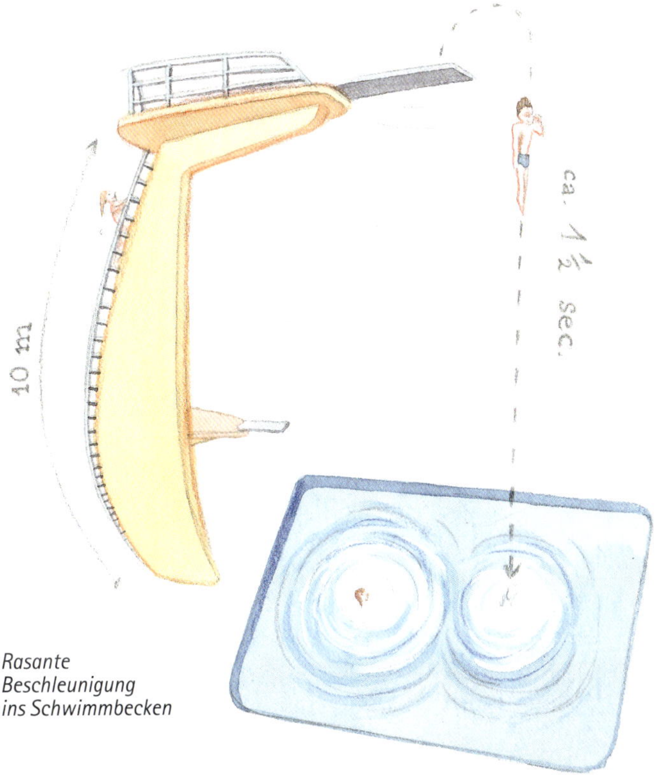

Rasante Beschleunigung ins Schwimmbecken

Die Erdanziehungskraft beschleunigt etwa doppelt so schnell wie unser Sportwagen, in knapp drei Sekunden wäre man auf 100 km/h. Ins Schwimmbadwasser rauschst du vom Zehn-Meter-Brett mit rund 50 km/h! Fallschirmspringer, die zunächst auch frei herunterfallen, beschleunigen genauso rasant, werden aber nie schneller als etwa 200 km/h, obwohl sie doch viel länger fliegen als du vom Zehn-Meter-Brett. Warum wohl? Weil die Luft bremst. Schon nach 400 m Fallen ist Sense mit der Beschleunigung. Richtig abgebremst werden sie natürlich erst durch den Fallschirm, sobald er sich öffnet. Gott sei Dank, denn mit 200 km/h auf den Boden zu prallen, das würde keiner überleben. Aber manche kosten diesen Kitzel richtig aus und reißen erst kurz über dem Boden mit ihrer Reißleine den Schirm auf – das wäre nichts für mich.

Immer schneller

Was heißt eigentlich immer schneller werden? Das hat Galileo Galilei vor 400 Jahren genau untersucht. Die einfachste Antwort ist – und die kannte man schon lange vor Galilei: In jeder Sekunde nimmt die Geschwindigkeit eines beschleunigten Gegenstandes immer gleichmäßig zu. Alles, was fällt, ein Fallschirmspringer zum Beispiel, wird in jeder Sekunde um knapp 10 m pro Sekunde schneller. Also nach der ersten Sekunde hat er gerade diese Geschwindigkeit erreicht, nach der zweiten sind es schon knapp unter 20 m pro Sekunde und so weiter. Nach der dritten Sekunde rast er schon mit etwa 28 m pro Sekunde nach unten, das heißt mit über 100 km/h.

Von Fall zu Fall

Galilei hatte aber zunächst mit einer ganz anderen Frage zu kämpfen, die seit 2.000 Jahren falsch beantwortet wurde: Ein schwerer Felsbrocken, der aus dem Berg bricht – so glaubte man –, donnert sehr viel schneller herunter als ein kleiner losgebröckelter Stein.

Oder: Ein schweres Stück Blei, vom Schiefen Turm von Pisa gleichzeitig mit einem leichten Stück Holz heruntergeworfen, müsste viel schneller herunterfallen. Tut es aber nicht – es ist höchstens ein kleines Stück früher unten. Warum? Weil sich das schwere und träge Stück Blei genauso viel stärker gegen die Beschleunigung wehrt, wie es stärker von der Erde angezogen wird. Und warum ist das wiederum so? Darüber hat Albert Einstein geknobelt und dazu gleich mehr. Aber zunächst kannst du die Fallversuche selbst ganz leicht nachvollziehen – sogar ohne Schiefen Turm von Pisa.

Zum Ausprobieren

Nimm einen Schlüsselbund in die rechte Hand und ein Stück zusammengeknülltes Papier in die linke. Auf Kommando »2, 1, los!« lass beides gleichzeitig fallen. Was ist eher unten? Eigentlich müsste es doch – so glaubte man vor Galilei – der viel schwerere Schlüsselbund sein. Stimmt aber nicht, sie kommen beide etwa gleichzeitig unten an.

Eisen und Papier fallen also auch gleich schnell. Wenn wir allerdings das Papier nicht zusammenknüllen, sondern schön ausbreiten und nochmals das Gleiche probieren, dann ist der Schlüsselbund schneller. Warum? Genau das erklärte Galilei: Entscheidend ist, dass Luft um das Papier herum existiert! Ein flaches Blatt Papier wird durch diese Luft viel besser abgebremst als ein zusammengeknüllter Papierklumpen – und ein riesenbreiter Fallschirm viel besser als ein frei herunterplumpsender Mensch.

Wenn es keine Luft gäbe, ja, dann gäbe es keinen Grund, warum nicht ein Felsblock oder eine Lokomotive genauso schnell fallen sollten wie eine ganz leichte Flaumfeder. Und ein Fallschirmspringer hätte dann, trotz Fallschirm, keine Chance zu überleben, so wahnsinnig schnell würde er auf die Erde donnern.

Im Museum

Galilei konnte das noch nicht selbst ausprobieren, aber im Deutschen Museum ist fast alles möglich: In einer Glasröhre fallen eine Holzkugel und eine Flaumfeder nach unten. Natürlich schaukelt die Flaumfeder viel langsamer zu Boden. Pumpst du aber die Luft aus der Glasröhre, sind beide in null Komma etwas gleichzeitig unten.

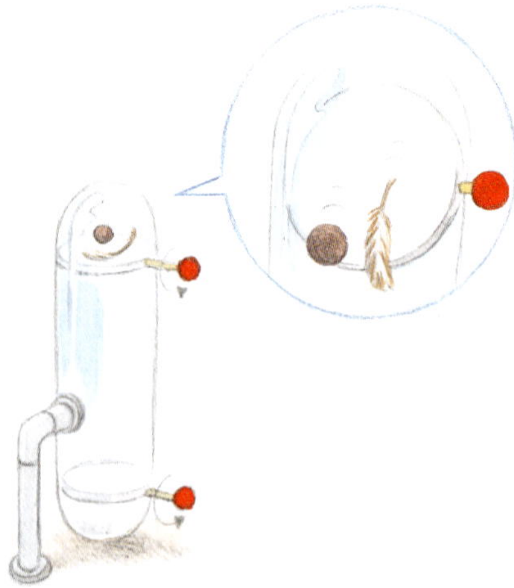

Wie fallen Steine?

Galilei hat sich übrigens ganz ohne jedes Experiment einfach überlegt, dass das mit dem schnelleren Felsbrocken und dem langsameren Stein gar nicht stimmen kann. So etwas nennt man ein Gedankenexperiment. Er dachte etwa so: Wenn ich den kleinen Stein in ein Loch des größeren Felsbrockens stopfe und dann beide fallen lasse, was passiert? Der Felsbrocken ist ja nun noch ein bisschen schwerer geworden, er müsste also – nach der alten Theorie – noch ein bisschen schneller fallen. Andererseits sollte der kleine Stein alleine langsamer fallen! Hineingestopft in den großen

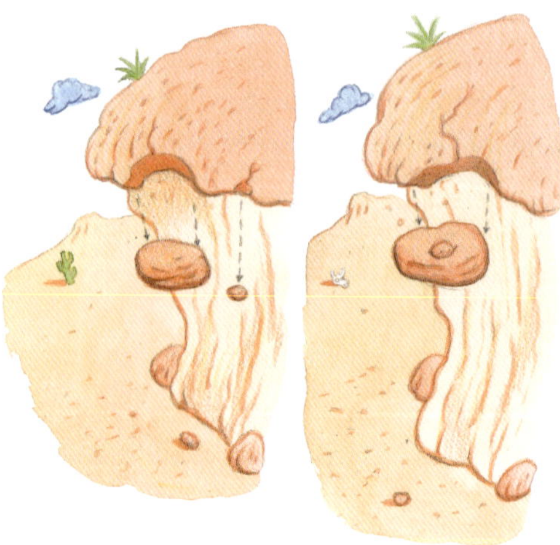

Fels müsste er diesen doch ein bisschen abbremsen. Einerseits müsste das Fels-Stein-Gespann also schneller sein, andererseits langsamer. Ja, was gilt denn nun? Einfachste Lösung: Beide fallen von vornherein gleich schnell. Dann gibt es keinen Gedankensalat. Prima! Man kann also – ohne ein wirkliches Experiment – solch ein Problem rein mit Gedanken lösen.

Fallexperimente auf dem Mond

Die Raumfahrer David Scott und James Irwin haben 1971, als sie mit Apollo 25 auf dem Mond landeten, auch ein Fallexperiment gemacht – damit alle Fernsehzuschauer auf Erden endlich an Galilei glauben. David Scott ließ einen schweren Hammer aus der einen Hand fallen, aus der anderen gleichzeitig eine leichte Falkenfeder. Und sie waren natürlich beide gleich schnell auf dem Mondboden. Den Originalfilm findest du im Internet.

Um welches Maß aber ein fallender Stein immer schneller wird, das hat Galilei nicht mit Gedankenexperimenten, sondern mit wirklichen Versuchen herausgefunden. Er hat zum Beispiel Kugeln eine schräge Bahn herunterlaufen lassen und mit einer Wasseruhr gemessen, wie lange sie dafür brauchen. Sein berühmtes Fallgesetz lautet jedenfalls:

Das Fallgesetz von Galilei
Alle Körper fallen – ohne Luftwiderstand – gleich schnell. Nach einer Sekunde sind sie 5 mal 1 mal 1 m weit gekommen, nach zwei Sekunden 5 mal 2 mal 2 m, nach drei Sekunden 5 mal 3 mal 3 m und so weiter. Dabei werden sie in jeder Sekunde um knapp 10 m pro Sekunde (m/s) schneller.

Noch einmal ein Traumtunnel durch die Erde

Treiben wir noch einmal unseren Traumtunnel quer durch die Erde nach Neuseeland. Wir pumpen ihn jetzt richtig luftleer (mit irgendeiner riesigen Traumpumpe) und springen dann hinein, im Taucheranzug mit Sauerstoffflaschen. Wie stark würden wir durch die Anziehungskraft der Erde beschleunigt? Natürlich erst einmal in knapp drei Sekunden auf 100 km/h und dann

weiter, immer schneller; bis zum Mittelpunkt der Erde. Wie schnell wären wir schließlich? In jeder Sekunde wird ja alles, was frei herunterfällt, um etwa 10 m pro Sekunde schneller – etwa doppelt so viel wie bei unserem Sportwagen. So rasant beschleunigst du nun auch im Traumtunnel. Nach drei Sekunden jagst du schon mit über 100 km/h durch die Erde und wirst schneller und schneller. Da gibt es aber ein Problem, das wir bei unserer ersten Tunnelfahrt noch nicht erklärt haben: Du kommst immer näher an den Erdmittelpunkt heran. Das heißt, du wirst immer weniger stark beschleunigt – auch wenn deine Geschwindigkeit weiter zunimmt –, weil dich nur noch die Erde vor dir nach unten zieht. Der Teil, durch den du schon gefallen bist, zieht dich ja zurück.

Galileis Experimente haben wir im Museum nachgebaut, zusammen mit seinem ganzen Arbeitszimmer. So ähnlich könnte es ausgesehen haben.

Am Erdmittelpunkt schließlich, im Schwerpunkt der Erde, heben sich alle ihre Anziehungskräfte auf dich auf. Für einen Augenblick nur zieht und zerrt nichts mehr an dir. Du hast mit rund 28.500 km/h deine höchste Geschwindigkeit erreicht.

Wieviel g hält ein Mensch aus?

Dieses Maß »10 m pro Sekunde in jeder Sekunde schneller« nennt man übrigens die Erdbeschleunigung. Sie bringt uns also in etwa drei Sekunden auf 100 km/h. Sie gilt nur an der Erdoberfläche und wird umso kleiner, je tiefer wir in unseren Tunnel fallen (oder je höher wir über der Erde sind). Man sagt auch kurz dazu: 1 g. Wie viel g hat also unser starkes Sportauto, das in sechs Sekunden auf 100 km/h beschleunigt? Richtig, nur etwa ein halbes g.

Raumfahrer in einer Rakete, die zum Mond oder zu einem Satelliten um die Erde geschossen wird, werden für einige Minuten noch viel stärker beschleunigt, damit die Rakete überhaupt von der Erde wegkommt – bis zu einigen g. Das ist riesig anstrengend. Einige g pressen die Astronauten nicht einfach nur in die Sitze wie beim Rennwagen, sie drücken ihre Haut und ihre Muskeln und Knochen so stark zusammen, dass das Blut aus den Adern weicht. So ein armer Raumfahrer kann kaum noch atmen und muss stark mit der Lunge pumpen, damit sein Gehirn noch genügend Sauerstoff bekommt. Viel mehr würde kein Mensch aushalten. Astronauten üben natürlich vorher sehr hart, damit sie überhaupt einen solchen Raketenstart überstehen. Auch deshalb sollten sie drahtige Sportler sein.

Brauche ich Kräfte, um etwas zu bewegen?

Wissenschaftler denken über die selbstverständlichsten Sachen nach und kommen auf ganz neue Ideen. Zum Beispiel: Warum braucht man überhaupt Kräfte, um einen Wagen loszuschieben oder anzuziehen? Wenn er

Zum Ausprobieren

Leider können wir alle weder Astronauten noch Erdtunnelflieger spielen. Falls du aber irgendwo in deiner Umgebung oder in den Ferien einen tiefen Brunnen findest, zum Beispiel auf einer alten Burg, kannst du ein einfaches Experiment machen: Lass einen Stein in den Brunnen fallen und miss mit deiner Armbanduhr, wie lange es dauert, bis du ihn unten auftreffen hörst. Sagen wir drei Sekunden. Dann sagt uns das Fallgesetz von Galilei: Die Brunnentiefe ist gleich ½ mal g mal Fallzeit mal Fallzeit, also für unser Beispiel ziemlich genau 5 mal 3 mal 3, das sind 45 m. Das ist doch was! So einfach lässt sich also die Tiefe eines Brunnens bestimmen. Wenn du genau messen willst, brauchst du allerdings eine Stoppuhr, die auch Zehntelsekunden anzeigt.

einmal rollt, geht in der Tat alles viel leichter. Wenn du dich beim Eislaufen das erste Mal abstößt vom Eis, kostet das Kraft. Dann gleitest du auf deinen Kufen fast von selbst dahin. Warum ist das so? Was du das erste Mal überwinden musst, nennt man Trägheit. Alles, was schwer ist, ob Wagen, Eisläufer oder Rakete, möchte eigentlich in Ruhe bleiben. Um etwas in Bewegung zu bringen, musst du seine Trägheit überwinden. Das kennen wir aus dem Alltag: Wenn einer zu träge zum Laufen ist, musst du ihm erst Beine machen. Im Unterschied zu uns ist die Trägheit eines Steins, eines Wagens, einer Rakete immer gleich groß – umso größer allerdings, je größer die Masse ist. Alles möchte also möglichst in Ruhe bleiben und wehrt sich gegen Bewegung? Nein, das stimmt so nicht ganz. Auf dem Eis kannst du ja, wie gesagt, lange dahingleiten. Nur der erste Anstoß kostet einige Kraft. Und eine Murmel oder eine Billardkugel, die einmal losgerollt ist, läuft auf einer glatten Fläche ziemlich lange leicht dahin. Von Raketen im Weltall oder der Erde, dem Mond und allen Planeten wissen wir, die können ewig im Weltall herumkutschieren, wenn sie einmal in Bewegung sind – ohne jeden Raketenmotor. Es darf nur keine Luft da sein, die sie abbremst.

Also nicht gegen die Bewegung wehrt sich alles, sondern gegen die Änderung der Bewegung, gegen die Beschleunigung also. Um eine Rakete im Weltall zu starten und zu beschleunigen, braucht man auch Raketenmotoren. Aber dann fliegt sie, gerade wegen ihrer Trägheit, von alleine weiter. Gefährlich kann so etwas für Astronauten werden, die außen an einer Raumstation etwas reparieren und sich plötzlich von der Wand abstoßen. Dann fliegen sie sachte weg. Und nichts und niemand bremst sie und bringt sie wieder zur Raumstation zurück. Sie fliegen langsam, aber stetig immer weiter weg, soviel sie auch zappeln und stoßen. Sie

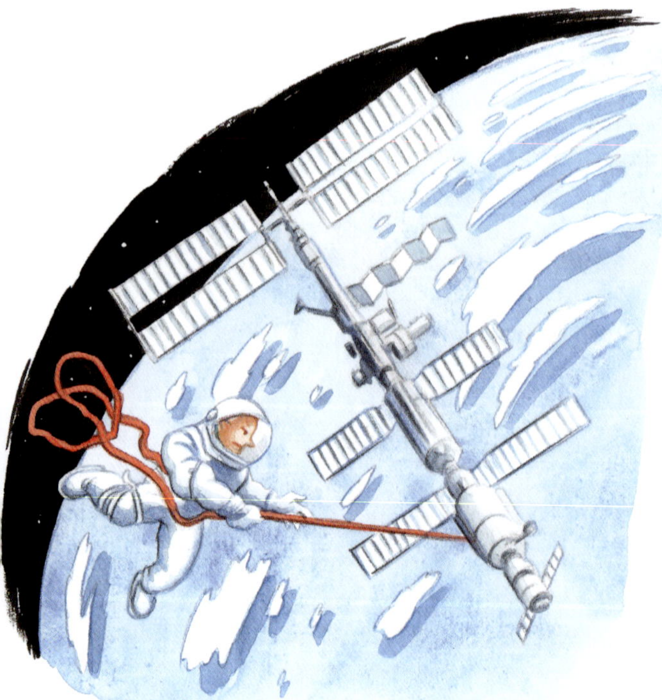

können sich ja nirgendwo festhalten und abstoßen im leeren Weltraum. Entweder haben sie selbst einen kleinen Raketenmotor, mit dem sie sich wieder zurückschießen können, oder am besten zusätzlich: Sie sind mit einem Seil an der Station angebunden, wie Matrosen bei Sturm auf dem Schiffsdeck.

Weltraumsonden sind ewig unterwegs

Vor mehr als 40 Jahren und mehr haben wir Menschen schon Raumsonden ins All geschossen. Sie heißen Pioneer und Voyager, und fliegen heute, nach so vielen Jahrzehnten immer noch weiter. Die Raketenmotoren waren natürlich schon nach einigen Minuten ausgebrannt. Aber der Rest der Raketen, die Raumsonden – sobald sie einmal im Weltall waren – flogen und fliegen immer weiter. Sie haben schon längst unser Planetensystem verlassen. Wären wir mitgeschossen worden, sähen wir die Sonne nur noch als besonders hellen Stern unter vielen anderen. Diese Raumsonden sind eine Art Flaschenpost, denn sie enthalten Nachrichten über uns Menschen auf der Erde. Man hofft, dass sie in einer fernen Zukunft auf andere bewohnte Planeten um fremde Sonnen treffen. Allerdings ist es noch unwahrscheinlicher als bei einer Flaschenpost, dass sie je gefunden werden. Schon die allernächste Sonne, Alpha Proxima Centauri, ist mehr als 40 Billionen Kilometer von uns entfernt. Die einsamen Raumsonden würden noch Tausende von Jahrenbrauchen, solche Nachbarsterne und ihre Planeten zu erreichen.

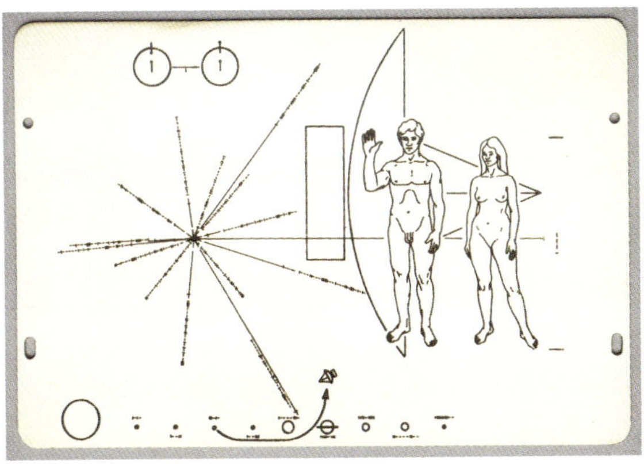

Die Botschaft der Erde an Bord der Raumsonde Pioneer 10 – unten ist unser Sonnensystem abgebildet

Schweben im freien Fall

Auch die Erde »merkt«, dass sich ein herabfallender Stein dagegen wehrt, immer schneller zu werden. Er will eigentlich nicht fallen, er ist eben träge. Die Erde braucht schon eine Weile, um ihn schneller und schneller zu machen. Und dabei gibt es noch etwas Seltsames. Wenn wir auf einer Waage stehen, zeigt sie unser Gewicht an, bei mir beispielweise 70 kg. Wenn sich jetzt plötzlich unter meiner Waage der Boden öffnen würde, wie etwa bei einem Erdbeben (hoffentlich nie!), und ich würde mitsamt Waage nach unten fallen, was würde die Waage dabei anzeigen?

Was zeigt eine Waage im freien Fall an?

Gar nichts mehr! In der Tat gar nichts. Denn ich kann nicht mehr auf die Waage drücken, sie fällt ja unter meinen Füßen weg, zusammen mit mir. Solange ich frei herunterfalle, bin ich scheinbar schwerelos und auch die Waage ist es, so wie du das von Astronauten kennst, mit all ihren Geräten in einer Raumstation.

Zum Ausprobieren

So etwas kannst du auf deiner Badezimmerwaage ausprobieren, falls ihr noch eine alte Zeigerwaage habt – bei elektronischen Waagen funktioniert das leider nicht, weil sie nur verzögert reagieren. Geh einfach – auf der Waage stehend – ganz plötzlich in die Knie, als ob du ein Stück fallen würdest. Sofort zeigt die Waage weniger Gewicht an. Schwerelos zu werden, schaffst du allerdings nicht. Dann müsstest du ja rasanter als ein Sportwagen in die Knie gehen. Außerdem musst du in der Hocke wieder abbremsen, da schlägt der Zeiger natürlich in Richtung mehr Gewicht aus.

Auf jeder großen Kirmes gibt es Falltürme, an denen du – festgeschnallt – etwa 40 m herunterfallen kannst. Tatsächlich, du schwebst plötzlich ein wenig über deinem Sitz. Du bist schwerelos geworden. Wenn du einen Rucksack aufhast, spürst du ihn nicht mehr. Auch er ist schwerelos. Und ein schwerer Stein in deiner Hosentasche, auch der scheint plötzlich nicht mehr da zu sein.

Alle Massen ziehen einander an

Was heißt eigentlich schwer? Gewicht ist ja die Anziehungskraft der Erde. Das Gesetz dazu hat der große englische Physiker Isaac Newton (siehe Glossar) vor mehr als 300 Jahren gefunden: Alles, was Masse hat, zieht alle anderen Massen an. Also zwei eiserne Kugeln ziehen einander an, auch zwei Menschen tun das (selbst wenn sie nichts voneinander wissen möchten). Warum merken wir aber nichts davon? Weil diese Kraft so irrsinnig klein ist und außerdem noch viel kleiner wird, je weiter weg die zwei Menschen, Kugeln oder sonst etwas voneinander stehen. Wenn allerdings eine dieser Massen ganz riesig ist, zum Beispiel die Erde, dann merken wir diese Kraft sofort: Sie zieht uns immer zur Erde hin. Und wenn wir zwei riesige Massen haben, zum Beispiel die Erde und den Mond, dann ist diese Anziehungskraft noch deutlicher zu sehen: Der Mond fällt in etwa 30 Tagen einmal um die Erde herum, immer wieder aufs Neue. Direkt auf die Erde stürzen kann er nicht. Als er entstand, vor Milliarden von Jahren – vielleicht bei einem Crash eines fremden kleineren Planeten mit unserer Erde, wurden Stücke von der Erde und dem kleineren Planeten schräg von der Erde weggeschleudert. Sie klumpten wegen ihrer eigenen Schwerkraft zusammen, konnten aber nicht wegfliegen, weil die Erde sie zurückzog. Ganz zurückziehen konnte die Erde den schnell fliegenden Klumpen Mond aber nicht. So wurde er durch die Schwerkraft der Erde in eine (Fast-)Kreisbahn um uns herum gezwungen.

Und auch der Mond zieht an: zum Beispiel das Wasser der Weltmeere; aus diesem Grund gibt es Ebbe und Flut. Und auch die Sonne zieht die Erde (und alle Planeten) um sich herum an. Das ist also die Schwerkraft von Isaac Newton. Und deshalb haben wir überhaupt Gewicht.

Zum Tüfteln 12

Astronauten in einer Raumstation um die Erde sind scheinbar schwerelos. Sie fallen praktisch ständig um die Erde herum, mit all ihren Geräten, und sind deshalb so schwerelos wie wir im Fallturm auf der Kirmes. Auch sie können weder sich selbst noch sonst etwas auf einer Badezimmerwaage wiegen. Frage: Ist dann der Mond auch schwerelos?

Im Museum

Im Museum, in der Ausstellung »Physik«, gibt es einen Versuch, mit dem man sogar die winzige Anziehung von Bleikugeln zeigen kann. Lass ihn dir vorführen. Da hängt ein Waagbalken an einem dünnen Faden, mit zwei kleinen Bleikugeln an seinen Enden. Vor jeder der kleinen Bleikugeln steht eine dicke Kugel. Wenn man diese dicken Kugeln plötzlich auf die andere Seite der kleineren Bleikugeln schiebt, sieht man an einem Lichtzeiger, der über einen Spiegel am Aufhängefaden läuft, dass sich der Waagbalken tatsächlich den zwei größeren Kugeln nähert. Die zwei kleinen Bleikugeln werden also von den größeren Kugeln angezogen und setzen den Waagbalken in Bewegung.

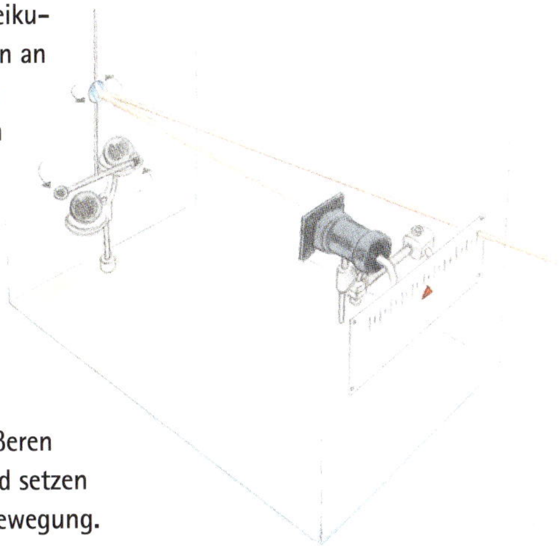

Mit Einstein im Fahrstuhl durch die Erde

Kommen wir nun zu Albert Einstein. Er ist der Topstar aller Physiker – falls uns Archimedes und Newton nicht widersprechen. Da gibt es etwas Seltsames, worüber niemand vor Albert Einstein richtig nachgedacht hat: Wenn du in deinem Zimmer und ganz in Ruhe auf der Personenwaage stehst, misst du ja dein Gewicht, sagen wir 50 kg. Wenn dich jemand beim Schlittschuhfahren auf dem Eis beschleunigen will, misst er deine Trägheit, die sich gegen die Beschleunigung wehrt. Nehmen wir mal an, er zieht dich mit einer Federwaage los, an die man sonst einen Koffer hängt, um dessen Gewicht zu bestimmen. Wenn er dich nun mit Erdbeschleunigung, also mit 1 g, schneller machen könnte, würde diese Federwaage auch 50 kg anzeigen – falls ihre Anzeige überhaupt so weit reicht. Das ist doch seltsam, sagte Einstein. Das erste Mal messe ich etwas, das mit der Schwerkraft zu tun hat. Das zweite Mal messe ich etwas, das mit Beschleunigung zu tun hat. Warum kommt dabei das Gleiche heraus? Vor 100 Jahren dachte er sich unser Fallexperiment aus, da gab es noch keine Kirmes-Falltürme und keine Weltraumstation: »Wenn ich, Albert Einstein, in einem Fahrstuhl im 100. Stockwerk eines Hochhauses stehe, plötzlich das Seil reißt und ich wie ein Stein herunterrase, würde ich im Fahrstuhl mein Gewicht nicht mehr spüren. Wenn ich in diesem Fahrstuhl auf einer Waage stünde, würde auch sie nichts mehr anzeigen. Die gesamte Waage würde nicht mehr auf den Boden drücken. Alles im Fahrstuhl würde herumschweben: das Taschentuch, das ich hervorhole, der Kaugummi, den ich ausspucke, und überhaupt alles.«

Ob freier Fall auf der Erde oder schwebend im Weltall: In seinem Fahrstuhl ist Einstein schwerelos.

Viel Zeit hatte er allerdings nicht in diesem Gedankenexperiment, denn nach etwa sieben Sekunden rammte sein Fahrstuhl gnadenlos in den Boden. Doch diese sieben herrlichen Sekunden reichten für Einsteins geniale Überlegung: Wenn der Fahrstuhl, wie jeder Fahrstuhl, keine Fenster hat, kann man doch gar nicht feststellen, ob das mit dem Fall aus dem 100. Stockwerk überhaupt stimmt. Vielleicht hat jemand – mir nichts, dir nichts – einfach von Anfang an die ganze Erde weggenommen. Also: Nicht das Seil ist gerissen und der Fahrstuhl fällt auf die Erdoberfläche zurück, sondern die Erde ist gar nicht mehr da und der Fahrstuhl schwebt schwerelos irgendwo im Weltall. In beiden Fällen passiert genau das Gleiche: Alles im Fahrstuhl hat überhaupt kein Gewicht.

Graben wir jetzt noch einmal unseren Tunnel quer durch die Erde bis Neuseeland, pumpen alle Luft heraus und setzen uns dieses Mal in einen Fahrstuhl, den wir in den Tunnel hineinfallen lassen. Der Fahrstuhl soll schön dicht geschlossen und wärmeisoliert sein, dann klappt das ohne Raumanzug. Der Fahrstuhl fällt, das wissen wir schon, immer schneller werdend, zum Erdmittelpunkt, schießt darüber hinaus bis nach Neuseeland, fällt wieder zurück und so weiter, immer zwischen Europa und Neuseeland hin und her pendelnd. Was spüren wir im Fahrstuhl davon? Gar nichts! Absolut gar nichts, sagt Einstein. Wir bleiben in jedem Augenblick vollkommen schwerelos, merken nicht, dass wir immer schneller werden, mit 28.500 km/h durch den Erdmittelpunkt rasen, merken nicht, dass wir in Neuseeland umkehren, wieder zurückrasen und so weiter. Es ist, als ob wir mit unserem Fahrstuhl irgendwo im leeren Weltall schwerelos herumschweben würden (siehe Glossar). Wenn wir kein Fenster haben, durch das wir hinausschauen, können wir nicht entscheiden, ob eine Erde da ist oder überhaupt gar nichts um uns herum.

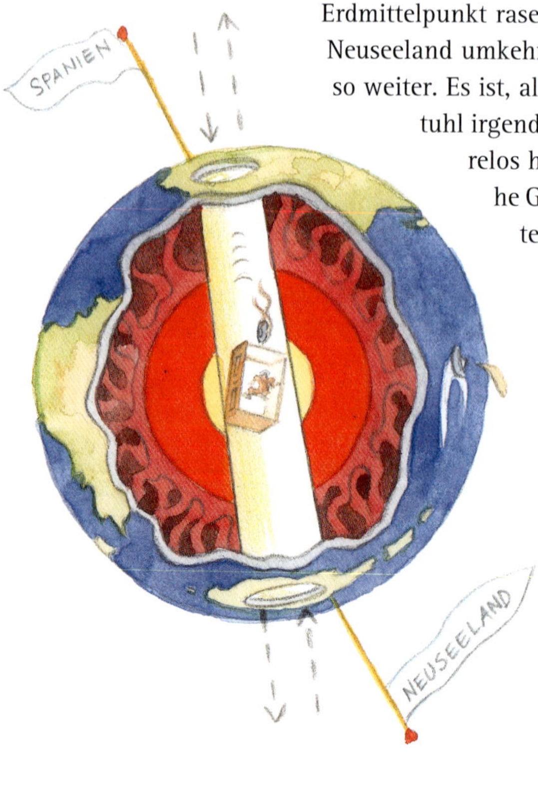

Was spürt man im Fahrstuhl, wenn man durch die Erde fällt?

Newtons Krake gibt es nicht – Raum und Zeit sind »krumm«

Und das war die eigentlich geniale Idee Einsteins, er traute sich nun zu behaupten: Die sogenannte träge Masse, die ich immer messe, wenn ich Beschleunigung messe, ist überall und generell gleich der schweren Masse, die ich mit einer Badezimmerwaage messe. Man weiß zwar nicht, warum, aber es ist nun mal so. Beschleunigung und Schwerkraft kann man sogar miteinander verwechseln, wenn man nicht genau hinschauen kann. Das zeigt der Fahrstuhlversuch.
Und wenn man beides so leicht verwechseln kann, meint Einstein, dann kann ich auch sagen: Es gibt gar keine Schwerkraft, so wie sie sich Isaac Newton vorgestellt hat, die irgendwo in jedem Stern oder Planeten wie ein Krake sitzt und alles anzieht. Sondern: Sterne, Planeten, alles was ungeheuer schwer ist, verkrümmen den Raum (und die Zeit) wie unsichtbare Schienen, auf denen sich alles bewegen muss.

Auf gekrümmten Schienen durch Raum und Zeit

Stell dir vor, du schaust aus dem dritten Stock eines Hauses auf den Spielplatz unter dir, auf dem Kinder mit kleinen Murmeln spielen. Sie haben mit Sand kleine Hügel aufgeschüttet und ein paar flache Gruben in den Boden gegraben. Die Aufschüttungen und Gruben kannst du aus dem dritten Stock nicht so genau sehen. Du siehst aber, wie die Murmeln seltsame Bahnen laufen, nicht gerade, sondern oft krumm, manchmal schneller werdend, manchmal langsamer. Wenn du die Sandhügel und Gruben nicht so genau sehen kannst, kommst du vielleicht auf die Idee, da gibt es irgendwelche geheimnisvollen Kräfte, die die Murmeln nach links oder rechts zwingen und manchmal beschleunigen oder verzögern. Und wie für diese Murmeln im Sand gilt das auch für Raketen im Weltall, laut Einstein. Wenn Raketen in die Nähe eines Planeten kommen, werden sie in unsichtbare Schienen gezwungen und auf den Planeten zugelenkt. Das nennen wir eben Schwerkraft. Nur, weil wir Planeten und Sonnen sehen können, glauben wir, dass es so etwas wie diese althergebrachte Schwerkraft überhaupt gibt. Dabei verkrümmen solch große Massen einfach nur Raum und Zeit.

Gehen wir wieder auf die Kirmes. In der Achterbahn fahren wir gerade dann besonders rasant, wenn sich ihre Schienen besonders stark krümmen. Wenn wir nichts von diesen Schienen sehen und wissen würden, könnten wir auf den Gedanken kommen, da würden uns geheimnisvolle Kräfte herumzerren.

Gekrümmte Lichtstrahlen

Selbst Licht muss auf solchen unsichtbaren Schienen im Raum laufen. In der Nähe von ganz schweren Dingen, zum Beispiel in der Nähe unserer Sonne, sind solche Schienen stärker gekrümmt; da wird sogar das Licht abgelenkt – wenn auch viel schwächer natürlich als eine schwere Rakete von einem Planeten. Aber selbst das abgelenkte Licht kann man nachweisen: Wenn ein Stern ganz nahe bei der Sonne steht (aber natürlich viel weiter weg von der Erde als die Sonne), dann lässt sich messen, ob er wirklich dort steht oder ob seine Lichtstrahlen, die nun nahe an der Sonne vorbeimüssen, so gekrümmt werden, dass wir den Stern an einer falschen

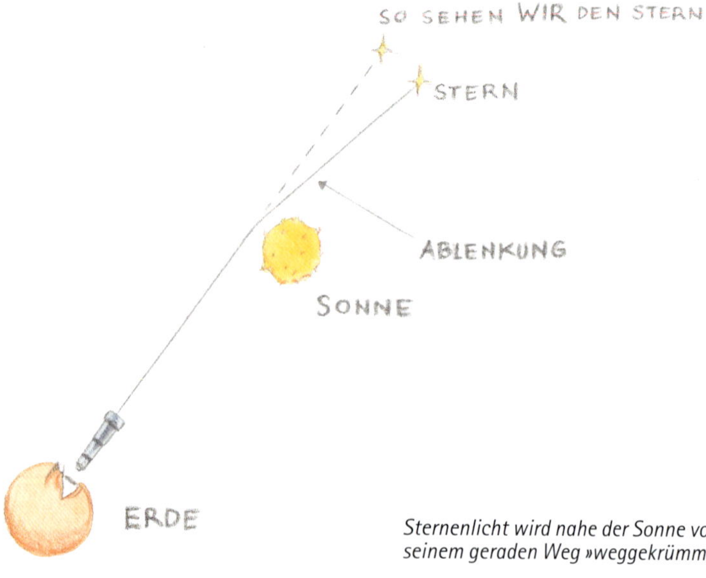

Sternenlicht wird nahe der Sonne von seinem geraden Weg »weggekrümmt«.

Stelle sehen. Allerdings gelingt dieser Nachweis nur, wenn die grelle Sonnenscheibe völlig abgedeckt wird, damit das schwache Sternenlicht überhaupt zu sehen ist. Das ist zum Beispiel bei einer Sonnenfinsternis der Fall.

Du kannst dir diese Augentäuschung so ähnlich vorstellen wie bei einer Zahnbürste, die du ins Wasser des Waschbeckens tauchst. Sie erscheint unter der Wasseroberfläche geknickt, weil alle Lichtstrahlen, die aus dem Wasser herauskommen, geknickt werden. Solch einen Versuch gibt es natürlich auch im Deutschen Museum.

Die Lichtstrahlen der Sterne, die an der Sonne vorbeilaufen, werden allerdings durch den gekrümmten Raum um die schwere Sonne abgelenkt und nicht durch Wasser. Das ist schon besonders seltsam. Denn dieser Raum ist ja ziemlich leer, nicht mit so etwas wie Wasser in unserem Waschbecken gefüllt.

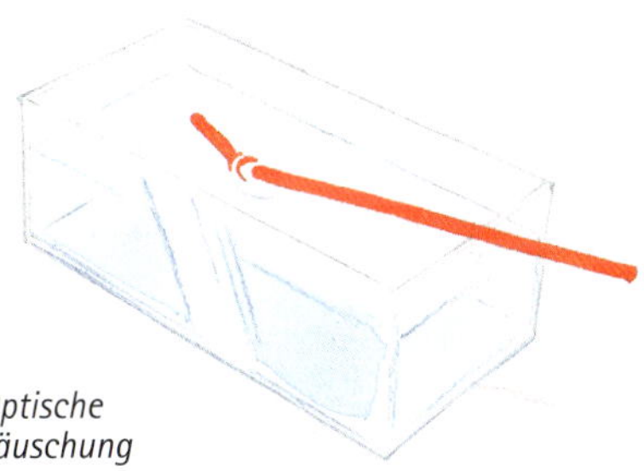

Optische Täuschung

Das letzte Spielzeug Einsteins

Wisst ihr übrigens, was das letzte Spielzeug Einsteins war? Ich meine jetzt keinen Metallbaukasten aus seiner Jugendzeit – falls er überhaupt einen hatte. Nein, dieses Spielzeug bekam er zu seinem letzten Geburtstag geschenkt, bevor er im Jahr 1955 starb.
Es war ein Stab mit einem Glasballon an einem Ende und in dem Glasballon endete eine Sprungfeder mit daran befestigter Kugel. Die Feder sollte die Kugel in ein Loch ziehen, aber, raffinierterweise, hatte man sie zu schwach gemacht. Es klappte also nicht, sosehr man auch den Stab hin und her bewegte und auf und nieder schwenkte. Die schwere Kugel zappelte immer neben dem Loch herum, in das sie eigentlich gezogen werden sollte. Doch wenn man den Stab mit Kugel und schlapper Feder hochhob und einfach senkrecht ein Stück fallen ließ – schwupp, zog die Feder die Kugel senk-

recht nach unten in das Loch. Warum? Denkt an unseren Fahrstuhl zum Erdmittelpunkt! Der Stab fängt an zu fallen, also wird alles daran und darin scheinbar schwerelos. Auch die Kugel, die vorher nicht ins Loch fallen wollte, wiegt nun gar nichts mehr und Simsalabim kann die altersschwache Feder solch ein Nichtgewicht geradewegs nach unten ziehen. Das hat Einstein königlich amüsiert: seine Idee vom fallenden Fahrstuhl als pfiffiges Spielzeug. Vielleicht muss man überhaupt und immer Spaß am Spielen haben, mit allem in der Welt – dann macht man aufregende Entdeckungen!

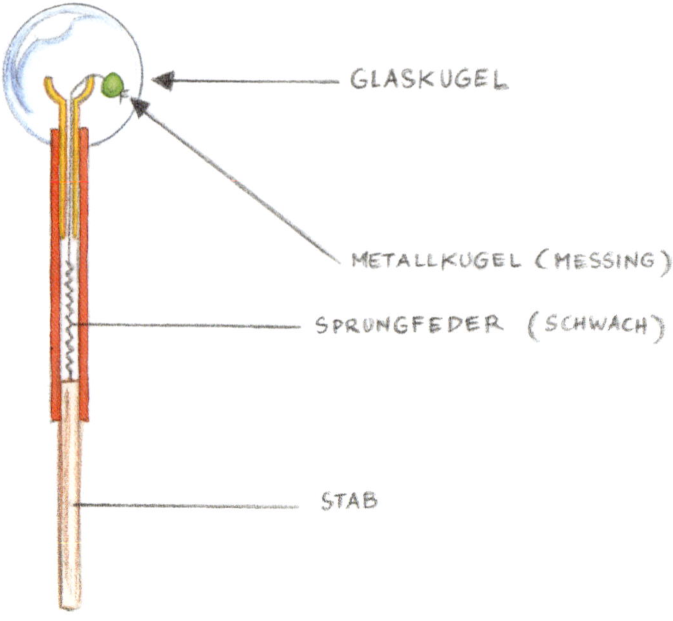

Einsteins letztes Spielzeug

Zum Ausprobieren

Versuche doch, Einsteins letztes »Spielzeug« einmal nachzubauen. Du brauchst dazu einen Joghurtbecher, einen langen Stab, einen Schnipsgummi als Sprungfeder und – einfacher – eine schwere Schraubenmutter statt einer Kugel. Wenn das gut klappt, dann schicke mir ein Foto vom Versuch ins Deutsche Museum!

Erfolg nur im freien Fall

Der gekrümmte Raum

Den gekrümmten Raum Einsteins können wir uns ganz einfach basteln – natürlich nur so eine Idee davon. Sehen kann man so etwas im Weltall nicht. Aber unsere kleine Bastelei auf der nächsten Seite zeigt, dass Lichtstrahlen, um die Sonne zum Beispiel, gekrümmt werden, einfach weil der Raum anders geformt ist.

Und alles geschieht einfach ohne irgendeine geheimnisvolle Schwerkraft, nur weil der liebe Gott den Raum um unsere Sonne, oder auch um unsere ganze Milchstraße, etwas anders »gebacken« hat als dort, wo gar keine Sterne sind. Leider, leider ist das alles unsichtbar für uns.

Zum Ausprobieren

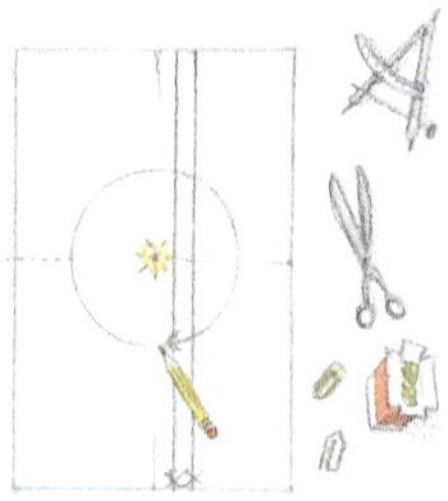

Fig. 1.

1. Zeichne einen Kreis von etwa 12 cm Durchmesser auf ein Blatt Papier – beispielsweise um eine CD herum. In das Zentrum des Kreises male die Sonne – du kannst dir auch den Stern Wega oder Alpha Centauri vorstellen. Male nun zwei Sterne außerhalb des Kreises auf das Papier und ziehe ihre Lichtstrahlen als zwei gerade Linien durch den Kreis, einen näher an der Sonne, einen weiter weg von ihr. Die Strahlen gehen jetzt brav gerade hindurch und werden nicht gekrümmt. Der Raum um die Sonne ist ja schön flaches Papier.

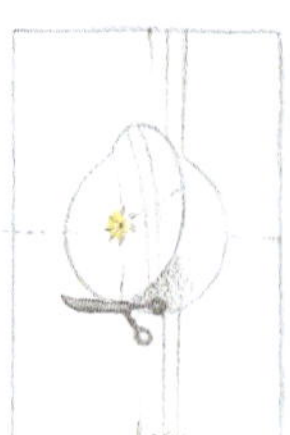

Fig. 2.

2. Jetzt schneide die gemalte Kreisscheibe aus, schneide sie an einer Seite bis zum Mittelpunkt ein und ziehe sie zu einem flachen Kegel zusammen, mit der Sonne in der Kegelspitze. Den Kegel fixiere am besten mit einer Büroklammer.

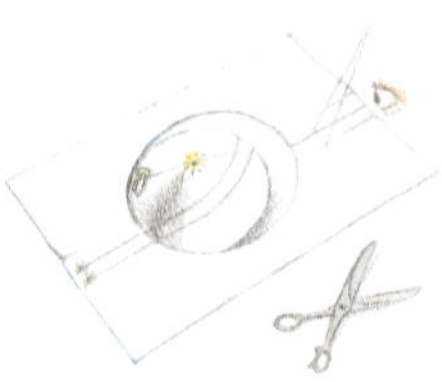

Fig. 3.

3. Jetzt halte den Kegel an die abgeschnittenen Lichtstrahlen, die im übrig gebliebenen Papier von unseren zwei Sternen kommen und traurig im ausgeschnittenen Loch enden. Die Lichtstrahlen auf unserem Kegel sollen dabei ohne Knick an die »traurigen Reste« anschließen. Nun laufen die Strahlen wieder fröhlich über unseren Kegel weiter, aber, oh Wunder, ganz schön gekrümmt. Sie kommen nicht mehr dort heraus, wo sie auf dem flachen Papier gezeichnet wurden. Der näher an der Sonne vorbeiführende Lichtstrahl wird stärker abgelenkt, der andere schwächer. Das ist doch sehr überraschend!

Schwerkraft können wir uns also durch beschleunigte Bewegungen auf Raumzeitschienen ersetzen. Umgekehrt kann jede beschleunigte Bewegung uns Schwerkräfte vortäuschen. Nehmen wir an, ein großes Raumschiff, das frei im Weltall schwebt, mit scheinbar schwerelos darin herumschwebenden Astronauten, schaltet die Triebwerke an, erst sachte, dann immer stärker werdend. Die meisten Astronauten wissen nichts davon (und schauen sträflicherweise nicht auf ihre Instrumente), werden aber mehr und mehr an die Rückwand des Raumschiffs gedrückt. Könnten sie nicht auf die Idee kommen, da sei ganz plötzlich ein großer Himmelsbrocken direkt an der Rückwand ihres Raumschiffs erschienen, der sie in Wandrichtung zurückzieht? Oder umgekehrt, ein Zombieteam, das ihr Raumschiff sehr schnell nach vorne drückt?

Beschleunigung kann Schwerkraft vortäuschen

Eine startende Rakete täuscht Schwerkraft vor.

Beschleunigung durch Weltraum-Zombies

Wenn du beim rasanten Autostart vor der Ampel in die Sitze gepresst wirst, darfst du also laut Einstein denken, dass dich ein Planet nach hinten zieht, anstatt das Auto nach vorne? Das ist natürlich Unsinn! Dennoch könnte es aber sein! Schwerkraft und »immer schneller werden« ist nun mal ein und dasselbe für Einstein, selbst wenn das Beispiel mit dem Auto und dem Planeten absurd klingt. Hier kommt nun ein umgekehrtes Beispiel, das weniger verrückt klingt – aber auch hier könnte man an Schwerkraft glauben, dabei ist es doch nur Beschleunigung durch Fliehkraft:

Zum Ausprobieren

Nimm eine Plastikflasche, wirf eine Münze hinein, lasse sie erst in der Nähe des Flaschenhalses liegen und drehe dich mit der Flasche einmal im Kreis herum, indem du sie am Hals anpackst. Es muss gar nicht so schnell sein. Was passiert? Die Münze wird, durch die Fliehkraft, brav vom Hals weg, zum Flaschenboden gedrückt – so weit wie möglich von dir weg.

Künstliche Schwerkraft in einer Raumstation

Denke dir die Flasche als Raumstation, die sich im Kreis um sich selbst dreht. Das ist eine Bewegung, die nicht auf einer geraden Linie bleibt, sondern ständig ihre Richtung ändert. Auch das nennt man beschleunigte Bewegung. Die Raumstation soll riesengroß sein, sagen wir mit 500 m Durchmesser ein supergroßes Rad, das sich dreht. Im Reifen dieses Rades, der natürlich mit Luft gefüllt ist, leben die Astronauten. Dort wird alles, wie unsere Münze, so weit wie möglich nach außen gedrückt. Alle Astronauten spüren also ihren »Fußboden« im äußersten Rand des Rades und schweben nicht mehr frei im Inneren herum. Sie können auf 500 mal 3,14 (so berechnet man den Umfang jedes Kreises aus seinem Durchmesser), das heißt auf 1.570 m entlanglaufen, immer mit dem schönen Gefühl, da unter ihnen zieht sie etwas an, das ist ihr Erdboden (siehe Glossar). Und toll: Nach 1.570 m kommen sie wieder an

Jogging in der sich drehenden Weltraumstation

ihren Ausgangspunkt zurück. Da könnten sie einen richtigen Jogginglauf ohne Ende machen, über 3 km, über 6 km und so weiter.

Solche Stationen haben Weltraumingenieure tatsächlich geplant. Denn Schwerelosigkeit ist auf die Dauer gar nicht so praktisch. Bei jedem noch so kleinen Stoß schwebt alles davon. Wenn man aus Versehen ausspuckt, fliegt auch die Spucke herum. Trinken ist gar nicht einfach, jeder Tropfen vor dem Mund fliegt sofort in der Luft herum – auch unser kleines und großes Geschäft macht ganz schöne Probleme. Und für unsere

Muskeln und Knochen ist die Schwerelosigkeit äußerst gefährlich: Ohne ständiges Fitnesstraining gäbe es sehr schnell Muskelschwund und Knochenrückbau. Also, besser ist es bei längerem Aufenthalt im Weltraum, eine künstliche Schwerkraft herzuzaubern. Da kämen solche Fliehkräfte nach außen in einer sich drehenden Weltraumstation gerade recht.

Was passiert übrigens in dieser Weltraumstation, wenn du einen Ballon in der Hand hältst, der nicht mit Luft, sondern mit Helium gefüllt ist? Helium ist ein seltenes Gas, das viel leichter als Luft ist. Auf der Erde steigt deshalb ein Ballon mit Helium schön nach oben. Und in der Weltraumstation? Überlege mal, während ich ein wenig weitererzähle.

Zum Tüfteln 13

Was macht ein heliumbefüllter Ballon – den du vielleicht auf der Kirmes gekauft hast –, wenn du ihn im Auto mit seiner Halteschnur am Boden vor den Rücksitzen festmachst und dann deinen Vater um einen schnellen Ampelstart bittest? Solange das Auto noch nicht fährt, steht der Ballon natürlich schön senkrecht und ruhig unter der Decke. Aber was passiert mit dem Ballon, wenn ihr jetzt stark beschleunigt?

Zum Ausprobieren

Das Tüftelexperiment 13 probieren wir, ungefährlicher, auch mit unserer Plastikflasche aus. Weil wir in die kleine Flasche schlecht einen großen Heliumballon drücken können, versuchen wir einen anderen Trick.

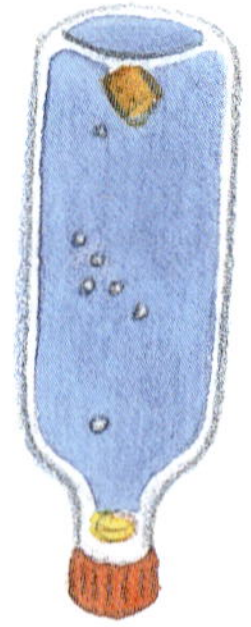

1. Fülle die Flasche ganz voll mit Wasser, möglichst ohne jede Luftblase, und gib eine dünne Scheibe, abgeschnitten von einem Korken, hinein. Kork ist leichter als Wasser – so wie Helium leichter als Luft ist. Kork kann ja im Wasser obenauf schwimmen. Stelle die Flasche auf den Hals (natürlich vorher gut verschließen!), sodass das Korkenstück nach oben zum Flaschenboden steigt und die Münze unten am Hals liegen bleibt. Sie ist ja schwerer als Wasser.

2. Jetzt packe die Flasche am Hals, lege sie vorsichtig waagerecht in die Hand und drehe dich damit wieder einmal im Kreis herum. Was passiert? Die Münze wird natürlich sofort durch die Fliehkraft nach außen geschubst, aber der Korken – das ist spannend – der bleibt nicht außen am Flaschenboden, sondern kommt auf dich zu, zum Hals der Flasche geschwommen. Das ist seltsam, oder? Nein, ist es nicht. Denn laut Einstein ist ja Beschleunigung gleich Schwerkraft. Der Korken kann das natürlich auch nicht unterscheiden. Und wenn nun die Fliehkraft nach außen wirkt und die schwere Münze dorthin zieht, »denkt« der Korken: »Halt, Kraft nach außen zieht die Münze und sogar das Wasser ein wenig nach außen – könnte ja Schwerkraft sein. Ich bin aber leichter als Wasser, ich muss also im Wasser in die entgegengesetzte Richtung, das heißt nach innen flutschen. So wie ich aus jedem Wasserglas, wenn man mich zu Boden drückt, natürlich sofort wieder nach oben steige.«

Wenn du dieses Flaschen-Korken-Münze-Experiment in der rotierenden Raumstation machen würdest, bräuchtest du dich gar nicht zu drehen. Du müsstest nur den Flaschenboden dorthin halten, wo dir deine Füße »unten« signalisieren, und sofort steigt der Korken im Wasser hoch und die Münze fällt herunter – denn beide »denken«, die Fliehkraft in der Raumstation ist nun ihre Schwerkraft, na klar. Und auch zu Hause passiert das Gleiche: Halte die Flasche, ohne dich zu drehen, einfach mit dem Flaschenboden nach unten. Natürlich steigt der Korken zu dir herauf, die Münze sinkt im Wasser herunter. Das bewirkt nun die Schwerkraft. Ob drehende Raumstation oder Erde: Die Wirkung ist die gleiche. Und wenn du die Augen schließt, kannst du dich jetzt schon als Raumfahrer fühlen. Im Glossar rechne ich dir aus, wie schnell sich die Raumstation drehen muss, damit du genau dein irdisches Gewicht erhältst.

Weltraumstation und Autostart

Was macht also der Heliumballon an seiner Schnur in der Weltraumstation? Das kannst du jetzt sicher beantworten: Er macht es wie unser Korken im Wasser, er bewegt sich entgegengesetzt zu deinem Fußboden, also in Richtung Zentrum des drehenden Weltraumrades.

Jetzt kommen wir auch zu unserem Experiment im Auto: Was macht der Heliumballon beim rasanten Ampelstart? Du wirst dabei nach hinten in die Sitze gepresst – du bist ja viel schwerer als Luft. Also muss der Heliumballon, weil er leichter als Luft ist . . . in der Tat nach vorne gehen! Denn auch hier kann er nicht unterscheiden, was Schwerkraft und was Beschleunigung ist. Und wenn eine Kraft alles Schwere nach hinten presst, muss der Ballon als Superleichtes eben nach vorne wandern. Vorne ist jetzt für ihn »oben«. Schon überraschend, gib es zu! Aber es stimmt. Die Beschleunigung schlüpft einfach in die Rolle der Schwerkraft und keiner merkt es, wenn er die Augen zumacht oder gar keine Augen hat, wie Korken, Münze und Heliumballon.

Schwerkraft, Beschleunigung und Licht

Man kann mit diesem Verwechselspiel von Schwerkraft und Beschleunigung auch erklären, warum Licht sich krümmen muss. Gehe dazu noch einmal in Einsteins berühmten Fahrstuhl – diesmal sicher auf dem Boden stehend – und ziehe eine Laser-Taschenlampe heraus (die hatte Einstein natürlich noch nicht). Wenn du sie anknipst, rast das Licht auf die gegenüberliegende Wand. Genau gegenüber macht es einen Lichtpunkt. Wirklich genau gegenüber? Stimmt nicht, sagt Einstein. Stell dir vor, der Fahrstuhl steht nicht auf der Erde, sondern wird im Weltall von unbekannten Zombies mit Erdbeschleunigung, also 1 g nach oben gerissen, dann fährt er ja ein klitzekleines Stück höher, während der Lichtstrahl von einer Wand zur anderen saust. Der Lichtpunkt kommt also jetzt ein (ganz klein) wenig weiter unten an als vorhin, in einer schön gekrümmten Bahn. Diese Bewegung kann ich also im Fahrstuhl messen, wenn ich ganz genaue Instrumente für die klitzekleine Ablenkung habe. Ich würde dann sagen: »Das ist der Beweis, dass sich mein Fahrstuhl bewegt hat.«

Das darf aber kein Beweis sein, meint Einstein. Schnellerwerden nach »oben« und Schwerkraft nach »unten« kann man ja nicht unterscheiden. Also muss der Lichtstrahl genauso gekrümmt auch nach unten gehen, wenn er mit dem Fahrstuhl ganz still auf der Erde steht, denn da gibt es Schwerkraft, und das bedeutet ja so viel wie »hoch gerissen werden nach oben«. Genau das ist die Ablenkung durch den gekrümmten Raum um die Erde. Mehr dazu steht im Glossar.

So einfach hat Einstein mit Gedanken experimentiert. Aber geglaubt hat man ihm seine Überlegungen doch erst, als man die krummen Lichtstrahlen von Sternen am Rand der Sonne messen konnte. Das war im Jahr 1919. Die Erde selbst lenkt übrigens Lichtstrahlen so wenig ab, dass man das wirklich kaum messen könnte. Bei der Sonne ist das einfacher, sie hat ja über 300.000-mal mehr Masse.

Zum Tüfteln 14

Wir sind wieder in Einsteins Fahrstuhl. Einmal schwebt der Fahrstuhl im Raum und wird von keiner Schwerkraft angezogen, sondern von den Zombies mit 1 g nach oben gerissen und unser Lichtstrahl läuft scheinbar gekrümmt. Ein anderes Mal steht der Fahrstuhl still auf der Erde und der Lichtstrahl wird von der Schwerkraft gekrümmt. Beide Messungen sind gleich! Was aber passiert, wenn der Fahrstuhl auf der Erde steht und nun von Zombies mit 1 g nach oben gerissen wird?

Auch du kannst ganz einfach mit Gedanken experimentieren. So zum Beispiel mit obiber Tüftelfrage.
Im Übrigen erkjläre ich im Glossar noch etwas zur gekrümmten Bahn des Lichtstrahls im Fahrstuhl. Denn mein Beispiel gilt für einen Fahrstuhl mit konstanter Geschwindigkeit nicht. Konstante Geschwindigkeit ist etwas ganz anderes als beschleunigte Bewegung oder Schwerkraft!

7. Gibt es einen ganz leeren Raum?

Hat die Natur Angst vor dem Nichts?

Was ist eigentlich Luft? Ist Luft überhaupt etwas? Ich kann sie doch gar nicht greifen. Wenn jemand irgendeinen Plan ausführt und der misslingt, sagt man, das war eine Luftblase. Da war sozusagen nichts drin, jedenfalls nichts Gescheites. Doch schon bevor es überhaupt Physik gab, hat kein Mensch daran gezweifelt, dass Luft doch etwas ist. Woran merkt man das?
Am einfachsten natürlich am Wind: Die Luft strömt um uns herum, lässt Kleider flattern und kann sogar Regenschirme aus der Hand und Hüte vom Kopf reißen. Auch mit unserem Mund können wir Luft ganz deutlich irgendwohin blasen, etwa um eine Kerze auszulöschen.

Woran merken wir noch, dass Luft etwas ist? Durch die Luftpumpe und den Reifen, den wir damit aufpumpen, durch den Luftballon, die Luftmatratze, durch das Atmen, durch Luftblasen im Wasser. Was fällt dir noch ein?

Zum Ausprobieren

Raffinierter ist folgendes Experiment. Zünde eine Wachskerze, die in einer Schale Wasser steht, an und stülpe ein großes Bierglas über die Kerze, sodass es im Wasser der Schale steht. Die Kerze brennt noch ein wenig und dann, überraschend schnell, geht sie aus. Das Wasser steigt im Glas hoch, mehr als 1 cm, wie von geheimnisvollen Kräften angesaugt. Warum?

Alles, was brennt, braucht Luft. Deshalb kann man glimmende Grillkohle durch Anpusten richtig in Glut bringen. Und wenn man sie mit Erde zuschüttet, erlischt das Feuer.

Eine Kerze erlischt, wenn um sie herum die Luft durch das Brennen verbraucht ist. Und unter einem Bierglas ist nicht viel Luft vorhanden. Sie verbrennt - aber sie verschwindet nicht dabei, sie wandelt sich um. Sie wird zu einem anderen Gas.

So nennt man alle Luftarten, die so »leer« aussehen wie Luft. Die verbrannte Luft nennt man Kohlendioxid. Während die Kerze brannte, wurde alles Gas im Glas erhitzt. Nun kühlt es schnell ab. Dabei ziehen sich Gase besonders stark zusammen, machen sich also klein. Es wird mehr Platz im Glas und das Wasser steigt hoch. Warum eigentlich? Warum lässt es nicht einfach alles Gas etwas kleiner sein? Das wäre doch einfacher, als da innen hinaufzuklettern!

Ist eigentlich die ganze Luft verbrannt? Nein nur ein kleiner Teil davon! Gibt es denn noch etwas anderes in unserer normalen Luft, was so durchsichtig und »leer« aussieht und doch etwas ist – allerdings für das Brennen ganz und gar unbrauchbar? Ja, in der Tat. Die Verbrennungsluft, die die Kerze braucht, heißt Sauerstoff. In unserer Luft gibt es aber auch Stickstoff. Der Name ist leicht zu merken, denn Stickstoff erstickt jede Verbrennung.

Wind und Sturm um uns herum bestehen also immer aus Sauerstoff und Stickstoff – sogar aus viel mehr Stickstoff als aus Sauerstoff. In jedem Literglas Luft ist etwas weniger als ein 3/4 Liter Stickstoff und nur 1/4 Liter Sauerstoff. Und dazu gibt es winzige Mengen ganz anderer Gase, zum Beispiel gerade Kohlendioxid, das bei jeder Verbrennung zusätzlich entsteht. (siehe unser Glossar).

Jetzt zu unserem eigentlichen Problem: Warum macht sich das Wasser überhaupt die Mühe, nach oben zu steigen? Es wird doch, weil es schwer ist, von der Erde angezogen und möchte viel lieber am Boden bleiben. Dann hätte doch die zusammen gezogene Restluft richtig viel Platz und könnte sich wunderbar breit machen. Tut sie aber nicht.

Bis vor etwa 400 Jahren hatten die Menschen darauf eine einfache Antwort: Die Natur hat Angst vor der Leere, vor dem Nichts, oder auch vor weniger Luft (von Stickstoff, Sauerstoff und Kohlendioxid wussten sie noch nichts). Das Glas wird sozusagen immer leerer, aber weil die Natur davor Angst hat, zieht sie eben das Wasser hoch – bevor das Glas zu leer wird. Das sagte schon der große griechische Philosoph Aristoteles vor mehr als 2.000 Jahren.

So etwas kannte man auch von Wasserpumpen, die es so ähnlich heute noch gibt: Ein gut mit Leder abgedichteter Kolben wird in einem Rohr emporgezogen, das im Wasser steckt. Dabei wird das Wasser mit herausgezogen. So konnte man zum Beispiel Wasser aus einem tiefen Bergwerk nach oben pumpen, damit man tief unten im Trockenen nach Kupfer oder Silber schürfen konnte.

So wurde früher das Grundwasser aus einem Bergwerk gepumpt: Eine Pumpe nach der anderen hob das Wasser um mehrere Meter – hier angetrieben durch ein Mühlrad.

Die Erklärung war hier genauso einfach: Zwischen Kolben und Wasser hätte eigentlich ein leerer Raum entstehen müssen, denn das Wasser war schwer und wollte lieber unten im Bergwerk bleiben. Aber die Natur hatte Angst davor und zog das Wasser dem Kolben nach.

So ungefähr vor 350 Jahren untersuchte man das nun mit langen Glasröhren, etwa einen Meter lang, die voll mit Quecksilber befüllt wurden. Im Deutschen Museum findest du übrigens eine Anzahl solcher historischer Quecksilberröhren.
Quecksilber ist ein giftiges Metall, aber das einzige, das bei Zimmertemperatur flüssig ist. Damals hat man es zum Beispiel benutzt, um Spiegelschichten hinter Glas herzustellen.
Quecksilber ist schwer, 13-mal schwerer als Wasser. Wenn man die befüllte Glasröhre mit dem Finger zuhielt, dann umstülpte und in eine Schale mit ebenfalls Quecksilber tauchte und jetzt den Finger wegnahm, was passierte wohl? Das Quecksilber floss nicht etwa vollständig aus. Nein, nur ein kleiner Teil floss in die Schale, der Rest sank nur ein wenig in der Röhre herunter, von einem Meter bis genau 76 cm über der Schale, und blieb dann stehen.

Warum? Weil im geschlossenen Röhrenende durch das heruntersinkende Metall ein leerer Raum entstand. Die Natur hatte Angst davor, dass dieser leere Raum zu groß wurde, und hielt die schwere Quecksilbersäule deshalb genau auf 76 cm Höhe. So glaubte man jedenfalls. Bei einer Ein-Meter-Röhre war also immerhin ein 24 cm langer leerer Raum entstanden. Aber bei einer Zwei-Meter-Röhre sank das Quecksilber ebenfalls auf 76 cm herunter und ließ dann sogar 124 cm leeren Raum zurück. Das war doch seltsam! Warum hatte die Natur in

Bei »normalem« Luftdruck fällt das Quecksilber in jeder Röhre auf 76 cm.

der längeren Röhre weniger Angst vor dem Nichts als in der kurzen und ganz unabhängig davon, ob diese Röhre dick oder dünn war?

Wir nennen übrigens diesen leeren Raum in der Glasröhre nach dem italienischen Physiker, der ihn als Erster untersuchte, Torricelli'sches Vakuum. Vakuum ist lateinisch und heißt »Nichts«.

Drückende Luft

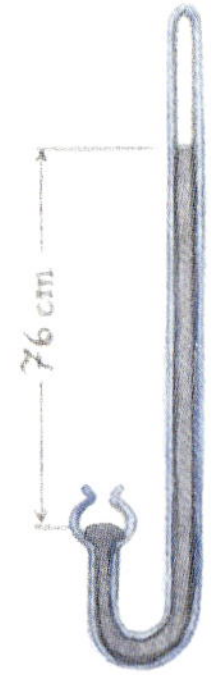

1658 bat der französische Philosoph, Mathematiker und Naturforscher Blaise Pascal seinen Schwager, mit solch einer Quecksilberröhre auf einen nahe gelegenen Berg, die Domspitze, zu steigen. Pascal hatte nämlich eine ganz andere Theorie, warum das Quecksilber in jeder Röhre immer nur auf 76 cm herunterfiel. Doch die verraten wir noch nicht.

Zur Vereinfachung der Prozedur hatte man längst aus der Röhre ein U-Rohr gemacht, das eine Ende war geschlossen: Da stand das Quecksilber stramm 76 cm über dem anderen Ende, das offen war.

Der Schwager sagte nun nicht, mach das doch gefälligst selbst, sondern stieg an einem schönen Wandertag auf die Domspitze, das waren immerhin 1.000 m Höhenunterschied vom Tal bis zur Bergspitze. Und als er oben auf dem Gipfel ankam, sah er, was Pascal natürlich richtig vermutet hatte: Die »Angst der Natur vor dem Nichts« war oben auf dem Berg ein erkleckliches Stück geringer

Messung des Luftdrucks auf einer Bergspitze

als unten im Tal. Die Quecksilbersäule stand nur noch 67 cm hoch, der leere Raum war also größer geworden. Auf der 2.962 m hohen Zugspitze hätte der Schwager nur noch etwa 53 cm Höhe der Quecksilbersäule gemessen und auf dem Mt. Everest, mit seinen 8.844 m der höchste Berg der Erde, nur noch 23 cm.

Zum Ausprobieren

Mit giftigem Quecksilber soll man nicht experimentieren! Du kannst dir aber ein solches U-Rohr aus einem Stück Schlauch biegen. Halte zunächst ein Ende eines geraden Stücks Schlauch mit dem Finger zu und fülle nun den Schlauch voll mit Wasser auf.
Jetzt hebe nur das verschlossene Ende, zusammen mit deinem Finger, hoch und immer höher – das andere, offene Ende, hältst du fest in deiner anderen Hand, bis das Schlauchstück so ähnlich wie das Quecksilber-U-Rohr aussieht.
Das Wasser wird am offenen Ende nicht ausfließen, so hoch du das verschlossene Ende auch hebst. Wehe aber, du lockerst deinen Fingerverschluss. Sofort schießt das meiste Wasser aus der tiefer gelegenen Öffnung heraus.

Zum Tüfteln 15

Wie hoch, meinst du wohl, könnte man das Wasser über das offene Ende der Schlauchs heben? Etwa 76 cm, so wie bei dem Quecksilber-U-Rohr, oder vielleicht mehr als 1 m? Wasser ist leichter als Quecksilber. Lies dazu die nächsten zwei Seiten.

Und weißt du, warum? Das war Pascal natürlich schon vorher klar: Es kann doch nicht sein, dass die Natur mehr Angst im Tal als auf dem Berg hat. Aber was kann sich denn sonst von Tal zu Berg verändert haben?
Wir kennen das heute von hohen Bergen oder von Flügen im Flugzeug: Die Luft wird dünner. Man atmet viel heftiger schon auf einem Gipfel über 3.000 m, um genügend Luft in die Lungen zu bekommen. Und in Flugzeugen, 10.000 m über der Erde, braucht man unbedingt künstlichen Luftdruck in der Kabine, sonst könnte man gar nicht mehr atmen und wäre in null Komma nichts bewusstlos. Und etwa 90 km über der Erdoberfläche beginnt der Weltraum.
Die Luft wird dünner, weil sie in großer Höhe nicht mehr so stark zusammengepresst ist wie im Tal. Luft selbst wird nämlich von der Erde angezogen wie jede andere Masse auch – zwar ein ganzes Stück schwächer als wir, da sie so leicht ist. Und doch wirkt sie durch ihr eigenes

Die Luft um die Erde wird immer dünner, je höher man kommt.

Zum Tüfteln 16

Wenn du einmal die Gelegenheit hast, auf einen hohen Berg zu klettern, dann versuche doch Folgendes: Nimm oben auf der Bergspitze eine leere, leicht zusammendrückbare Plastikflasche, schraube sie auf und dann wieder fest zu und trage sie ins Tal. Was meinst du, was mit der Flasche passiert?

Gewicht wie der Kolben in einer Luftpumpe. Am Erdboden drückt solch ein Luftkolben von 90 km Höhe auf jede Stelle. In 3.000 m Höhe sind es nur noch 87 km Luft, in 10.000 m Höhe nur noch 80 km. Diese 80 km sind aber viel dünnere Luft, da die Luft in der Nähe des Erdbodens durch ihr eigenes Gewicht besonders stark zusammengepresst wird, in 3.000 m Höhe nur noch weniger stark und in 10.000 m schon äußerst schwach. Deshalb ist der Druck der Luft im Tal auf alles, auf Menschen, Pflanzen und Quecksilber höher als auf einem Berg.
Das war es! Deshalb musste auch ein Ende der Quecksilberröhre offen sein: Da drückte die Luft hinein, und zwar so stark (erstaunlich stark, aus dem Grund wollte das wohl niemand vor dieser Zeit glauben), dass 76 cm Quecksilber im anderen Teil der Röhre gegen diesen Luftdruck nicht herunterfallen konnten. Und auf der Domspitze in Frankreich waren es nur noch 67 cm. Solch ein Gerät kann man also als Luftdruckmesser verwenden, als Quecksilberbarometer. 76 cm Quecksilbersäule nannte man früher den Normaldruck.
Jetzt konnte Pascal auch erklären, warum man seit Jahrhunderten die Rohre in Saugpumpen nur höchstens 10 m lang machen konnte. Weiter konnte man mit einem Kolben das Wasser nicht hochziehen. Bei etwa 10 m blieb es im Pumpenrohr stehen. Der Kolben ging leer nach oben, so kräftig man auch ziehen mochte. Wasser ist in der Tat 13-mal leichter als Quecksilber. Deshalb konnte der Luftdruck 13-mal mehr Was-

ser als Quecksilber das Gleichgewicht halten (13 x 76 cm ergibt etwa 10 m).

Und wie leer ist nun das Torricelli'sche Vakuum im Glas über dem Quecksilber? Irgendwie leerer als Luft muss es schon sein. Denn das Quecksilber ist ja hier ein Stück heruntergefallen, ohne dass Luft von außen hineinkonnte.

Doch bevor wir das untersuchen, stelle ich hier noch ein ganz berühmtes Experiment vor, eine richtige Schau. Durchgeführt hat es ein Zeitgenosse unseres Herrn Pascal. Es war der Bürgermeister von Magdeburg, Otto von Guericke.

Der pumpende Bürgermeister von Magdeburg

Er hatte seine Stadt im schrecklichen Dreißigjährigen Krieg vor mehr als 350 Jahren verteidigt. Trotzdem wurde sie verwüstet. Fast kein Stein blieb auf dem anderen. Aber im Gegensatz zu Archimedes hatte Guericke Glück: Er blieb am Leben. Erst nach dem Krieg hatte er Zeit zu untersuchen, was ihn – und das ist für einen Bürgermeister ungewöhnlich – brennend interessierte: Gibt es einen leeren Raum? Er selbst glaubte fest daran. Er glaubte vor allem an Kopernikus, der 100 Jahre vor ihm behauptet hatte, alle Planeten, auch die Erde, drehen sich um die Sonne. Und weil sie das seit mindestens Tausenden von Jahren taten, musste der Weltraum leer sein. Es konnte keine Luft oder irgendetwas sonst darin geben, sonst wären die Planeten ständig abgebremst worden und würden ganz stillstehen – wie eine Murmel, die wir über den Boden rollen. Sie wird immer langsamer und hält schließlich an, weil der Boden sie bremst.

Für die Planeten wäre das aber viel schlimmer: Sie können nicht einfach stillstehen. Dann ist bei ihnen keine Fliehkraft mehr wirksam, die der Anziehung der Sonne das Gleichgewicht halten könnte. Sie würden von ihr verschluckt werden.

Da es also den leeren Raum im Weltall geben muss, sollte

man ihn auch auf der Erde erzeugen können, meinte Otto von Guericke – nicht nur in so kleinen Portionen wie in der Glasröhre des Herrn Torricelli, sondern zum Beispiel in einem Weinfass. Er erfand nun eine Luftpumpe (so ähnlich wie die damaligen Wasserpumpen) und saugte die Luft aus seinen Fässern.

Aber alle Fässer krachten nach kurzer Zeit mit großem Knall zusammen – die Fassdauben wurden einfach nach innen gedrückt. Otto von Guericke wunderte sich nicht lange über die zerdrückten Fässer – du hoffentlich auch nicht: Der Luftdruck von außen war einfach so stark, wenn innen die Luft weggepumpt wurde, dass er das Fass wie eine Streichholzschachtel (die es damals noch nicht gab) zerdrückte.

Er konstruierte nun, das war sein berühmtester Versuch, eine hohle Kugel aus Metall, zusammengesetzt aus zwei Halbkugelschalen. Diese Kugel und Guerickes Pumpe kannst du noch heute im Deutschen Museum bewun-

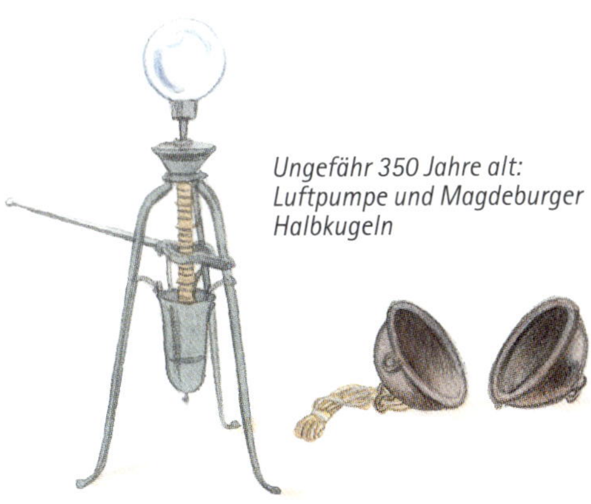

Ungefähr 350 Jahre alt: Luftpumpe und Magdeburger Halbkugeln

dern. Es sind wirklich die Originalgeräte, nicht irgendwelche vom Museum nachgebaute!

Die zwei Halbkugelschalen hat er, mit einem Lederring dazwischen, damit alles schön luftdicht war, zusammengepresst und nun die Luft herausgesaugt, durch ein Ventil an der Seite. Die Metallkugel hielt tatsächlich dem Luftdruck stand. Sie wurde nicht zerdrückt.
Ja, und woran merkte man, dass nun nichts mehr in ihr drin war, keine Luft? Otto von Guericke hatte eine grandiose Idee. Als Bürgermeister verstand er sich darauf, Publikum zu beeindrucken. Er spannte links vor der Kugel Pferde an und rechts noch einmal. Und allen Zuschauern blieb der Mund offen stehen: Diese Pferde schafften es nicht, so sehr man sie auch mit HÜH und HOTT antrieb, die zwei Kugelhälften auseinanderzureißen.
Nun erst glaubte jeder an das Unglaubliche: Die scheinbar so dünne Luft um uns herum ist dafür verantwortlich. Sie presst die zwei Kugelhälften mit einer wahnsinnigen Kraft aufeinander.

Im Museum

Das kannst du im Deutschen Museum selbst ausprobieren, ein paar Meter hinter der großen Originalkugel von Otto von Guericke: Zwei Halbkugelschalen, zusammen so groß wie ein Handball, lassen sich nicht mehr auseinanderziehen, sobald du durch das Umlegen eines Hebels die Luft herauspumpst.

Und als allen gerade dieses Licht aufgegangen war, drehte Otto von Guericke lässig, fast wie ein Zauberer, am Ventil herum, ließ mit einem Zischen Luft in die Kugel strömen. Sofort fielen die zwei Schalen auseinander, ganz von selbst!

Selbst so viele Pferde konnten die Magdeburger Halbkugeln nicht auseinanderziehen.

Geheimnis Vakuum

Das war – und ist immer noch – ein toller Effekt. Aber Otto von Guericke lag doch in einem Punkt ziemlich falsch: Leeren Raum hat er bei Weitem nicht erzeugt; das heißt, auch keinen Weltraum im Labor, wie er glaubte. Allein das verschlossene Ende der Glasröhre von Torricelli war etwa eine Million mal leerer! Warum? Otto von Guericke hatte ja eine Art Fahrradpumpe erfunden: In einem Rohr zog er einen Kolben hin und her, der mit Leder und Fett abgedichtet war. Das ist aber keine besonders gute Dichtung, übrigens auch der Lederring zwischen den zwei Schalen seiner Kugel nicht. Da kann sich immer noch ein bisschen Luft hineinquetschen. Er konnte von 30 Litern Luft vielleicht nur 27 Liter herauspumpen. Mehr ging nicht mit seiner schlechten Dichtung. Die Quecksilberröhren waren dagegen viel wirksamer. Es gab 76 cm flüssiges Metall, das sich in der Glasröhre dicht an dicht befand. Da konnte sich kaum noch Luft dazwischenmogeln und in die Vakuumecke dringen. Allerdings konnten Luftbläschen vom Einfüllen übrig bleiben. Aber wenn man ganz sorgfältig experimentierte, war die Luft hier etwa eine Million Mal dünner. Dieses Vakuum ist also schon ziemlich klasse! Und warum sind diese Glasröhren nicht durch den Luftdruck zerdrückt worden, so wie Guerickes Fässer? Nun, viel größer war hier der wirksame Luftdruck auch nicht, obwohl das Vakuum so viel besser war. Entscheidend war, dass diese Glasrohre so dünn waren. Wenn von Guericke mit entsprechend kleinen Modellfässchen experimentiert hätte, wären sie auch nicht zerdrückt worden.

Grundprinzip
Es gilt: Kraft = Druck mal Fläche. Bei 100-mal größerer Fläche ist also die zerstörende Kraft des Luftdrucks 100-mal größer.

Heute kann man mit den allerbesten Pumpen das Vakuum noch eine Milliarde mal besser machen als in Quecksilberröhren. Ist dann überhaupt noch irgendein Quäntchen Luft drin? Ihr werdet es nicht glauben, aber die Luftmoleküle sind so klitzeklein, dass immer noch eine ganze Menge, etwa 1000 in solch einem modernen Vakuum von sagen wir 1 cm Länge, Breite und Höhe herumsausen.

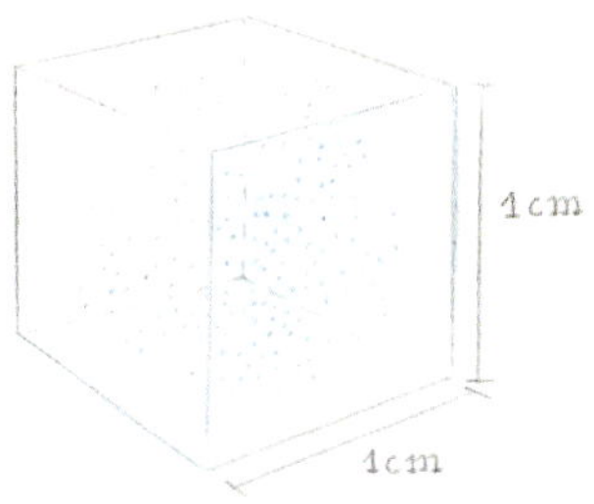

Auch im »besten« Vakuum schwimmen noch 1.000 Luftmoleküle herum.

Wenn wir allerdings einen gleich großen Fingerhut Raum zwischen den Sternen unserer Milchstraße einfangen könnten, würde eventuell nur noch ein einziges kleines Teilchen, sehr wahrscheinlich ein Wasserstoffatom, herumschwirren oder sogar gar keines mehr. Ein Fingerhut Raum um unsere Erde, etwa in der Nähe des Mondes, ist übrigens bei Weitem nicht so leer.
Da wäre Otto von Guericke bei seinen Versuchen doch verzweifelt gewesen, wenn er all das gewusst hätte. Vielleicht hätte es aber auch seinen Stolz nicht weiter geknickt. Immerhin hat er als Erster versucht, leeren Weltraum in Metallkugeln zu bannen.

Zu allerletzt: dunkle Materie und dunkle Energie

Außerdem, wenn Otto von Guericke moderne Artikel über Astrophysik lesen würde, könnte er uns entgegnen: Was heißt denn schon ein Teilchen in solch einem Fingerhut von 1 cm Länge, Breite und Höhe? Da schreibt ihr doch seit einiger Zeit, es gäbe »dunkle Materie«, von der niemand weiß, was sie ist und die fast sechsmal häufiger im ganzen Weltall herumschwirrt als eure bekannten Atome und Teilchen. Also auch in diesem kleinen Fingerhut, aus dem Weltall eingefangen, müsste sechsmal mehr von dieser dunklen Materie versteckt sein.

In der Tat, er hat recht. Sehr wahrscheinlich gibt es solch eine dunkle Materie. So drehen sich unzählige Milchstraßen im Weltall, wie unsere eigene, mit ihren mehr als 100 Milliarden Sternen um sich selbst, ähnlich wie Milchkaffee, den wir in einer Tasse umrühren.

Aber die Milchstraßen drehen sich viel zu schnell. Die Anziehungskraft der Milliarden Sonnen reicht nicht aus, die schnelle Drehung zu erklären, so viel man auch herumrechnet. Genauer gesagt, die Sterne in den äußeren Spiralarmen rasen viel zu schnell (auf solch einem äußeren Spiralarm steht auch unsere Sonne und wird mitgerissen).

Deshalb muss um diese Spiralarme Materie versteckt sein, die wir nicht sehen können, die aber die vielen, vielen Sonnen mit herumzieht. Und zwar sechsmal so viel Materie wie alle Milliarden Sterne enthalten!

Weil bis heute niemand weiß, was das ist, nennt man es eben: dunkle Materie.

Die Milchstraße mit ihren Spiralarmen: mehr als 100 Milliarden Sonnen und sechsmal so viel »dunkle Materie«.

Der Urknall vor 14 Milliarden Jahren

Und noch mehr: Unser Weltall ist ja vor 14 Milliarden Jahren in einem großen Urknall geboren worden. Seitdem fliegt es immer weiter auseinander, wobei sich Sterne und Milchstraßen erst auf dieser langen Explosionsfahrt gebildet haben. Seit ein paar Jahren weiß man allerdings: Das Weltall fliegt heute viel schneller auseinander als noch zu seiner Jugendzeit, so etwa vor acht Milliarden Jahren. Daran soll eine »dunkle Energie« schuld sein. Sie wirkt wie eine Kraft, die alles voneinander abstößt und deshalb immer schneller werden lässt. Aber was das genau ist, wissen wir auch nicht.

Immerhin landen wir damit wieder bei Einstein, zum Beispiel bei seiner berühmten Formel $E = mc^2$, Energie ist gleich Masse mal Lichtgeschwindigkeit mal Lichtgeschwindigkeit.

Dunkle Energie ist danach auch eine Art Masse im Weltall, viel mehr, als die ganze ordinäre Masse um uns herum – und auch mehr als die dunkle Materie. Unsere Bauklötze, Autos, Fernsehtürme, Planeten und Sterne inklusive all ihrer Strahlung machen nur noch einen winzigen Bruchteil unseres Universums aus, nur noch den 25. Teil. Stell dir vor, dein Zimmer zu Hause wäre nur ein kleiner Teil einer riesigen Wohnung, mit noch einmal 24 Zimmern, die du alle gar nicht sehen kannst. Alles außer deinem Zimmer ist vollkommen dunkel. Aber es ist da! Genauso wie Einsteins Raumschienen, die wir nicht sehen können.
Ein wirkliches Vakuum, in dem absolut nichts ist, kann es also gar nicht geben.

Vielleicht brauchen wir einen neuen Einstein, um das alles tiefgreifender zu erklären. Deshalb haben wir auch keine Experimente dazu im Museum. Und deshalb lassen wir es im Dunkel der zukünftigen Physik, was der leere Raum wirklich ist.

In vier Milliarden Jahren, am Ende ihres Lebens, wird sich die Sonne zu einem roten Riesenstern aufblähen und die Erde verbrennen. Spätestens dann ist alle menschliche Wissenschaft zu Ende.

Antworten zu den Tüftelfragen

Antwort 1: Im Mittelpunkt der Kugel. Beim flachen, rechteckigen Pappkarton ist der Schwerpunkt genau in der Kartonmitte.

Antwort 2: Der Schwerpunkt liegt tatsächlich im Freien, zwischen den Beinen und unter der Schnur.

Antwort 3: Beim linken Stab handelt es sich um ein stabiles Gleichgewicht, beim rechten um ein labiles Gleichgewicht.

Antwort 4: Wenn du herausgefunden hast, dass es weder ein labiles noch ein stabiles Gleichgewicht sein kann, da der Stab in jeder beliebigen Lage stehen bleibt, ist das schon großartig. Man nennt es *indifferentes Gleichgewicht.* Hier liegt der Kipp- oder nennen wir ihn besser Drehpunkt genau im Schwerpunkt.

Antwort 5: Der schwerere Freund muss dreimal so nah wie du an der Wippenmitte sitzen.

Antwort 6: Dabei handelt es sich um ein indifferentes Gleichgewicht.

Antwort 7: Keine Hebel sind Brille, Drachen, Bleistift, Computermaus.

Antwort 8: Die Steinplattform des Lastenkrans muss 2.000 kg wiegen.

Antwort 9: Die Spaltkräfte werden größer.

Antwort 10: Der größte Teil des Schnees drückt entlang der Giebeldächer schräg nach unten. Das ist der Hangabtrieb – wie bei einem Auto auf der Bergstraße. Je steiler das Dach ist, desto größer ist dieser erwünschte Hangabtrieb und umso kleiner die Haftkraft des Schnees, die auf das Dach drückt. Der Schnee kann also auch schneller abrutschen. Heute kann man aber so stabile Flachdächer bauen, dass große Schneelasten liegen bleiben können. Doch erinnere ich mich an den Winter 2005/06 in Bayern. Da mussten viele Leute auf ihren Dächern Schnee wegschippen, so viel gab es von der weißen Pracht! Und tatsächlich wurden einige Dachfirste eingeknickt.

Antwort 11: Die Fluggeschwindigkeit addiert sich bei West nach Ost zur Erdrotation. Die Fliehkraft ist größer und somit dein Gewicht kleiner als bei einem Flug von Ost nach West, bei dem die Fluggeschwindigkeit von der Erdrotation abgezogen werden muss.

Antwort 12: Auch der Mond ist schwerelos. Die Erdanziehung ist aufgehoben; aber natürlich wird alles auf dem Mond von diesem angezogen.

Antwort 13:

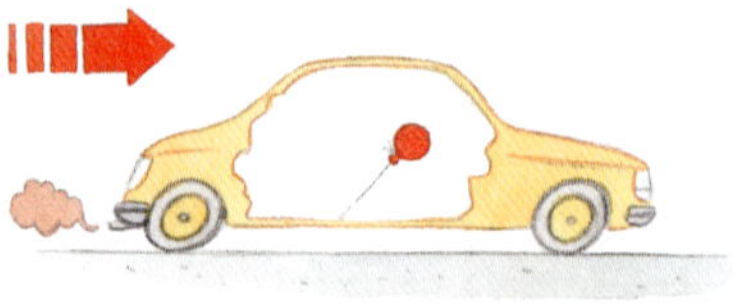

Antwort 14: In der Tat wird der Lichtstrahl doppelt so weit gekrümmt, denn zu seinem Gewicht, das ihn auf die Erde drückt, kommt noch die Trägheitskraft, die entgegengesetzt zu der Zombie-Bewegung, also in die gleiche Richtung wie sein Gewicht wirkt.

Antwort 15: Tatsächlich könntest du einen Zehn-Meter-Schlauch mit Wasser füllen und ebenso hochheben, ohne dass Wasser ausfließt – weil Wasser 13-mal leichter ist als Quecksilber! 76 x 13 = etwa 10 Meter. Deshalb konnten so lange Wasserpumpen – wie du sie im historischen Bild auf Seite 97 siehst – überhaupt pumpen.

Antwort 16*:* Die Plastikflasche wird im Tal durch den höheren Luftdruck ein Stück zusammengedrückt.

Glossar

Archimedes

Er lebte von etwa 287 bis 212 vor Christus. Wie er bei der Eroberung der Stadt Syrakus ums Leben kam, wissen wir nicht genau. Der griechische Schriftsteller Plutarch erzählt, ein Soldat habe ihm befohlen, zum römischen Feldherrn Marcellus zu kommen. Archimedes wollte aber erst seine Berechnungen fertigstellen. Das erzürnte den Soldat und er stach Archimedes nieder.
Das Hebelgesetz war übrigens schon 100 Jahre vor ihm geometrisch untersucht worden. Aber Archimedes war es, der den exakten mathematischen Beweis erbrachte.

Albert Einstein

Einstein lebte von 1879 bis 1955. In seiner Speziellen Relativitätstheorie erklärt er alle Bewegungen, die mit konstanter Geschwindigkeit ablaufen. Wenn die Geschwindigkeit in die Nähe der Lichtgeschwindigkeit von 300.000 km pro Sekunde kommt, gibt es ganz erstaunliche Folgerungen: zum Beispiel, dass die Zeit sehr viel langsamer vergeht.

In seiner Allgemeinen Relativitätstheorie beschreibt Einstein alle Bewegungen, deren Geschwindigkeit sich ändert, die also beschleunigt oder verzögert ablaufen. Dazu musste er auch Newtons Theorie der Schwerkraft ändern. Einstein ist sicher der berühmteste Physiker seit Isaac Newton.

Erdanziehung im Inneren der Erde

Nehmen wir mal an, wir würden zu einem Planeten reisen, nennen wir ihn Erde 2, den die Bewohner dort mittels gewaltiger Technik im Inneren aushöhlen. Er kreist so weit entfernt um seine Sonne herum, dass es auf seiner Oberfläche bitterkalt ist. Aber im Inneren ist er noch mollig warm, also wollen sie es sich dort gemütlich machen. So glutflüssig wie bei unserer Erde sollte das Innere allerdings nicht sein, das würde den Erde-2-Menschen schlecht bekommen. Den ausgebuddelten Dreck schießen sie ins Weltall. Wenn die Erde-2-Menschen nun nicht viel von Physik verstehen (das ist jedoch unwahrscheinlich bei solch toller Technik), sind sie bass erstaunt, dass sie in ihrer schön um den Mittelpunkt gebuddelten Erdhöhle total schwerelos sind. Alles schwebt herum, ohne Gewicht. Warum denn nun das?

Die Anziehungskraft von »Grün« vor uns und die Bremskraft von »Rot« hinter uns heben sich beim Fall genau auf.

Gehen wir noch einmal zurück zu unserem Traumtunnel. Wenn wir immer tiefer, immer schneller in die Erde fallen, werden wir nur noch von dem Teil der Erde angezogen, der vor uns ist. Der Teil hinter uns zieht uns ja zurück. Er bremst uns. Ihn haben wir in der Zeichnung rot gekennzeichnet. Nun ziehen wir von dem gesamten Rest der Erde vor uns das kugelige Mittelstück, den grau markierten Teil, ab. Was übrig bleibt, ist grün dargestellt. Man kann nun ausrechnen, dass die »Anziehung durch Grün« auf uns genauso groß ist wie die »Bremsung durch Rot«. Du kannst dir das so vorstellen: Rot ist zwar weniger Erde als Grün, aber näher an uns dran, sodass eben gilt: Rot und Grün heben sich gerade auf. Und das stimmt immer, ganz gleich, wo wir im Tunnel gerade sind. Übrig bleibt für die Anziehung auf uns nur noch der kugelige (hier grau markierte) Teil der Erde um ihren Mittelpunkt, den wir bei unserer rasenden Fahrt noch direkt vor uns haben. Ja, und wenn den unsere Erde-2-Menschen gleichmäßig wegbuddeln, dann gibt es eben überall in der so entstandenen kugeligen Höhle gar keine Erdanziehung mehr!

In unserem Traumtunnel passiert das natürlich nicht. Wir haben ja nicht so viel weggebuddelt. Der (graue) Abstand zum Erdmittelpunkt, der uns noch anzieht, wird kleiner und immer kleiner, je näher wir dem Erdmittelpunkt kommen. Also wird auch die Erdanziehung, die uns beschleunigt, immer geringer. Und nur im genauen Mittelpunkt passiert mit uns das Gleiche wie mit den Erde-2-Menschen in ihrem Hohlraum. Hier sind wir vollkommen schwerelos. Es gibt keine Erdbeschleunigung g mehr.

Wenn wir nicht so schnell hindurchrasen würden, mit 28.500 km/h, sondern uns eine Riesenfaust anhalten könnte, würden wir schwere- und regungslos im Mittelpunkt der Erde herumhängen (falls wir nicht sowieso verglühen würden durch mehr als 5.000 Grad Hitze, die im Erdinderen herrschen!)

Die Erde ist allerdings im innersten Kern viel stärker zusammengepresst als direkt unter unseren Füßen – bis zu viermal mehr. Deshalb nehmen auch ihre Anziehungskraft und damit die Beschleunigung im Traumtunnel nicht gleichmäßig ab. Unsere »Traumergebnisse« bleiben jedoch gleich.

Erdbeschleunigung

Wir haben der Einfachheit halber immer 10 m/s^2 angegeben. Der genauere Wert an der Oberfläche unserer Erde ist 9,81 m/s^2.

Erde und Mond

Die *Erde* hat am Äquator einen Durchmesser von 12.757 km.
Von Pol zu Pol beträgt der Durchmesser 12.714 km.
Als durchschnittlichen Durchmesser gibt man immer 12.742 km an.
Der durchschnittliche Radius ist die Hälfte davon: 6.371 km.

Die Masse der **Erde** ist unglaublich groß, ungefähr:
6.000.000.000.000.000.000.000.000 kg.
Das ist eine 6 mit 24 Nullen! Zur Vereinfachung schreibt man 6×10^{24} kg (und spricht: 10 hoch 24). Im Taschenrechner lässt man einfach all die Nullen weg – und kalkuliert sie am Ende wieder ein.

Der **Mond** hat einen Durchmesser von 3.476 km.
Seine Masse ist etwa 81-mal kleiner als die der Erde, aber immer noch 74.000.000.000.000.000.000.000 Kilogramm. Das sind 21 Nullen. Also schreibt man 74×10^{21} kg.

Erde und Mond sind durchschnittlich 384.400 km voneinander entfernt. Manchmal sind sie einander etwas näher, manchmal ferner. Der Mond bewegt sich also nicht auf einem exakten Kreis um die Erde – genauso wenig wie die Erde um die Sonne.

Die »Himmelsscheibe von Nebra« (3.500 Jahre alt)

So etwa stellte man sich vor 3.500 Jahren vielleicht Erde und Himmel vor.

Erdumfang und Erddurchmesser

Der griechische Geograf und Astronom Eratosthenes hat als Erster eine raffinierte und recht einfache Methode ersonnen, mit der er die ungeheure Größe der Erdkugel bestimmen konnte:
Von seiner Reise in den Süden Ägyptens wusste er, dass dort, in Syene bei Assuan, die Sonne am 21. Juni zur Mittagszeit genau senkrecht in einen tiefen Brunnen schien. Am selben Tag und zur selben Stunde warf aber ein Stab in Alexandria am Mittelmeer einen Schatten mit einem bestimmten Winkel, den man genau messen konnte. Dieser Winkel muss genauso groß sein wie der Winkel am Erdmittelpunkt, da die Sonnenstrahlen alle parallel zueinander auf die Erde fallen.

Der Mittelpunktswinkel entspricht nun der Entfernung von Syene nach Alexandria, genauso wie der Winkel der ganzen Kugel, 360°, dem gesuchten gesamten Umfang der Erde entspricht. Daraus folgt:

$$\text{Umfang der Erde} = \frac{360° \times \text{Entfernung von Syene nach Alexandria}}{\text{Schattenwinkel}}$$

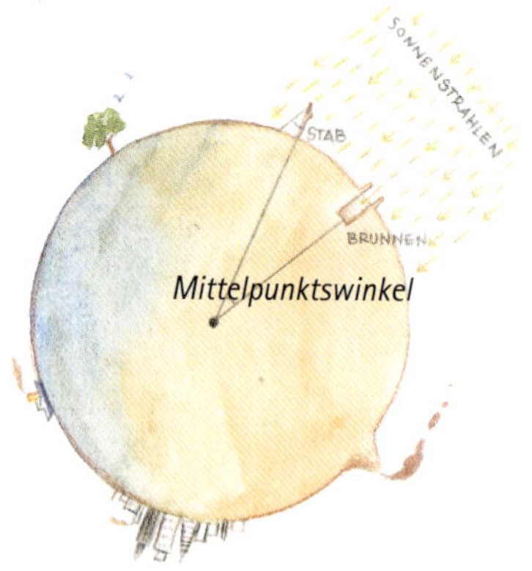

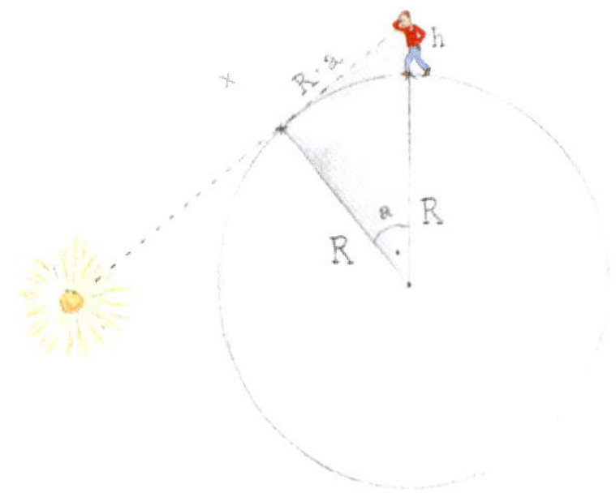

Eratosthenes kannte nun die Entfernung von Syene nach Alexandria (790 km) und maß den Winkel des Schattenstabs in Alexandria sehr genau (7,2°). Daraus berechnete er den Umfang der Erde tatsächlich ziemlich gut mit 40.000 km. Der Erddurchmesser ist demnach:

$$\frac{\text{Erdumfg. } 40.000\,\text{km}}{\text{Kreiszahl } \pi \text{ (sprich Pi)}} = \frac{40.000}{3{,}14} = \text{ca. } 12.740\,\text{km}$$

Unsere Strandmethode ist ein wenig komplizierter zu erklären. Immerhin, auch sie funktioniert mit einfacher Geometrie. Deine Augenhöhe nennen wir h, die Zeit, die du misst, t und den Erdradius R. Du kannst bis zum Horizont ungefähr R x a weit schauen, wenn die Sonnenstrahlen genau geradeaus zu dir kommen. a ist der Winkel am Erdmittelpunkt (weil du ein winziger Zwerg im Vergleich zur Erde bist, tun wir so, als ob die Erde von dir bis zum Horizont flach ist). Nun gilt mit dem Satz des Pythagoras für rechtwinklige Dreiecke, dass die Quadrate über den zwei kurzen Seiten, miteinander addiert, genau das Quadrat über der langen Seite ergeben (für Quadrat dürfen wir ja »^{2}« schreiben):

$$R^2 + (R \times a)^2 = (h + R)^2$$

Wenn man das alles ausmultipliziert, fällt R^2 auf beiden Seiten weg. h^2 ist sehr klein im Vergleich zu R, das kann man also auch weglassen. So bleibt:

$$R^2 \times a^2 = 2\ R \times h$$

R kann man links und rechts einmal wegkürzen und es bleibt:

$$R \times a^2 = 2\ h$$

Daraus ergibt sich:

$$R = 2\frac{h}{a^2}$$

Den Winkel a muss man in die Zeit t umrechnen, die du gemessen hast. Um diesen Winkel hat sich ja die Erde nach deinem Aufstehen weitergedreht:

$$a = \frac{2 \times \text{Kreiszahl } \pi \times t}{24 \times 3.600}$$

(Zweimal Kreiszahl π entspricht dem Winkel 360° während einer Erddrehung in 24 Stunden; die Stunden müssen wir noch mit 24 x 3.600 in Sekunden umrechnen.)

Das ergibt für den Erdradius R in Metern:

$$R = \text{ungefähr} \frac{380.000.000 \times h}{t^2}$$

Der Durchmesser D der Erde ist doppelt so groß, rechnen wir ihn gleich in Kilometer um:

$$D = \frac{2 \times 380.000 \times h}{t^2} = \frac{760.000 \times h}{t^2}$$

Wenn du deine Augenhöhe h zu 1,52 m gemessen hast und die Zeit t zu 9,5 Sekunden, würdest du damit für den Erddurchmesser rund 12.800 km erhalten. So gut wird deine Messung aber garantiert nicht funktionieren. Am schwierigsten ist es, genau den letzten Sonnenstrahl abzupassen. Außerdem werden die Sonnenstrahlen am Abend, weil sie einen langen Weg durch die Erdatmosphäre zurücklegen müssen, von ihrem geraden Weg stärker abgeknickt. Deshalb sieht auch die Sonne bei Sonnenuntergang etwas zusammengequetscht aus und nicht mehr kreisrund. Die Lichtstrahlen vom unteren Rand der Sonne werden nämlich stärker abgeknickt, da ihr Weg durch die Lufthülle länger ist.
Und warum leuchtet dann die Sonne so richtig rot und nicht mehr gelbweiß? Auch das hat mit dem längeren Weg durch die Luft am Abend oder am Morgen zu tun. Dann wird aus dem Sonnenlicht viel mehr blaues Licht nach allen Seiten weg gestreut. Das gelbrote Licht überwiegt nun und wir sehen die Sonne rot. Den ganzen Tag über wird auch ein Teil des blauen Sonnenlichts in die Luft gestreut und macht den Himmel blau! Stell dir vor, es wäre umgekehrt: Dann hätten wir die meiste Zeit über einen roten Himmel!

Die Fliehkraft

Sie ist eigentlich keine echte Kraft wie unsere Muskelkraft. Wieso das? Dazu schauen wir uns noch einmal unseren Modellmotorradfahrer im Museum an. Kein Gegenstand macht eine Kreisbewegung freiwillig mit. Er möchte entweder in Ruhe bleiben oder sich immer schön konstant geradeaus bewegen. Das hat Isaac Newton als Erster herausgefunden. Auch unser Modellmotorradfahrer, den wir so plötzlich in Drehung versetzt haben, möchte eigentlich geradeaus – weg von unserer Drehscheibe – fahren:

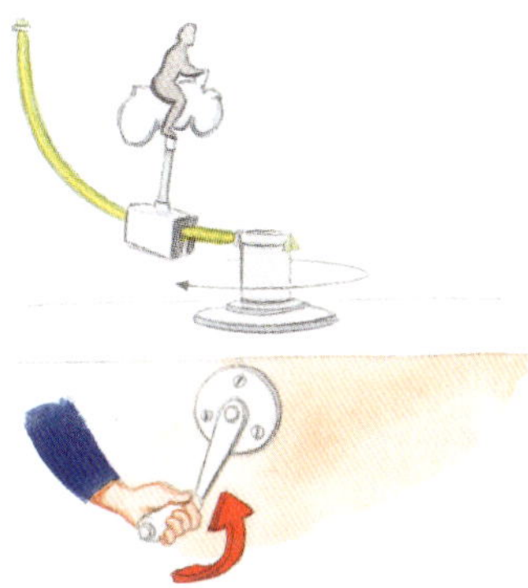

Er kann es aber nicht. Wenn er es könnte, würde er es sofort tun, so wie beispielsweise die Funken, die von einem sich drehenden Schleifstein wegstieben, an dem gerade gearbeitet wird. Die Funken kreisen auch nicht weiter mit dem Stein, sondern fliegen schön geradeaus fort. Aber jetzt kommt es: Wenn wir auf dem Schleifstein sitzen würden und die Funken von dort aus betrachten könnten, sähen wir sie anfangs senkrecht von uns

und dem Schleifstein wegstieben, als gäbe es eine Schiene, senkrecht vom Schleifstein und von uns weg, die die Funken nach außen reißt, genau wie die Schiene des Motorradfahrers im Museum.

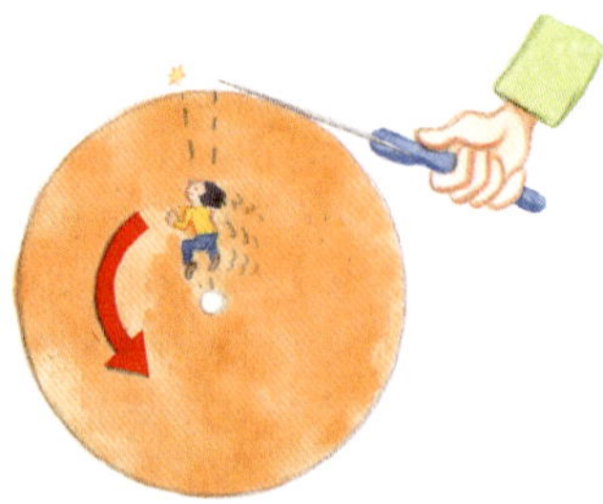

Nach 1 Hundertstel Sekunden

Und nur wenn wir uns mit dem Schleifstein weiterdrehen (oder wenn wir uns in die Schiene des Motorradfahrers hineindenken), sehen wir das so. Deshalb sagen wir, da muss es eine Kraft geben, die sie senkrecht wegreißt, eben die Fliehkraft. In Wirklichkeit wollen die Funken aber einfach nur weiter geradeaus fliegen, von der Stelle aus, an der sie gerade losgerubbelt wurden. Die Fliehkraft ist also nur eine Täuschung. Der Physiker nennt diese Kraft eine Scheinkraft. Wir glauben nur dann, dass es sie gibt, wenn wir uns irgendwie mitbewegen! (Bei Einstein ist ja sogar die Schwerkraft eine Täuschung.)
Unsere Zeichnung zeigt übrigens nur den Anfang der Drehung, so lange die entstehenden Funken von der Scheibe noch mitgerissen werden. Danach stieben sie völlig unabhängig einfach geradeaus weiter.

Nach 2 Hundertstel Sekunden

Nach 3 Hundertstel Sekunden

Die Formeln für diese Fliehkraft hat der

holländische Physiker Christiaan Huygens (sprich: Heugens) so um die Zeit von Newton vor mehr als 300 Jahren herausgefunden:

Fliehkraft F = *Masse M* mal *Geschwindigkeit v* mal *Geschwindigkeit v* geteilt durch den *Radius R* der Drehung

In mathematischer Sprache:

$$F = \frac{M \times v^2}{R}$$

Für v mal v schreibt man also kurz v^2 und spricht das »v hoch 2« oder auch »v Quadrat«.

Nach Newton gilt nun:
Kraft F = *Masse M* mal *Beschleunigung a*

In mathematischer Sprache:

$$F = M \times a$$

Setzen wir das für die Fliehkraft oben ein, kürzt sich die Masse weg und es folgt:

Fliehbeschleunigung a = *Geschwindigkeit v* mal *Geschwindigkeit v* geteilt durch den *Radius R* der Drehung

In mathematischer Sprache:

$$a = \frac{v^2}{R}$$

Beispiel: Wie groß ist die Fliehbeschleunigung am Äquator?
Die Geschwindigkeit des Äquators erhalten wir, wenn wir 40.000 km durch 24 Stunden teilen. Das ergibt 1.670 km/h = 463 m/s.

Diese Geschwindigkeit und den Erdradius setzen wir in die Gleichung ein und erhalten für die Fliehbeschleunigung a am Äquator:

$$a(\text{Äquator}) = \frac{463\,\frac{m}{s} \times 463\,\frac{m}{s}}{6.371.000\,m} = 0{,}034\,\frac{m}{s^2}$$

($\frac{m}{s^2}$ = Meter pro Sekundenquadrat)

Die Erdbeschleunigung g, die unser Gewicht bestimmt, ist 9.81 m/s^2, also fast 300-mal größer als die Fliehbeschleunigung am Äquator.

Um wie viel bist du bei einem Flug von Südamerika nach Afrika leichter als in umgekehrter Richtung?
Die Fliehbeschleunigung am Äquator haben wir schon ausgerechnet (siehe Fliehkraft):
Sie ist 0,034 m/s^2.

Sie ist rund 300-mal kleiner (genauer: 290 mal) als die Erdbeschleunigung von 9,81 m/s^2. Um 1/300 sind wir also im tiefen Afrika leichter als am Nordpol, nur weil die Erde sich dreht (wir sind sogar noch etwas leichter, weil die Erde am Äquator dicker ist als von Pol zu Pol). Wenn wir jetzt annehmen, ein Flugzeug ist halb so schnell wie der Äquator, also etwa 835 km/h, dann kannst du ausrechnen, dass du bei einer Reise von Westen nach Osten 2/300 leichter wirst als in die umgekehrte Richtung. Wenn du zu Hause 50 kg wiegst, macht das immerhin etwas mehr als 330 g aus.

Galileo Galilei

Der italienische Physiker und Astronom lebte von 1564 bis 1642 und wurde berühmt, weil er entdeckte, nach welchem

Gesetz Kugeln oder Steine immer schneller werden, wenn sie zur Erde fallen. Berühmt wurde er auch durch seinen Konflikt mit dem Papst. Er hatte ein damals ketzerisches Buch veröffentlicht. Darin glaubte Galilei, die Behauptung von Kopernikus bewiesen zu haben, dass die Erde zwei Bewegungen ausführt: in 24 Stunden um sich selbst und in einem Jahr um die Sonne. Nun musste er widerrufen und wurde zu lebenslangem Hausarrest verurteilt. Damit hatte er noch Glück gehabt.

Ein astronomisches Messgerät, der Astrolab, aus der Zeit Galileis

Gewicht und Masse

Mit jeder Badezimmerwaage misst du die Anziehungskraft der Erde auf dich. Das ist dein Gewicht. Auf der Waage steht zum Beispiel 50 kg. Doch eigentlich ist das falsch. Denn diese 50 kg bezeichnen im Grunde nicht dein Gewicht, sondern deine Masse und deine Masse ist überall im Weltall gleich – auch auf dem Mond. Auf dem Mond aber würde deine Badezimmerwaage nur noch 1/6 anzeigen, also etwas mehr als 8 kg. Statt Kilogramm müsste die Waage dann eigentlich etwas anderes anzeigen, eben die ganz spezielle Anziehungskraft jedes Himmelskörpers.

Die Anziehungskraft jedes Himmelskörpers auf dich, das heißt dein Gewicht auf diesem Himmelskörper, erhältst du mit:

Kraft F = Masse M mal **Beschleunigung** a

Auf der Erde ergibt das
Gewichtskraft F = 50 kg x 9,81 m/s^2
= ungefähr 500 Newton

So nennt man zu Ehren von Isaac Newton diese Anziehungskraft. Du wiegst also auf der Erde 500 Newton. Und das müsste eigentlich auch auf der Waage stehen. Auf dem Mond würde sie dann etwas mehr als 80 Newton anzeigen.

Da wir uns aber selten auf dem Mond wiegen und genauso wenig ein Kilogramm Kartoffeln oder Karotten auf dem Mond oder Mars, hat man auf unseren Waagen alles bei Kilogramm (oder Pfund z. B. in England) gelassen. Und letztendlich essen wir ja in der Tat die Menge der Atome unseres irdischen Kilogramms Karotten und nicht die Anziehungskraft der Erde auf die Karotten.

Lichtstrahlen in Einsteins Fahrstuhl

Wenn der Fahrstuhl mit konstanter Geschwindigkeit von unseren Zombies hochgezogen wird, macht der Lichtstrahl unserer Laser-Taschenlampe eine gerade Linie zum genau gegenüberliegenden Punkt an der Wand. Nur wenn die Zombies den Fahrstuhl immer schneller hochreißen, also beschleunigen, gibt das eine gekrümmte Bahn des Lichtstrahls, die dann täuschend ähnlich der Krümmung aussieht, die ein Planet unter dem stehenden Fahrstuhl auf die Lichtstrahlen ausübt. Und noch etwas muss man annehmen, sonst macht der Lichtstrahl bei unserem Zombie-Experiment nicht richtig mit. Das hat Einstein gleich am Anfang seiner (Speziellen) Relativitätstheorie berücksichtigt: Das Licht hat immer und überall im leeren Raum die gleiche Geschwindigkeit von 300.000 km pro Sekunde. Es bekommt also nicht einfach zusätzlich noch die Geschwindigkeit von einem Fahrstuhl oder von sonst etwas mit. Man könnte ja schließlich meinen, da die Taschenlampe mit dem Fahrstuhl hochgerissen würde, dass eigentlich auch das Licht genau auf gleiche Weise hochgerissen würde und nie und nimmer ein Stück niedriger auf der Gegenwand ankommen könnte. Aber Licht wird komplizierter bewegt, sagt Einstein. Es bleibt allerdings bei seinen 300.000 km pro Sekunde (ist ja schon wahnsinnig schnell genug! Etwas Schnelleres gibt es nicht im ganzen Universum). Und deshalb kommt es ein klitzekleines Stück weiter unten an – wenn die Zombies schnell genug beschleunigen.

Lichtstrahlen und Satellitennavigation

Einstein sagte in seiner Theorie der Schwerkraft, der Allgemeinen Relativitätstheorie, 1915 voraus, dass Lichtstrahlen, die ganz nah an der Sonne vorbeilaufen, stärker gekrümmt werden als solche, die weiter davon entfernt sind. Und er sagte auch voraus, dass Lichtstrahlen, die direkt aus der Sonne kommen, ihre Farbe ein klein wenig verändern. Statt Farbe sagt man auch Wellenlänge. Und weil Radiowellen so etwas Ähnliches sind wie Licht, gilt das auch für sie. Die Sonne schickt in der Tat auch Radiowellen aus. Radio- oder Funkwellen, die von unserer Erde ausgehen oder aus Satelliten auf sie herunterprasseln, verändern sich ebenfalls nach Einstein, nur sehr viel schwächer.

Die Funkwellen der Satelliten brauchen wir zum Beispiel, wenn wir mit unserem Autonavigationssystem in einer fremden Stadt herumfahren. Wir tippen dann ein: »Bremer Straße 24«, und schon checkt das Navigationssystem mit den Funkwellen der Satelliten ab, wo wir uns gerade befinden und wie wir zur Bremer Straße kommen. Da die Funkwellen der Satelliten, die aus etwa 20.000 km Höhe zur Erde kommen, durch den unterschiedlich gekrümmten Raum da oben und hier unten bei uns, ein klein wenig verändert sind, muss man sie korrigieren, sonst werden wir falsch geführt. Würde man

sie nicht korrigieren, wären die Messungen falsch. Einsteins Allgemeine Relativitätstheorie ist also in der Tat auch bis in unser Auto gelangt.
Übrigens müssen wir auch seine Spezielle Relativitätstheorie einberechnen, die sich mit konstanten Geschwindigkeiten befasst (und Satelliten haben schon recht hohe Geschwindigkeiten).

Woraus besteht Luft?
Trockene Luft besteht aus

78 % Stickstoff
21 % Sauerstoff
0,9 % Argon (das ist ein Edelgas)
0,03 % Kohlendioxid,

ferner aus Spuren von anderen Gasen wie den Edelgasen Helium und Neon sowie aus Wasserstoff und Ozon.

Museum
Das Deutsche Museum in München gehört zu den vier bis fünf größten wissenschaftlich-technischen Museen der Welt. Jeden Tag von 9 bis 17 Uhr kannst du Hunderte von Experimenten durchführen und mehr als 20.000 Instrumente, Maschinen, Autos, Eisenbahnen und Flugzeuge bestaunen. Leider wird es gerade vollständig umgebaut. In ein paar Jahren wirst du Experimente dieses Buches wieder in der Ausstellung Physik finden. Du kannst dort mehr als 300-mal Hebel und Knöpfe drücken, Kurbeln drehen, Glaslinsen verschieben, Magnete bewegen, elektrische Schalter drücken und vieles mehr.

Isaac Newton
Der englische Physiker lebte von 1643 bis 1727. Besonders berühmt ist seine Annahme, dass in jedem Körper, ob Stein oder Planet, eine Kraft sitzt: die Schwerkraft oder Gravitation. Deshalb ziehen alle Körper einander an.

Newtons Gesetz der Schwerkraft oder Gravitation
Es lautet:
Anziehungskraft F zwischen 2 Massen M = *Gravitationskonstante G* mal *Masse 1* mal *Masse 2* geteilt durch das Quadrat des *Abstandes R*

oder

$$F = G \times \frac{M_1 \times M_2}{R^2}$$

Wenn man die Massen in kg angibt und die Entfernung in m, erhält man die Kraft in »Newton«. Da die Gravitationskonstante eine winzig kleine Zahl ist (6,7 geteilt durch 100 Milliarden!), ist diese Schwerkraft so klein, dass zwei Menschen, die, sagen wir, jeder 100 kg wiegen und 1 m entfernt voneinander stehen, nicht spüren, dass sie sich auch gegenseitig anziehen. Das berechnen wir nun ganz leicht:

$$F = G \times \frac{100 \times 100}{1 \times 1} = \frac{6{,}7}{10\,\text{Millionen}}\ \text{Newton}$$

Das ist eine superwinzige Kraft.
Wenn aber nur eine der Massen ungeheuer groß ist, wie etwa bei Erde oder Mond (siehe unter »Erde und Mond«), sieht das ganz anders aus. Dann ergibt sich für einen Menschen von 100 kg auf der Erdoberfläche:

$$F = G \times \frac{100 \times 6 \times 10^{24}\ \text{kg}}{(6.371.000\text{m})^2} =$$

ungefähr 1.000 Newton.

Das haben wir schon einfacher ausgerechnet (s. Gewicht und Masse). Die Erdanziehungskraft auf einen Menschen ist ja genau sein Gewicht. Das heißt:

Gewichtskraft = Masse mal Erdbeschleunigung =

100 kg x 9,81 m/s^2 = ungefähr 1000 Newton

Wenn du nicht auf der Erde, sondern auf einem anderen Himmelskörper als Mond oder Planet stehst, gilt auch dort:

Gewichtskraft an der Oberfläche jedes Himmelskörpers = Masse x Beschleunigung dort

oder (wenn wir den Erdmond wählen)

$$F = M \times a_{Mond}$$

Es gilt aber auch das Gesetz der Schwerkraft, das kennen wir schon:

$$F = G \times \frac{M_1 \times M_2}{R^2}$$

Deine Masse nennen wir M_1, also können wir auch schreiben:

$$M_1 \times a_{Mond} = G \times \frac{M_1 \times M_{Mond}}{R^2}$$

Deine Masse M_1 kürzt sich weg (deshalb fallen also alle Körper gleich schnell herunter, ihre Masse spielt gar keine Rolle!) und es bleibt nur die Masse des Mondes M_{Mond}:

$$a_{Mond} = G \times \frac{M_{Mond}}{R^2}$$

Die Masse des Mondes ist 74 (inklusive 21 Nullen) kg, der Radius 1.738.000 m. Also ergibt sich für die Mondbeschleunigung

$$a_{Mond} = \frac{6{,}7}{10^{11}} \times \frac{74 \times 10^{21}}{(1.738.000)^2} \frac{m}{s^2}$$

Damit sich die vielen Nullen wegkürzen – sonst streikt dein Taschenrechner – formen wir etwas um:

$$a_{Mond} = \frac{6{,}7 \times 74 \times 10^{21}}{10^{11} \times 17{,}38^2 \times 10^{10}} \frac{m}{s^2}$$

Nun steht oben eine 1 mit 21 Nullen und unten ergeben die 1 mit 11 Nullen und die 1 mit 10 Nullen genauso viel wie oben. Wir kürzen das also weg. Für deinen erleichtert aufatmenden Taschenrechner bleibt:

$$a_{Mond} = \frac{6{,}7 \times 74}{17{,}38^2} \frac{m}{s^2} = ca. 1{,}6 \frac{m}{s^2}$$

Damit weißt du nun z. B., um wie viel höher du auf dem Mond springen kannst.
1,6 m/s^2 ist etwa sechsmal kleiner als die Erdbeschleunigung von 9,81 m/s^2.
Du bist also sechsmal leichter als auf der Erde und kannst statt, sagen wir, 1,5 m auf der Erde, auf dem Mond sechsmal so hoch springen. Das wären grandiose 9 m.

Der Mars ist etwa elfmal leichter als die Erde und nur halb so groß. Das ergibt für die Marsbeschleunigung $\frac{2^2}{11}$ der Erde, also mehr als 3,6 m/s^2.
Du kannst also immerhin noch fast dreimal so hoch oder weit springen wie auf der Erde.

Schwerkraft = Beschleunigung

Wie Einstein sich an seine geniale Idee erinnerte:

»Es war 1907, als mir der glücklichste Gedanke meines Lebens kam. Ich saß auf meinem Stuhl im Patentamt in Bern und hatte plötzlich einen Einfall: Wenn eine Person frei herunterfällt, wird sie ihr eigenes Gewicht nicht spüren. Ich war verblüfft. Dieses einfache Gedankenexperiment machte auf mich einen tiefen Eindruck. Es führte mich zu meiner Theorie der Schwerkraft.«

So ähnlich hat sich Einstein an diese tolle Idee erinnert, einige Jahre nachdem er seine berühmte Allgemeine Relativitätstheorie aufgestellt hatte.

Er hat auch von Kästen geschrieben, in denen Physiker sitzen und beschleunigt hochgezogen werden. Zombies hat er nicht erwähnt, die habe ich dazuerfunden.

Wenn Einstein heute lebte, hätte er sicher großen Spaß, solch einen freien Fall auf den Kirmesfalltürmen selbst auszuprobieren.

Fahrstuhl und Traumtunnel: Warum spüren wir gar nichts?

Sobald wir mit unserem Fahrstuhl in den Tunnel fallen, passiert das Gleiche wie auf dem Kirmesfallturm. Unsere Trägheit, die sich gegen die Beschleunigung wehrt, hebt genau die Erdbeschleunigung auf, die uns nach unten zieht. Das gilt auch für unseren Rucksack, den wir vielleicht tragen, oder einen Stein in der Hosentasche. Alles wird scheinbar schwerelos. Im Mittelpunkt der Erde gibt es gar keine Beschleunigung mehr und keine Erdanziehung, da sind wir sowieso schwerelos. Kurz hinter dem Mittelpunkt versucht uns die Erde, wieder zurückzuziehen, wir wehren uns aber erneut genauso stark mit unserer Trägheit dagegen. Wieder hebt sich alles auf, wir spüren nichts. Und wie ist es, wenn wir am Tunnelende in Neuseeland umkehren? Da müssten wir doch etwas spüren. Gibt es keinen Ruck? Nein! Wir werden ja immer langsamer, immer langsamer. Am Tunnelende stehen wir für einen Augenblick still, nur für einen Augenblick, und ebenso langsam werden wir zunächst wieder in den Tunnel gezogen. Wir können davon nichts merken, wenn wir kein Fenster zum Hinausschauen haben. Halt, genauso gilt das nur für einen Tunnel zwischen Nord- und Südpol. Warum? Dazu mehr bei »Warum stößt du bei deinem Flug durch den Traumtunnel an den Wänden an?«

Warum stößt du bei deinem Flug durch den Traumtunnel an den Wänden an?

Bohren wir unseren Tunnel z. B. am Äquator durch die Erde, dann übernimmst du zusätzlich zu deiner wahnsinnig schnell zunehmenden Fallgeschwindigkeit auch noch die Drehgeschwindigkeit des Äquators selbst mit, also ca. 1.670 km/h. Zwar merkst du auf den ersten Metern noch nichts davon, denn die ganze Erde dreht sich auch im Tunnel mit dir zusammen herum. Je tiefer du aber in den Tunnel fällst, desto geringer ist dort die Drehgeschwindigkeit der Erde. Bist du z. B. schon 3 km gefallen, hat dort das Innere der Erde nur noch etwa 40.068 km Umfang statt 40.077 wie am Äquator (das ist der ganz exakte Wert). Also ist hier im Inneren die Drehgeschwindigkeit 40.068 geteilt durch 24 Stunden = 1.669,5 km/h. Du selbst hast aber die Geschwindigkeit des Äquators von knapp 1.670 km/h beibehalten. Dieser Unterschied lässt dich im Tunnel seitwärts treiben und ziemlich schnell gegen die Wände platschen. Nach einigen Kilometern Fallen wärst du jedenfalls längst schon ziemlich angeschlagen (im wahrsten Sinne des Wortes). Man nennt diese Art Scheinkraft, die dich gegen die Wände krachen lässt, die Coriolis-Kraft.

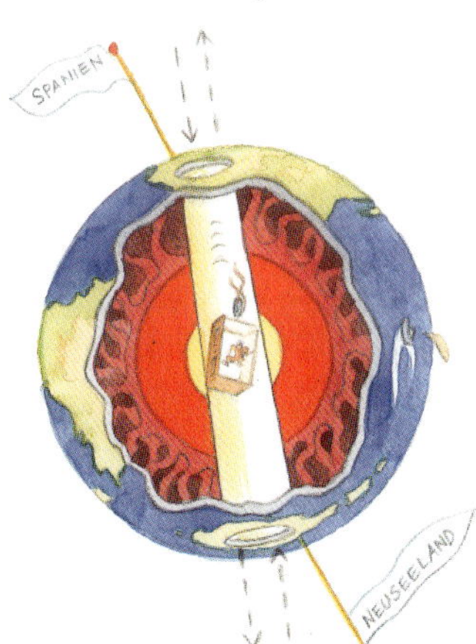

Es gibt aber einen Tunnel durch die Erde, bei dem das nicht passiert. Welcher könnte das sein? Bei einem unserer kürzeren Tunnels, etwa von Spanien nach Brasilien, jedenfalls nicht. Da kommt solch eine Seitendrift natürlich dazu. Wenn du aber genau vom Nordpol zum Südpol durch die Erde fällst oder umgekehrt? Dann klappt das ganz elegant, ohne Anstoßen. An den Polen der Erde drehst du dich nämlich, mit dem jeweiligen Pol, in 24 Stunden nur einmal um dich selbst.

Wie schnell wirst du bei deinem Traumtunnelflug nach Neuseeland?

Zwar wird die Erdbeschleunigung g immer geringer, je näher du an den Erdmittelpunkt kommst. Dort ist sie sogar null. Im Durchschnitt darf man aber sagen: Die gleiche hohe Endgeschwindigkeit, die du im Erdmittelpunkt erreichst, würdest du auch gewinnen, wenn du mit der halben Erdbeschleunigung konstant durch unseren Tunnel rast. Dazu gibt es eine andere Formel von Galilei:

Geschwindigkeit v x *Geschwindigkeit v* = 2 x *Erdbeschleunigung g* x *Weg s* oder

$v^2 = 2 \times g \times h$

Jetzt setzen wir aber nur die halbe Erdbeschleunigung g an und als Weg den Erdradius in Metern. Dann erhalten wir:

$v^2 = 9{,}81 \times 6.371.000\ m^2/s^2$

Wir suchen nun einen Wert der Geschwindigkeit, der mit sich selbst multipliziert

$9{,}81 \times 6.371.000\ m^2/s^2$ ergibt.

Das nennt man Wurzelziehen und schreibt sich so:

Geschwindigkeit v = $\sqrt{9{,}81 \times 6.371.000}$ m/s
Der Taschenrechner liefert uns nun mit dieser Wurzeltaste √ die Geschwindigkeit zu rund 7.900 m/s. Das sind 28.500 km/h.

Diese Geschwindigkeit ist übrigens etwas ganz Besonderes. Wenn wir eine Kanone oder eine Abschussrampe für Raketen auf der Erdoberfläche genau waagerecht aufstellen und unser Geschoss mit 28.500 km/h losfeuern könnten, flöge es immer haarscharf um die Erde herum, mit dieser gleich bleibenden Geschwindigkeit. Vorausgesetzt allerdings, es gäbe keine Luftreibung und keine Berge, gegen die es prallen würde. Also ist das auch eine Traumidee. Man nennt diese Geschwindigkeit, bei der man mit einem Schuss um die ganze Erde herumkäme: erste kosmische Geschwindigkeit. Bei jeder kleineren Geschwindigkeit würde das Geschoss (auch ohne Luft und Berge) irgendwann in die Erde rammen oder in einen Ozean klatschen.
Wenn es eine erste kosmische Geschwindigkeit gibt, muss es mindestens auch eine zweite geben. Tut es auch. Die zweite kosmische Geschwindigkeit ist 40.300 km/h groß. Erst bei dieser Geschwindigkeit würde unser Geschoss oder eine Rakete auf Nimmerwiedersehen von der Erde verschwinden.
Und wie ist das mit dem Erdtrabanten, dem Mond? Eine Theorie zu seiner Entstehung besagt, dass ein Teil von ihm bei einem gewaltigen Weltraumcrash aus der Erde herausgeschlagen wurde. Falls das stimmt, muss die Geschwindigkeit beim Herausschlagen also größer als die erste, aber kleiner als die zweite kosmische Geschwindigkeit gewesen sein.

Wie lange brauchst du für deine Traumtunnelfahrt nach Neuseeland?
Warum ist eigentlich deine maximale Geschwindigkeit im Traumtunnel genauso groß wie die erste kosmische Geschwindigkeit, die beispielsweise ein Satellit haben muss, der scharf über unseren Köpfen hinweg um die Erde kreisen würde?
Dein Fall durch die Erde ist ja wie ein tolles Bungeeseil-Vergnügen, nur ohne Seil. Du schwingst von Spanien aus nach Neuseeland und wieder zurück und wieder nach Neuseeland und so weiter.
Jetzt binde mal eine kleine Taschenlampe an eine Schnur und schwenke sie im dunklen Zimmer im Kreis herum. Eine Freundin, die das (ganz wichtig!) *von der Seite aus* betrachtet, denkt dann, da schwingt ein Lichtpunkt auf und ab, als würde er an einem Gummizug auf- und niedergezogen.
Und genau in der Mitte dieser scheinbaren Schwingung, und nur dort, scheint dieser Lichtpunkt für deine Freundin genauso schnell zu sein, wie deine Taschenlampe tatsächlich um den Körper herumsaust. Dieses scheinbare Auf- und Abschwingen für deine Freundin und dein Herumkreisen der Taschenlampe sind offenbar ein und dasselbe. Es hängt nur davon ab, von welcher Seite man es betrachtet. Der Physiker nennt das eine har-

monische Schwingung oder lateinisch: einen harmonischen Oszillator. Wenn ich eine Gitarrensaite anzupfe, schwingt sie genauso auf und ab. Das hören wir als Ton. Ein schwingendes Uhrenpendel oder ein auf- und abwippendes Gewicht an einer Feder sind auch solche Oszillatoren. Man kann sie also alle mit einer einfachen Kreisbewegung erklären. Alle bewegen sich genauso, wie der Lichtpunkt der Taschenlampe, die du im Kreis herumschwingst und die deine Freundin nur von der Seite anschauen soll.

Deshalb hast du im Erdmittelpunkt, und nur dort, die gleiche Geschwindigkeit, als würdest du mit einem Satelliten dicht um die Erdoberfläche entlangschießen.

Und jetzt können wir auch die Zeit für deine Traumtunnelreise ganz einfach ausrechnen. Der Satellit braucht für eine halbe Erdumrundung (vom Startpunkt bis genau auf die andere Seite der Erde) die gleiche Zeit wie du durch die ganze Erde hindurch – wenn unsere Theorien und das Taschenlampenexperiment stimmen.

Geschwindigkeit des Satelliten v = Weg s geteilt durch die Zeit t oder

$$v = \frac{s}{t}$$

Diese Formel dürfen wir nur dann benutzen, wenn die Geschwindigkeit immer gleich bleibt.

Daraus folgt:

Zeit t = Weg s um die halbe Erde geteilt durch die Geschwindigkeit v des Satelliten

$$t = \frac{\frac{1}{2} \times 40.000}{28.500} h = 0{,}7 \text{ Std. oder } \textit{42 Min.}$$

Übrigens: Auch im Traumsatelliten, der dicht um die Erde herumrast, bist du schwerelos, wie auf jedem Satelliten überhaupt – und wie in unserem Traumtunnel, zumindest in dem von Pol zu Pol.

Noch etwas sehr Überraschendes: Wenn wir uns ein Uhrenpendel träumen, das so lang wie der Erdradius wäre, also mehr als 6.300 km, dann würde es beim Schwingen von einer Seite zur anderen auch genau unsere 42 Minuten brauchen, selbst wenn wir es nur, sagen wir, eine Handbreite schmal schwingen lassen.
Und warum bleibt diese Zeit bei einem Tunnel von Spanien nach Brasilien oder Deutschland nach Norwegen gleich, obwohl diese Tunnels doch viel kürzer sind? Das hat auch Galilei als Erster ausgerechnet.

Im Museum

Im Deutschen Museum hatten wir sogar ein Experiment dazu, gleich neben Galileis rekonstruiertem Arbeitsraum. An einer Scheibe entlang konnte man drei Kugeln durch drei durchsichtige Röhren drei unterschiedlich lange Wege fallen lassen. Und jedes Mal waren sie gleich schnell. Am einfachsten kontrollierte man das mit zwei Kugeln. Warf man je eine Kugel gleichzeitig oben bei 1 und 2 ein, hörte man das »Klack« beim Auftreffen bei 3 und 4 zur gleichen Zeit. Das galt genauso, wenn man jeweils eine Kugel bei 3 und 1 einwarf. Zwar ist beim senkrechten Fall die Beschleunigung am stärksten, nämlich = g, dafür aber der Weg am längsten. Von 3 nach 4 ist der Weg am kürzesten, aber die Bahn ist so flach, dass die Kugel viel geringer beschleunigt wird.
Das Gleiche wie beim Museumsexperiment gilt auch beim Fall durch Traumtunnels nach Neuseeland oder Brasilien.

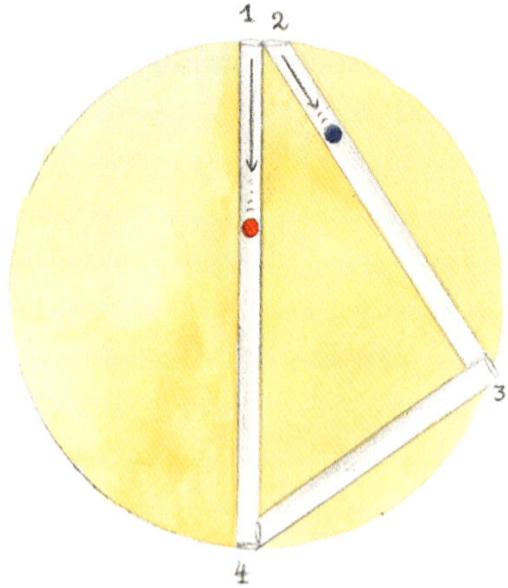

Wir können uns ja die Erde durchgeschnitten vorstellen, dann haben wir eine Art riesige Experimentscheibe wie im Deutschen Museum. Und unsere Tunnels können wir uns als ganz glatte Röhren vorstellen, auf denen raffinierte Tunnelzüge auf Rädern, mit sehr wenig Reibung, hindurchrollen.

Woher kommen die Buchstaben v, t, a, f usw. in der Physik?

Es sind meist die Anfangsbuchstaben der englischen Begriffe: force = Kraft; acceleration = Beschleunigung; velocity = Geschwindigkeit; time = Zeit; hours = Stunden, Space = Raum, Entfernung. Aber auch die lateinischen Wörter dazu könnten Pate gestanden haben.

Wie schnell müsste sich eine rotierende Weltraumstation drehen, um dein Gewicht vorzutäuschen?

Die Raumstation, sagen wir mit 500 m Durchmesser, also 250 m Radius müsste sich so schnell drehen, dass die Fliehkraft so groß wird wie dein Gewicht auf

der Erde. Oder, anders gesagt, die Fliehbeschleunigung, die dich nach außen drückt, müsste so groß sein, wie die Erdbeschleunigung. Die Formel für diese Fliehbeschleunigung von Christiaan Huygens kennen wir schon:

$$a = \frac{v^2}{R}$$

Die soll also gleich der Erdbeschleunigung g sein, das heißt also:

$$g = \frac{v^2}{R}$$

Etwas umgeformt gilt:

$$v^2 = g \times R$$

$$v^2 = 9{,}81 \tfrac{m}{s^2} \times 250 m$$

Also ist die Geschwindigkeit die Wurzel daraus:

$$v = \sqrt{2500 \tfrac{m^2}{s^2}} = 50 \tfrac{m}{s} = 180 \tfrac{km}{h}$$

Mit etwa 180 km/h müsste sich also die große Radfelge der Weltraumstation drehen, das heißt etwas weniger als zweimal in einer Minute. Dann könntest du, so schwer wie auf der Erde, in dieser Radfelge herumspazieren. So etwas gibt es bisher leider nur in Sciencefictionfilmen. In einem James-Bond-Film bastelte sich ein steinreicher Bösewicht solch eine Raumstation. Bei der Drehgeschwindigkeit haben die Filmleute aber satt gemogelt. Das kannst du jetzt leicht ausrechnen, falls du den Film einmal siehst!